商务馆对外汉语教学专题研究书系（第二辑）
总主编 赵金铭
审 订 世界汉语教学学会

汉语作为第二语言教学听说技能教学研究

主编 翟 艳

2019年·北京

总主编 赵金铭
主　编 翟　艳
编　者 翟　艳　蒋　荣
作　者（按音序排列）

蔡　燕	柴省三	陈　颖	陈　钰
洪　炜	侯　磊	金琰如	孔令跃
李　斌	李云霞	刘　荣	孟　国
孙　瑞	田　靓	王佶旻	王　静
王尧美	魏耕耘	吴勇毅	徐晶凝
许希阳	杨万兵	张春红	张金桥
张　黎	张娅莉	赵　雷	邹　鹏

目 录

总　序 1
综　述 1

第一章　口语教学的理念与模式 1
第一节　口语教学的任务与目标 1
第二节　口语教学系统 14
第三节　口语教学语法大纲 26
第四节　口语能力教学模式 43
第五节　写说一体化的口语能力教学模式 58

第二章　口语教学的方法与途径 73
第一节　任务型教学 73
第二节　主题式教学 87
第三节　交际策略教学 104
第四节　合作学习 117

第三章　口语教学的课堂实践与创新 133
第一节　初级口语教学 133
第二节　中高级口语教学 142

第三节　高级口语教学 155
　　第四节　师生话语互动 171
　　第五节　口语课堂的话语权 182

第四章　听力教学理论研究 195
　　第一节　听力微技能 195
　　第二节　听解图式 205
　　第三节　语速标准的建立 213
　　第四节　语速与听力理解的关系 229

第五章　听力教学的方法与效果 238
　　第一节　输入—输出训练模式 238
　　第二节　教学内容与教学手段 251
　　第三节　两种听力方式的效果 264
　　第四节　介绍性说明、选项呈现方式与听力理解 284

第六章　学习者因素 300
　　第一节　听力的学习策略 300
　　第二节　汉语学习者听力策略 313
　　第三节　HSK 听力理解的应试技巧 329

总　序

赵　金　铭

对外汉语教学专题研究书系是商务印书馆出版的同名书系的延续。主要收录 2005—2016 年期间，有关学术杂志、期刊、高校学报等所发表的有关对外汉语教学研究论文，涉及学科各分支研究领域。内容全面，质量上乘，搜罗宏富。对观点不同的文章，两方皆收。本书系是对近 10 年对外汉语教学研究成果的汇总与全面展示，希望能为学界提供近 10 年来本学科研究的总体全貌。

近 10 年的对外汉语教学与研究，呈现蓬勃发展的局面，与此同时，各研究分支也出现一些发展不平衡现象。总体看来，孔子学院教学、汉语师资培训、文化与文化教学、专业硕士课程教学等方面，已经成为研究热门，研究成果数量颇丰，但论文质量尚有待提升。由于主管部门的导向，作为第二语言汉语教学的汉语本体研究与汉语教学研究，在一定程度上被淡化。语音、词汇及其教学研究成果较少，语法、汉字及其教学研究成果稍多，汉字教学研究讨论尤为热烈。新汉语水平考试研究还不够成熟，课程与标准和大纲研究略显薄弱。值得提及的是，教学方法研究与教学模式研究、汉语作为第二语言习得研究、现代教育技术研究及其在教学中的应用研究，发展迅速，方兴未艾，成果尤为突出。本书系就是对这10年研究状况的展示与总结。

近10年来，汉语国际教育大发展的主要标志是：开展汉语教学的国别更加广泛；学汉语的人数呈大规模增长；汉语教学类型和层次多样化；汉语教师、教材、教法研究日益深入，汉语教学本土化程度不断加深；汉语教学正被越来越多的国家纳入其国民教育体系。其中，世界范围内孔子学院的建立既是国际汉语教育事业大发展的重要标志，也是进一步促进国际汉语教学持续发展的一个重要平台，吸引了世界各地众多的汉语学习者。来华外国留学生汉语教学与海外汉语教学，共同打造出汉语教学蓬勃发展的局面。

大发展带来学科研究范围的扩大和研究领域的拓展。本书系共计24册，与此前的22册书系的卷目设计略有不同。

本书系不再设《对外汉语课堂教学技巧研究》，增设《汉语作为第二语言教学的教学方法研究》和《汉语作为第二语言教学的教学模式研究》两册。汉语作为第二语言教学，既与世界第二语言教学有共同点，也因汉语、汉字的特点，而具有不同于其他语言作为第二语言教学的特色。这就要求对外汉语教学要讲求符合汉语实际的教学方法。几十年以来，对外汉语教学在继承传统和不断吸取各种教学法长处的基础上，结合汉语、汉字特点，以结构和功能相结合为主的教学方法为业内广泛采用，被称为汉语综合教学法。博采众长，为我所用，不独法一家，是其突出特点。这既是对外汉语教学的传统，在教学实践中也证明是符合对外汉语教学实际的有效的教学方法。与此同时，近年来任务型教学模式风行一时，各种各样的教法也各展风采。后方法论被介绍进来后，已不再追求最佳教学法与最有效教学模式，教学法与教学模式研究呈现多样化与多元性发展态势。

　　进入新世纪后，对外汉语教学学科理论研究的一个重要进展是开拓了第二语言习得理论与实际问题的研究，从重视研究教师怎样教汉语，转向研究学习者如何学习汉语，这是一种研究理念的改变，这种研究近10年来呈现上升趋势。研究的重点集中于学习者语言系统研究、汉语作为第二语言的习得研究，以及汉语作为第二语言学习者研究。本书系基于研究领域的扩大，增设《基于认知视角的汉语第二语言习得研究》，从一个新的角度开辟了汉语学习研究的新局面。

　　教育部在2012年取消原本科专业目录里的"对外汉语"，设"汉语国际教育"二级学科。此后，"汉语国际教育"作为在世界范围内开展汉语作为第二语言教学的名称被广泛使用，学科名称的变化，为对外汉语教学带来了无限的机遇与巨大的挑战。随着海外汉语学习者人数的与日俱增，大量汉语教师和汉语教学志愿教师被派往海外，新的矛盾暴露，新的问题随之产生。缺少适应海外汉语教学需求的合格的汉语教师，缺乏适合海外汉语学习者使用的汉语教材，原有的汉语教学方法又难以适应海外汉语教学实际，这三者成为制约提高对外汉语教学质量、提升对外汉语教学水平的瓶颈。

　　面对世界汉语教学呈现出来的这些现象，在进行深入研究、寻求解决办法的同时，也产生了一种急于求成的情绪，急于解决当前的问题。故而研究所谓"三教"问题，一时成为热门话题。围绕教师、教材和教法问题，结合实际情况，出现一大批对具体问题进行研究的论文。与此同时，在主管部门的导引下，轻视理论研究，淡化学科建设，舍本逐末，视基础理论研究为多余，成为一时倾向。由于没有在根本问题上做深入的理论探讨，将过多的精力用于技法的提升，以至于在社会上对汉语作为一个学科产生了不同认识，某种程度上干扰了学科建设。本书系《汉语作为第二语言教学的学科理论研究》和《汉语作为第二语言教学的教学理论研究》两册集中反映了学科建设与教学理论问题，显示学界对基本理论建设的重视。

2007年国务院学位办设立"汉语国际教育硕士专业学位"，目前已有200余所高等院校招收和培养汉语国际教育专业硕士。10多年来，数千名汉语教师和志愿者在世界各地教授汉语、传播中国文化，这支师资队伍正在共同为向世界推广汉语做出贡献。

一种倾向掩盖着另一种倾向。社会上看轻汉语作为第二语言教学的观点，依然存在。这就是将教授外国人汉语看成一种轻而易举的事，这是一种带有普遍性的错误认知。这种认知导致对汉语作为第二语言教学科学性认识不足。一些人单凭一股热情和使命感，进入了汉语国际教育的教师队伍。一些人在知识储备和教学技能方面并未做好充分的准备，便匆匆走向教坛。故而如何对来自不同专业、知识结构多层次、语言文化背景多有差别的学习者，进行汉语作为第二语言教学的专业培养和培训，如何安排课程内容，将其培养成一个合格的汉语教师，就成为当前迫切需要解决的问题。本书系增设的《汉语作为第二语言教学的教师发展研究》《汉语作为第二语言标准与大纲研究》以及《汉语作为第二语言教学的课程研究》，都专门探讨这些有关问题。

自 1985 年以来，实行近 20 年的汉语水平考试（HSK），已构成了一个水平由低到高的较为完整的系统，汉语水平考试（HSK）的实施大大促进了汉语教学的科学化和规范化。废除 HSK 后，研发的"新 HSK"，目前正在改进与完善之中。有关考试研究，最近 10 年来，虽然关于测试理论和技术等方面的研究仍然有一些成果出现，但和以往相比，研究成果的数量有所下降，理论和技术方面尚缺乏明显的突破。汉语测试的新进展主要表现在新测验的开发、新技术的应用和对重大理论问题的探讨等方面。《汉语作为第二语言测试研究》体现了汉语测试的研究现状与新进展。

十几年来，汉语作为第二语言教学史的研究越来越多，也越来越深入。既有宏观的综合性研究，又有微观的个案考察。宏观研究中，从学科建设的角度探讨汉语教学史的研究。重视对外汉语教学历史的发掘与研究，因为这是对外汉语教学学科建设中不可缺少的一部分。宏观研究还包括对某一历史阶段和某一国家或地区汉语教学历史的回顾与描述。微观研究则更关注具体国家和地区的汉语教学历史、现状与发展。为此本书系增设《汉语作为第二语言教学史研究》，以飨读者。

本书系在汉语本体及其教学研究、汉语技能教学研究、文化教学与跨文化交际研究、教育技术研究和教育资源研究等方面，也都将近 10 年的成果进行汇总，勾勒出研究的大致脉络与发展轨迹，也同时可见其研究的短板，可为今后的深入研究引领方向。

本书系由商务印书馆策划，从确定选题，到组织主编队伍，以及在筛选文章、整理分类的过程中，商务印书馆总编辑周洪波先生给予了精心指导，在此深表谢意。

本书系由多所大学本专业同人共同合作，大家同心协力，和衷共济，在各册主编初选的基础上，经过全体主编会的多次集体讨论，认真比较，权衡轻重，突出研究特色，注重研究创新，最终确定入选篇章。即便如此，也还可能因水平所及评述失当，容或有漏选或误选之处，对书中的疏漏和失误，敬请读者不吝指教，以便再版时予以修正。

综　述

在听说读写四项语言技能中，学习者期待最高的是听说技能。学习者的需求就是汉语课堂教学的任务，如何快速提高学习者的听说交际能力成为汉语教学与研究的重点。在2005至2016的十余年里，汉语口语听力教学研究得到了越来越多研究者的重视，产出了较为丰富的成果。本书广泛搜集十年来听说教学研究的成果，并择要汇集于此，凡25篇，主要涉及教学理论研究、教学方法研究和学习者个人研究，以反映十年来听说教学研究的新思想、新理念和新方法，下面分别做一简要评述。

一、口语教学研究的新进展

新的十年，口语教学与研究进入蓬勃发展的阶段，建构主义、社会文化理论、二语习得研究、任务型教学等国内外新的理论、新的研究成果不断涌现，给口语教学带来了新鲜的思想和活力，口语教学和研究的队伍在壮大，成果喜人。本书中的文章讨论了汉语口语教学的理念、目标和模式，任务型教学、主题式教学等口语教学的方法与途径，课堂实践，教师角色和话语等相关问题，有的研究思想高端,有的研究角度新颖,有的研究材料全面,有的研究方法独特。管中窥豹,略见一斑。

1. 理念的阐释与模式的建构

20世纪90年代,二语教学进入一个新的发展时期,新的理论与研究成果深刻地影响了二语教学的研究与实践,任务型教学逐渐成为外语教学的主流理念。对外汉语界稍晚于外语教学界,关于任务型教学研究的成果数量有限,且大多集中于介绍国外学者所提出的任务型教学理念与过程。2000年以后,关于任务型教学的研究以及任务型教材才陆续出现。近十余年是任务型教学理念应用于汉语教学特别是口语教学的发展时期,任务型教学研究成为对外汉语领域研究的热点。赵雷(2008、2012)[1]在任务型教学理念下探讨了口语教学的体系建构和教学目标,认为跨文化的口头交际能力体现在语言表达的准确、流利、得体和多样四个教学目标上,旨在解决语言内容和形式的平衡问题。任务型教学分为前任务、任务环和语言聚焦三个阶段。三个阶段各有其作用并都有针对性活动,而流利性、得体性和多样性的训练始终贯穿其中。文章提出了通过任务型教学的途径实现对外汉语口语教学目标、建立任务型汉语口语教学体系的观点。

口语教学要不要研究口语语法?汉语口语语法体系如何?汉语口语语法体系的建构是口语教学理论研究的一个难点。现行的各类汉语语法大纲都缺乏语体意识,导致口语教材与书面语教材在语言材料和表达方式方面无大区别。徐晶凝(2016)[2]探讨了

---

[1] 参看本书第一章第二节和第一节。
[2] 参看本书第一章第三节。

汉语口语语法大纲的框架、语法项目的选取与分级等问题，为口语教学及教材编写提供了参照系统。这样的研究至今还较为少见。

口语教学模式的构建是口语教学研究的另一个热点。邹鹏（2016）[①]基于口语能力测试（OPI）评价体系，探究了汉语口语教学模式的建构问题。OPI 测试标准由"全美外语教育协会"（ACTFL）和"美国教育测试中心"（ETC）联合研制，是全球公认信度和效度最高的口语交际能力评价体系。该体系立足于以交际能力为核心的语言习得理论、语言测试理论和语言教学实践，通过精心设计的操作步骤引导语言输出，具体到热身、摸底、探顶、角色扮演和结束一整套测试流程，对改进汉语口语课堂教学具有启发作用。文章提出了模式建构的观点：（1）将 OPI 的测试过程对应于口语课堂教学的基本过程，完善过程设计，在此过程中兼顾保护学习者的学习动机；（2）将"权威型"的教师角色转变为交际活动的设计者、引导激发者，刺激学生的语言输出，限制回避策略；（3）避免过分关注语言形式的教学反馈，增补语言功能、语境及社会语言学方面的考查，突出考查交际功能。文章吸取了 OPI 口语测评体系的理念和操作，反观汉语口语教学，阐述了汉语口语教学的理念和课堂实践，对全面贯彻交际原则、提高口语教学的效率有意义。张春红（2013）[②]针对华裔学生的学习特点，提出了写与说一体化的教学模式，将书面表达训练与口头表达训练结合起来，提高华裔学生的书写质量和表达规范，也是一个针对特定教学对象、特殊需求的有效教学途径，体现了

---

① 参看本书第一章第四节。
② 参看本书第一章第五节。

教学模式从普遍到特殊的客观要求。

教学方法的选择、教学模式的建构取决于教师、学生、课程等从理论到实践的多个方面，对学习者需求、文化背景、性格特点、认知习惯等的准确把握和充分考虑是确定教学模式的前提，我们强调"以学习者为中心"的原则，真正落实还须细致地观察和分析。王静（2007）[1]梳理了目前针对欧美学生的初中级口语课堂教学存在的问题，提出了改进口语教学的几个关键点：针对欧美学生学习特点，要扬长避短，因材施教；教学目标和内容的选择要根据需求分析而定；教学模式和教学方法侧重任务和分组。该研究对我们确定目标、选择教法、提高口语教学的有效性具有启发意义。

2. 口语教学方法与途径

教学有法，教无定法，提高口语能力的方法和途径是多样化的。如果说前一个十年更多的学者还在关注口语教学的性质、任务、课程设置、口语与书面语的特征等基本问题，这十年来，教学法的研究更多深入到任务型教学、体验式教学的各个分支，研究的特点是重在理论指导下的不同教学方法的探讨，本书收录的文章涉及任务型教学、主题式教学、交际策略教学、合作学习这些重要方面。

任务型教学产生于对以往教学方法的反思，传统教学如3P模式，有讲解、操练、产出三个阶段，语言被视为知识从传授、熟练到应用的过程，体现出语言是"教出来"的这个教学意识。任务型教学以深厚的语言习得、认知心理学及教育学研究为基础，它强调语言是"学出来"的，语言知识是学习者个人通过自我的

---

[1] 参见本书第三章第一节。

学习活动从实践中逐渐建构起来的,语言学习的目的在于意义的交流。国外众多文献表明,任务型教学特别适合口语能力的训练。在课堂操作上,任务型教学把一个个相似真实世界的任务作为语言学习的途径,通过平等、协商、互动的教学方式,让学习者在实际交际中表达思想,接触新的语言形式,发展自己的语言能力,可以说任务型教学从思想观念上明确了语言教学与学习的根本目的,在操作上较好地平衡了语言形式的学习和语言技能的培养问题,在课程上较大程度地解决了口语课与综合课课型特点模糊的问题,因此受到了众多研究者的关注,研究数量较多,成果丰厚。本书选取了许希阳(2009)[①]的文章,该文较为全面地阐述了口语教学应该解决的几个问题,如什么是任务、任务型口语教学中的教师、任务型口语教学的课堂组织、任务型口语教学中的语言形式等,阐述了任务型教学与汉语口语教学结合时的相关认识问题。

"基于内容的教学(CBI)"是一种把语言教学和主题内容或学科知识结合起来的教学,充分体现了建构主义所尊崇的"以学生为中心"的原则。它与以往传统第二语言教学的最大不同在于,语言只是学习内容的媒介或工具,主题内容或学科内容是学习语言的源泉,教学的重心集中在语言所承载的意义上,而不是语言形式上,因此与任务型教学、体验式学习等理念一脉相承。主题式教学是建构主义理念的基本模式之一,魏耕耘(2011)[②]的文章将其引入初中级汉语口语课教学,从教学目标、教学内容、语言要素教学和教学过程四个方面,结合大量的教学实例说明了

---

① 参见本书第二章第一节。
② 参见本书第二章第二节。

主题式教学在汉语口语教学中的运用。实际上，主题式教学模式早已受到北美中文教学界的普遍关注，众多中文项目都在课程设置中采用了主题式的教学模式。学生们通过对一个个主题内容的学习，如中国教育、独生子女等社会、历史、文化问题来学习汉语言，了解中国社会和传统文化。在此过程中学生需要完成各种各样的主题任务，例如小组讨论、跟中国学生座谈、采访中国人、完成各类主题报告，等等。该模式被认为是跟母语习得过程更为接近、更为有效地帮助学生习得第二语言的教学途径，能有效增强学生的学习动机，进一步发展学生自我学习汉语的能力。

小组活动是合作学习的主要方式，也是任务型教学常采用的课堂活动方式，它采用分组合作完成任务、互相帮助的学习方式，促进学习者语言水平的共同提高。合作学习强调了学习者之间的互动对学习的影响，其研究起于20世纪的美国，新世纪以来，国内的中小学陆续有研究成果出现，但是汉语教学界尚未有相关理论介绍和教学研究成果。侯磊（2016）[①]基于韩国汉语教学的需要，采用小组合作学习的方式，设计了课堂口语8分钟、教材学习、课文改编、课本剧展演、学生互评、教师点评等环节，为学生搭建汉语交流平台，弥补了真实交际环境的不足，做了很好的尝试。前测和后测的成绩对比显示，学生成绩有明显提高。关于合作学习，相关的研究还应该更多。

言语交际过程中学习者的口语表达要做到恰如其分，交际策略的使用是不可避免的。恰当的语言表达方式决定于对交际目标、交际角色、语体风格、语篇结构的准确定位与选择。对于二语学

---

① 参见本书第二章第四节。

习者来说，交际策略是高层次、综合性的语言能力，是语用和交际层面上的能力。张黎（2011）[①]通过长期的商务汉语口语教学实践，研究和总结出一套交际策略教学法，即以交际策略为纲安排语言教学内容，以交际策略为出发点，组织和实施课堂教学，训练学生在特定的交际功能中选择和组织语言形式的能力，以实现充分、得体地进行语言表达的目的。文章也通过问卷等方式考察了交际策略教学法的教学效果。

对汉语口语教学方法的研究显示出口语教学的重要性，从另一个方面也说明研究的空间还很大，研究成果也有特色，下一步需要更加科学、有力的实证研究，以形成系统的教学法进行理论的应用推广。

3. 课堂教学实践与创新

创新性的教学行为是保持口语课堂活力、取得最佳教学效果的动力，在培养和提高学习者汉语口语能力的总目标下，我们有共识，有原则，有基本的教学路数，有大体一致的教学规范，但是更鼓励创新与尝试，鼓励将想法付诸实践并进行科学研究，以下几篇文章给人耳目一新之感。

辩论是一项复杂度较大的课堂任务活动，它准备时间长、组织环节复杂、参与人员多，不可控因素多，快速的反应、即兴的表达、规定的时间、紧张的气氛都给学生的口语输出带来极大的挑战，但辩论也是一个广受欢迎的教学方法。刘荣、张娅莉（2009）[②]介绍了他们高级班采用辩论进行口语教学的实践，共

[①] 参见本书第二章第三节。
[②] 参见本书第三章第二节。

14周，周4学时，帮助学生掌握口语句型，表达复杂思想，收到较好效果。诚然，无论在精读课还是口语课上，有限使用该方法是可行的，作为一门课程，作者也认为还需要建设，全面推广存在难度。

  语块也是近几年二语习得研究的一个热点。学者普遍认为，由于语块具有整体记忆储存、整体提取的优势，学习语块能加速口语产出的速度和流利性，加强对套语和语块的教学应是一个提高学生口语能力的好方法。不过，目前如何将语块理论运用于口语教学，仍缺乏实证性的教学效果验证和课堂操作实践。孔令跃[①]的文章论述了语块的教学内容和课堂教学环节，侧重于语块的学习和以语块为中心的口语交际表达训练，在语块理论的应用方面进行了初步尝试。

  关于课堂教学的研究也迁移到了教学的组织者——教师身上。互动理论是设计和组织课堂教学的重要理论依据，互动过程中的意义协商对学习者的语言习得具有重要作用。除了生生互动，口语课堂上的师生互动情况如何？教师的话语是否也为学习者提供了足够的信息和学习的机会？李云霞（2016）[②]运用话语互动量表，对三位教师的初级汉语口语课堂进行了观察描写和深度访谈，研究结果显示，如果教师把帮助学生操练生词和语法并能够在生活中活学活用看成是教学的重点，由于学生缺少互动协商的时间和机会，有意义的输入明显不足，课堂上师生间互动效果就会不尽如人意。

---

① 参见本书第三章第三节。
② 参见本书第三章第四节。

孙瑞（2016）[①]也就口语课堂师生话语权分配不合理的情况进行了研究。在对外汉语口语课堂上，教师和学生都既拥有话语权利，也拥有话语权力。话语权利与说话的机会有关，体现为说话次数和话语量；话语权力主要包括话题的设置权、结束权，话权的分配权、鉴定评价权和行动支配权。文章观察研究了一位教师160分钟的口语课堂，发现口语课堂存在教师话语"霸权"的现象，教师话语量远远超过学生的话语量，不利于教学目标的实现。文章建议从宏观、中观和微观的层面采取措施，多采用任务型教学、翻转课堂的教学方式，增加师生互动和生生互动环节，采用提问、指令或打断等技巧调控学生说话的机会，改善口语教学的课堂面貌。

我们一直强调"以学习者为中心""以教师为主导"，教学的实际情况如何呢？李云霞（2016）和孙瑞（2016）的研究从互动和话语权的角度分析了口语教学中的问题，角度新鲜，论述合理，结论有启发性。

二、听力教学研究的新进展

"听"在言语交际中的重要性自不待言，但语言教学如何化解学习者对"听"的恐惧有时显得无力。十年来对外汉语教学领域对"听"的研究也明显不足，既有重视不够的原因，也有研究难以深入下去的原因。较之十年前，不少学者在听力过程、听力

[①] 参见本书第三章第五节。

理解策略、听力理解技巧与测试方面都进行了实证研究，在研究内容、研究方法等方面都有所创新，但总体而言，研究者们对汉语听力教学的理论方法、听力理解的过程与测试等方面的关注和研究，相比其他三项语言技能而言，都稍显不足。我们对十三年（2004—2016）来各类期刊上发表的有关听力教学的文章进行了穷尽式搜索，共找到168篇文献，其中127篇发表在非核心期刊上，核心期刊仅有41篇。2014年、2015年连续两年，与对外汉语教学相关的核心期刊没有发表一篇与对外汉语听力教学与研究相关的论文，这实在是个遗憾，这从另一个角度来说相关研究还有较大的空间。

本书有关汉语听力研究的成果共11篇，下面进行简要评介。

1.听力教学的理论探讨

图式是指储存在我们记忆中的经验或知识，大量的心理学实验结果表明人类的认知与图式有关，语言的理解与图式也有着密切的关系。陈颖（2005）[①]运用图式理论，探讨了听力教学中如何帮助学习者建构有助于听力理解的语言图式问题。文章提出了三种听解图式，分别为篇章类型图式如记叙图式、说明图式等，篇章结构图式如议论体的结构总—分—总、叙述体的图式起因—经过—结局等，还有文化知识图式，并围绕这三种图式，提出了教学策略。应该说图式理论并不是一个新理论，在阅读和听力理解方面均有运用，本文从篇章的角度分析图式，较有新意。

关于听力技能是什么，以往的研究多从微技能的角度展开，如杨惠元（1996）[②]的8个微技能说等。进入新世纪后，更加深

[①] 参见本书第四章第二节。
[②] 参见杨惠元《汉语听力说话教学法》，北京语言学院出版社，1996年。

入的相关研究并不多。金琰如、王佶旻（2012）[①]在前人研究的基础上，概括了16种听力能力，分别表现在识别维度、注意维度、记忆维度、理解维度和推断维度。文章运用定量研究的方法，对初级阶段汉语学习者听力能力结构进行了构拟与验证，分析了听力能力的构成因素及其相互关系。结果表明，初级汉语学习者的听力能力由听觉识别能力（包括语音识别能力和信息识别能力）、记忆能力（包括短时记忆能力和选择记忆能力）和理解推断能力（包括词语理解能力和语境推断能力）三部分组成。该研究结果为我们深刻认识听力教学目标进行有效教学提供了依据。

还有两篇文章集中讨论了语速与听力理解的关系。孟国（2006）[②]考察了不同职业母语者的平均语速，并对现行汉语听力教材的录音和老HSK听力部分的录音进行了统计，提出每分钟200至300字是正常语速的范围，建议汉语教学应让学习者尽快接触每分钟245字左右的正常语速的听力材料。田靓（2006）[③]通过实证研究的方法考察了语速对不同水平的第二语言学习者听力理解的影响，并建议教师缩短慢语速教学的时间，避免学生形成依赖。这两篇文章均给出了翔实的材料和科学的分析，对我们正确认识语速的意义提供了很好的证明。

2. 影响听力理解的因素

理解对方的话语是交际的起点，而影响听力理解的因素很多，简单地说存在于话题的熟悉程度、语言的难度、语体、说话人的

[①] 参见本书第四章第一节。
[②] 参见本书第四章第三节。
[③] 参见本书第四章第四节。

语音条件等语言内外部诸方面。张金桥（2006）[①]考察了介绍性说明和选项呈现方式对留学生听汉语"长段对话或讲话"的影响，实验结果显示，教师在听前对所教的汉语听力材料进行介绍性说明比直接听听力材料教学效果要好。尤其在运用不熟悉的听力材料进行教学时，这种介绍性说明尤为重要；听前呈现选项和听后呈现选项这两种不同的选项呈现方式对听力理解的影响也是不同的。文章采用实证研究的方法探究了影响听力理解的相关细节因素，听力教学研究从十年前关注课程性质发展到近十年的关注细节，充分说明了听力教学研究的成熟与进步。

3. 听力教学模式与教学方法的更新

听力教学如何更新教学模式、优化教学方法、提高教学效率是教师们较为关注的方面，因为它们是提高听力教学质量的关键。洪炜（2010）[②]以实证研究的方法提出了"输入2次+输出1次+输入1次"的输入—输出训练模式，指出只强调输入频率的传统听力教学观念应该做出调整，采用这种输入与输出相结合的训练模式，适当增加一定量的输出任务，符合认知心理，能达到更好的教学效果。李斌（2011）[③]依据教学实践提出了在合理利用现有教材的基础上，利用最新的电视、网络等新闻资源扩充新闻听力教学内容、优化教学手段的观点，为新闻听力课保持教学内容的时效性、趣味性和动态性做了有益的探索。

测试与教学的关系密不可分，对听力测试方法的研究是听力教学研究的一个重要方面。听力测试的题型和测试方式是影响听

[①] 参见本书第五章第四节。
[②] 参见本书第五章第一节。
[③] 参见本书第五章第二节。

力测试效度的主要因素，但以往受专业知识的限制，对外汉语教师出听力测试题时主要凭借经验，缺乏科学依据。杨万兵（2012）[①]用实证研究的方法探讨了对初级水平汉语学习者半听力测试与全听力测试这两种不同测试方式的影响。全听力测试指所有项目，包括试题内容、问题和选项均用听的方式呈现。半听力测试指试题内容、问题用听的方式，选项以文字的方式呈现。结果分析显示全听力测试是更适合留学生的听力测试形式。文章还从文字的影响、知识图式的激活、信息加工和注意力分配等方面解释了原因。

4. 学习者因素

学习者是学习的主体，各种学习者因素比如性格、动机、兴趣、文化认同感等个体差异都有可能对听力理解和输出产生影响，吴勇毅、陈钰（2006）[②]以及蔡燕、王尧美（2013）[③]分别探讨了学习者的听力学习策略，但总体而言，从技能获得的角度探讨学习者因素的研究较少，反映出研究者对这个问题的关注较少，相信未来这一领域的研究会进一步深入。

三、口语与听力教学研究展望

自20世纪70年代末汉语教学界实施分技能教学以来，汉语口语和听力教学就成为重要的、专门化的研究对象。口语教学研

[①] 参见本书第五章第三节。
[②] 参见本书第六章第一节。
[③] 参见本书第六章第二节。

究侧重课堂教学，注重如何激发学习者表达的动机，提高开口率；听力教学研究则更侧重听力微技能的剖析，注重如何提高听力理解的效果。近十年来，口语教学的研究热度不减，听力教学的研究却后继乏力。认知科学、心理学、二语习得的新思潮、新成就给口语教学及研究带来了勃勃生机，对听力教学的影响却微乎其微。从研究的数量看，涉及口语教学的文章量大而持续，涉及听力教学的研究量小甚至有"断流"现象。十年来的口语听力教学研究反映出研究者的关注点，暴露出研究中的问题，也显现出一些发展的趋势。以下简要评述。

1. 教学理论的探讨需要在传统和引进中提升、融会贯通

语言教学理论对教学实践具有重要的指导意义。对外汉语教学 60 多年的优秀教学传统没有得到很好的梳理，提升，导致其缺乏科学性和体系性。新世纪，汉语国际教育事业在发展，教师队伍不断扩大，教师群体日趋复杂，一些优秀的教学传统没有得到很好的保留和传承。如以学习者为中心、精讲多练、提高开口率等，在一些教师那里这些意识已经淡漠。语言形式的反复操练成为课堂的主要教学方式。教师在认识上和操作上有诸多不尽人意之处，课堂教学的效果自然难以保证。我们认为，今后对传统经验的梳理和继承应该成为汉语教学研究的一个重点。

对于海外新的教学理论，介绍是必要，应用实践是必要的，结合汉语的实际进行细致的理论研究更是必要的。我们要能跟上时代的发展、研究的前沿和新的动态，但不要食洋不化，要真的习得了其精髓，而不是形式，所以我们鼓励在教学中去验证或考察理论的使用条件及应用价值。比如任务型教学更适用于口语教学吗，效果如何？纯粹的任务型教学与有任务支撑的汉语教学，

哪个更适合某一层级、某一群体的学习者？听力教学是否可采用任务型教学，如何设计？听力教学微技能的理论能否有突破？以声音的方式输入语言在学习者话语理解过程中会引发哪些问题、如何破解？理论性研究的乏善可陈导致教学失去了有力的支撑。汉语教学要善于从认知科学、心理学、教育学等方面汲取营养，古今中外为我所用，勇于学习借鉴，也要善于消化改造，不断丰富和建构我们的汉语教学理论。

2. 教学研究手段须更加科学化、多样化

教学研究离不开科学理论的指导。语言教学是社会活动，语言教学研究容易陷入主观性、经验化的误区，现代科学研究已发展到更注重理性、更注重数据的实证研究阶段，大数据时代又赋予了我们新的洞察力，科学研究的第四范式开启了语言研究的新理念，科学研究要善用数据、大样本、跨学科的、历时的、对比的研究方法，发现教学和学习的规律，探明因素之间的关系，验证方法的有效，目前口语听力教学实证研究的成果仍显不足。

质性研究的方法也并未得到大多数人的支持，国内质性研究的成果明显少于海外。陈向明（2000）[1] 在谈到量的研究和质的研究差别时，认为它们各有优势和弱点。一般来说，量的方法比较适合在宏观层面对事物进行大规模的调查和预测，而质的研究比较适合在微观层面对个别事物进行细致、动态的描述和分析。目前学者们在质的研究方面多采用调查问卷的方式，而叙事研究、反思性研究、行动研究等质的研究方法并未为研究者所常用，个案研究仅有少量成果。相较于科学技术研究，对于汉语教学研究

---

[1] 参见陈向明《质的研究方法与社会科学研究》，教育科学出版社，2000年。

这个更关注人的应用学科来说，质的研究应占有重要的一席之地，今后期待在这方面有更多更好的成果。

3. 研究的对象、内容、范围需要更加广泛而深入

无论是口语教学还是听力教学，我们的研究需要深入这个系统的各个方面。对人的研究，不仅要研究学习者，还要研究教师。教师话语、教师指令、教师纠错、教师反馈、教师角色、教师管理、教师信念、教师实践性知识等都需要深入研究。学习者有不同级别、不同背景、不同文化，可以从他们的学习面貌、学习策略、认知风格、语言产出等方面展开研究。此外，我们还需要从教学方法、教学过程、教学效果、练习，以及教材、测试等各个方面展开研究。目前的口语听力教学研究，对静态物质的研究较多，对动态的人的研究不足。须知，不管要素的教学还是技能的教学，都需要师生互动合作来完成，语言教学除了搞清楚"教什么"，也要搞清楚"怎么教""怎么学"。

4. 技能教学研究要走入精细化

我们都知道教学要有效，有效性是检验教学质量的重要指标。目前的研究反映出教师对技能教学的认识尚嫌模糊、粗糙，也反映出对技能是什么认识不足。

有经验的教师都知道，备课时教学技能目标是必须要阐释清楚的，而目标的描述杜绝笼统、模糊的语言，必须具体化、可观察、可评价。如何确定具体的目标，大纲可以给我们指导，但又不能死守大纲，因为大纲是结果性的，教学是过程性的，而且大纲本身也需要不断修订完善。如对听力文本输入的语速，众说纷纭，孟国（2006）提出了很好的标准，大纲有没有及时修订？如果修订了，教学过程中如何设定分阶段标准逐步实施落实？再如，

对口语流利性的研究，平均语流长度是衡量学生口语输出流利性的重要指标，那平均语流长度应该是多少、什么阶段应该达到？就很值得研究。

在课堂教学过程和方法的研究上仍存在许多空白。如活动研究，接受性的技能训练活动与产出性的技能训练活动针对的是能力的不同侧面，活动的组织形式、文本形式就应该不同，影响训练效果的难点也会有差别，那差别在哪儿？如何改善？整体的、宏观的理论研究很难解释，也就难以运用到教学实践。

还有一个值得关注的问题，那就是听和说的分项技能教学越来越走向融合，听说一体化的教学模式正在建构。听和说本就是口头交际中不可分割的有机组成部分，课堂教学无法也不能完全割裂，相反要好好利用。听、说技能训练是如何相互促进的？这是一个值得关注的研究课题，也可能是未来课程体系研究、教学研究发展的一个方向。

本书挂一漏万，摘要性地、概括性地检视了十年来汉语口语教学、汉语听力教学研究的一些问题，由于选题要求，仅关注了课堂教学研究的主要方面。总而言之，十年来的听说教学研究带给我们很多的欣喜，由于能力所限，也可能遗漏了一些有价值的成果，评述也可能不够全面、客观。不当之处，敬请各位同行指正。

第一章

口语教学的理念与模式

第一节 口语教学的任务与目标[①]

一、引言

对外汉语口语教学的目的是培养和提高外国学生的跨文化口头交际能力。在语言教学界,人们常用准确、流利、得体等标准来衡量一个人的基本口语表达能力。Skehan(1998)[②] 提出了语言的三个维度,即语言的准确性、流利性和复杂性。她认为高质量的语言交际应该包括以上"三性"。由此,我们提出跨文化口头交际能力的具体指标应该包括准确性、流利性、得体性和多样性四个方面(以下简称"四性")。高质量的口语教学应该能够促进学生"四性"的均衡发展,使学生在口头交际时能将"四性"有机地融为一体。我们将在国内外相关研究成果的基础上,探讨利用任务型教学途径实现汉语口语教学目标的训练方法。

任务型语言教学倡导合理地分配注意力,既注重语言意义,也重视语言形式;倡导在以意义交流为核心完成交际任务的过程

[①] 本节摘自赵雷《对外汉语口语教学目标的实现》,发表于《汉语学习》2008年第6期。

[②] P. Skehan《语言学习认知法》,上海外语教育出版社,1998年。

中，学生自然地把语言形式融入言语行为中去，从而促进学生内在的中介语系统的构建和扩展。

任务型语言教学中的任务可以分为真实任务和学习型任务。口语教学中的真实任务是指学生在现实和未来生活工作中可能要通过口头交际完成的任务；学习型任务则是为了顺利完成真实任务而专门设计的掌握某些知识或技能的任务。学习任务一般可以出现在完成真实任务的前期准备环节或任务后的语言聚焦环节中，它是任务型教学中任务链上的一环。在任务型口语教学中，我们可以通过不同的真实任务或学习型任务活动，实现口语教学的目标。

二、通过任务型教学的三个阶段实现口语教学目标

按照 Willis（1996）[①] 的任务型学习模式，任务型口语教学一般可分为三个阶段，即前任务、任务环和语言聚焦。那么，如何通过以上这三阶段的教学活动来实现口语教学的目标呢？结合汉语教学的实践，我们的设想具体如下。

（一）前任务阶段

在前任务阶段，教师要导入主题和任务，激活相关的词汇和短语，帮助学生理解任务的指令，为执行任务做好准备。具体包括以下三个环节：

第一，激发表达欲望，设计好真实、有趣、难易适度的任务。

---

① J. Willis. *A Framework for Task-Basked Learning*. Edinburgh: England Longman,1996.

设计学生现实和未来面临的口头交际任务,为学生提供真实交际的理由,这会激发其交流的兴趣和动机。Willis(1996)认为,任务的难易度决定着学生的注意力分配结果。另据徐琴芳(2005)[1]的研究,任务难度对语言的准确性和复杂度都有显著影响,任务越难,准确性、复杂度越低。

难度适中的任务,不仅具有一定的挑战性,能激发学生的兴趣,而且也能使学生在信息处理时将注意力适当地分配给形式的准确性和复杂性。让学生完成任务的目的是为了实现语言教学的目标,因此,我们设计的交际任务要难易适度,要具有真实性、实用性、挑战性、趣味性和明确的目的性。

第二,输入与当前任务相关的语言形式、相似的任务样本,促使学生注意语言形式。Schmidt(1990、1994)对外语学习过程的研究表明,"有意注意对外语发展至关重要"。[2]Wendel(1997)指出,在执行任务前要求学生注意语言形式的准确性,即注意监控过程,是提高语言输出准确性的唯一手段[3]。因此,任务前引导学生激活相关语言形式,并引导其注意使用的准确性十分重要。

任务型语言教学重视提供真实、丰富的输入材料,材料可以来自报刊、广播电视、互联网等多种渠道。既可以是语言的,如新闻报道、旅游指南、影视剧对白,也可以是非语言的,如漫画、图表、照片等,这就为我们选择输入样本提供了方便。我们要选择与学生要完成的任务相关、相似的语言样本,以促使和帮助学

---

[1] 徐琴芳《不同任务下的口语准确性研究》,《山东外语教学》2005年第6期。
[2] 转引自吴旭东《外语学习任务难易度确定原则》,《现代外语》1997年第3期。
[3] 转引自刘惠萍《计划与口语质量》,《广西民族学院学报》2004年第5期。

生注意语言形式，减轻学生完成任务的认知负担。

第三，根据不同的训练目标以听觉或视觉方式输入四遍。根据周卫京（2005）[1]和周丹丹（2006）[2]等人的实验和定量研究，听觉输入对口语流利度的提高影响更大；视觉输入对口语准确度和复杂度提高的促进作用更大；输入、输出频数对口语质量有影响，能使流利性和准确性有不同程度提高；输入第四遍和输出第三遍是提高口语表达能力练习的最佳频数。根据上述研究成果，我们可以针对不同的训练目标以不同的方式输入。比如，为了提高口语流利性，我们以听的形式输入，而为了提高口语的准确性和多样性可以用看的形式输入。此外，可以有间隔、有不同注意重点地输入四次，以实现最佳输出质量。

（二）任务环阶段

任务环阶段也就是任务的执行阶段。学生作为语言交际的主体，在这一阶段他们以配对或小组的形式，通过语言做事来完成任务。主要包括两个环节：

首先，在执行任务阶段，教师为学生流利地表达提供必要的帮助。比如，可以采取以两人配对或三四人一组的形式，组织学生开展讨论，完成信息交换、观点交换、比较任务、做决定任务、解决问题任务、创造性任务等，通过合作或竞争、角色表演等方式，使训练活动朝着"四性"协调统一的方向发展。

在此阶段，学生的注意力主要集中在意义的交流上，所以为了流利地表达，常需要激活或补充相关语言形式。有些语句由于

---

[1] 周卫京《语言输入模式对口语产出的影响》，《解放军外国语学院学报》2005年第6期。

[2] 周丹丹《输入输出的频率效应研究》，《现代外语》2006年第2期。

在任务前的输入中准备好了，可以取来就用，有些则需要寻求同学和老师的帮助。因此，在组间巡视的教师，可以适时提供必要的帮助，并适当引导学生注意准确、得体、多样性等方面的问题。

其次，在计划阶段，要保证10分钟的计划准备时间，明确提出报告要求。据Foster & Skehan（1996）[①]的研究，准备时间对不同任务类型有不同的影响。准备时间及准备的形式对学习者运用语言的复杂性、准确性和流利程度都产生影响。

Mehnert（1998）发现，10分钟是提高语言流利性、复杂性的最佳的计划准备时间。（转引自刘惠萍，2004）因此，要根据学生的水平和任务类型、任务难易程度等具体情况，给学生充分的计划准备时间。但准备时间并非越长越好，一般10分钟为最宜。此外，明确提出对学生报告的要求，如报告目的、时间、形式，提醒学生合作准备报告，如在组内策划、撰写报告提纲、模拟演练报告等，这些工作会促使学生将注意力分配到语言的准确性、得体性和多样性上。

（三）任务后的语言聚焦阶段

这一阶段主要包括任务完成的评估、评价和语言提升活动。这是帮助学生巩固和反思任务完成过程中的语言使用、平衡注意力的最后时段。具体包括以下两个环节：

第一，以"四性"作为评估、评价的重要标准。任务后的讲评可以通过学生自评、组内互评、教师讲评等方式进行。从优点和不足两方面，对照意义表达的流利性、语言形式的准确性、多

---

① P. Foster & P. Skehan. The Influence of Planning and Task Type on Second Language Performance. *Studies in Second Language Acquisition*, 1996(18).

样性和语用的得体性四个方面进行反思、评估，肯定成绩，激励进步；找出问题，分析原因。

第二，以多种形式进行语言提升。针对前面评估、反思中发现的问题，组织进行多种形式的练习活动。如改错、组词成段、在不同场合根据不同对象的话轮衔接以及改换说法，等等。从语音语调、词语、句式、语段、交际策略和跨文化交际规则等不同方面进行练习。教师还可适当补充相关语句及语言、文化知识，并组织操练，必要时甚至可以要求学生重新完成某项任务。通过这些学习活动，提升学生的语言、文化意识和整体口头表达水平，日积月累必将会促进学生"四性"的均衡发展。

三、通过不同的任务活动实现不同层次的教学目标

语言的准确、流利、得体、多样是相辅相成、密不可分的。不够准确，流利就失去了基础；不够流利，交际就难以有效地进行；不够得体，即使准确、流利，依然不能保证跨文化交际的成功；不够多样，得体和流利也失去了必要的基础或条件。

在对外汉语教学的不同阶段，对"四性"的训练和要求应该是不同的。口语教学是为满足学生的口头交际需求，对于把汉语作为工具目的的绝大多数外国学习者来说，流利、得体地完成交际任务要比追求语音、词汇、语法的绝对准确，追求表达的完美更重要、更迫切。

准确应该视语言环境而定。在初级阶段，要掌握汉语的基本语音、词汇、语法，此时，准确和流利训练是第一位的。而在中高级阶段，学生已掌握了基本的语言知识，需要通过口语课把从

其他课程学来的语言、文化知识转变成交际技能，把陈述性知识转化成程序性知识，把语言内化、自动化时，流利、得体训练应该是第一位的，而准确、多样则是交际的更高层次，是口头表达能力训练的长期目标。

Foster & Skehan（1996）在研究中发现，任务类型影响语言输出的复杂度。马瑞雪（2004）[①]的研究认为，任务类型对口语流利性的发展产生影响，复述比评论的流利性高。此外，据徐琴芳（2005）的研究，看图说文、话题讨论和个案研究三者中，最难的任务是看图说文。吴旭东（1997）认为，"活动是学习者在完成任务过程中与语言素材发生关系的方式。不同的活动使学习者以不同的方式与语言素材接触，同时也对学习者注意力提出不同的要求。"这些研究成果从不同的角度说明：不同的任务类型与"四性"有不同的关联。因此，在教学中我们可以通过不同的任务活动实现不同的教学目标。由于对准确性训练的研究学界已有丰富的成果，以下主要谈谈流利性、得体性、多样性的训练方法。

（一）流利性的训练

关于流利性，心理语言学界和语言教学界众说纷纭，至今没有一个公认的定义。一般认为流利是指话说得快而中间没有不必要的停顿。张文忠（1999）[②]在研究和分析了国外学者对流利性的界定后认为：第二语言口语流利性应该从流畅连续性、连贯性和言语可接受性三个方面考察。他把流利性定义为使用一种可被

---

① 马瑞雪《任务类型对英语口语流利性发展的影响》，《青海师范大学学报》（哲学社会科学版）2004年第4期。
② 张文忠《第二语言口语流利性发展的理论模式》，《现代外语》1999年第2期。

接受的第二语言变体,流畅连贯地表达思想的能力。我们赞同这种观点,认为口头表达流畅连续、表意连贯并可接受是流利性的基本内涵。

国内外学者的大量研究表明,流利性和准确性一样,也是一种可以通过训练获得的技能。Maurice(1983)为提高学习者口语流利性设计了"4/3/2"重复练习法,也就是练习者向不同对象重复讲述一件内容相同的事情,要求讲述时间越来越短,从4分钟减少到3分钟,再减少到2分钟。由于要面对不同的对象,讲述者为了吸引对方不得不重视意义的表达;不断地重复讲述使其对形式和内容越来越熟悉,因而可以加快讲述的速度;由于时间缩减的压力,也使其必须要抓住内容要旨,避免重复与啰嗦。(转引自张文忠,1999)据 Nation(1989)[1]、Arevart &Nation(1991)[2]、周爱洁(2002)[3]和梁雪琼(2005)[4]等人的实验研究,让练习者数次重复同一材料的内容可使他们在流利性和准确性上的表现超出平时所能达到的标准,采用"4/3/2"活动有助于提高口语表达的流利性和准确性。

任务型口语教学强调任务的真实性,强调任务活动要以表达意义为主。因此,我们可以对"4/3/2"活动进行必要的革新。比如,我们可以设计这样的任务:

---

[1] P. Nation. Improving Speaking Fluency. *System*, 1989(17).

[2] S. Arevart & P. Nation. Fluency Improvement in a Second Language. *RELC Journal*, 1991(1).

[3] 周爱洁《论4/3/2活动对提高英语口语流利性和准确性的影响》,《外语教学》2002年第5期。

[4] 梁雪琼《一种提高英语口语表达水平的教学模式》,《教学在线》2005年第3期。

某公司派基层干部 A 去听一个报告，然后，要求他回到公司后分别向他的高层、中层领导和下属传达报告内容，由于时间安排的关系，他必须根据对象分别传达 4 分钟、3 分钟、2 分钟（或 3 分钟、2 分钟、1 分钟），而领导、下属们在他讲完后，可以根据情况提出质询，而 A 必须回答直到大家满意为止。

这样，既保证了任务和交际活动的真实性，也增加了意义协商的过程，有益于流利性、准确性、得体性的训练水平的提高。"4/3/2"活动既可以设计为 6 人组合，也可以设计为 4 人组合；活动的话题可以涉及学习、生活、工作和社会等方方面面；任务类型可以是讲述故事或自己的生活经历，描述人物、风景、漫画，也可以报告新闻事件、阐述观点、演讲等；任务先期输入的方式，可以通过视、听、读等渠道；任务时间也可由"4/3/2"，变成"5/4/3"或"3/2/1"。总之，要尽量避免机械、单调的重复，努力使活动真实、多样。这项活动除了对流利性、准确性的训练有益外，对提高学生的自信、胆量，增加课堂开口率，增强语感，扩大词汇量等方面同样是有益的。

运用套语进行训练，也是提高口语流利性的重要方法。许多学者在对套语进行研究后认为："套语的使用可减轻大脑记忆处理信息的负荷，从而提高效率。学习者利用现成的套语不仅可明显提高流利性，也能保证准确性。使用套语不仅是外语学习的一种策略，也是语言交际的一种策略。"（阎赫允，2001[①]）我们可以把汉语中典型的日常生活用语、客套话、俗语、习用语、正

---

① 阎赫允《浅谈语言与第二语言口语流利性》，《北方论丛》2001 年第 5 期。

式场合的开场白、结束语、插入语及名人名言等作为套语，编入教材中相关主题的语料库，要求学生在课外熟读、背诵，在课上完成特定情景的交际任务时，不断引导学生得体地使用。

掌握一些交际策略，也有益于提高表达的流利性，如替换、释义、重复、类比、举例和反证等。在学生完成任务的过程中，教师适时进行提示，并在语言聚焦时段及时总结、归纳，使学生意识到补偿性的交际策略在一定的语境中会帮助他们得体而又流利地进行交际。

此外，中高级阶段经常组织学生进行讨论，也是提高口语流利性的好方法。

（二）得体性的训练

对外国学习者来说，得体性是指说话者在运用汉语交际时，能够按照汉文化交际规则和跨文化交际规则，根据交际对象、交际场合运用恰当的语气、语调等语言及非语言交际手段来完成交际。简而言之，就是做到能适应中国人的社会文化心理习惯，言而有礼。文秋芳（2001）[1]认为，在跨文化交际过程中往往会出现文化优势方，即其中一方的文化会占据主导地位。在中外双方运用汉语进行交际时，汉文化应该占据主导地位。也就是说，为了成功地交际，外国学习者首先必须了解汉文化交际规则，然后在跨文化交际规则指导下，再去选择由他们的身份而决定的各种场合中的语言和非语言交际方式。由于汉文化交际规则还没有明确而又统一的定义（但它表现在跨文化交际过程的方方面面），

---

[1] 参见文秋芳《从全国英语专业四级口试看口语教学》，《外语界》2001年第4期。

"具有很强的动态性、开放性,学生无法直接学习规则本身",因此我们应该设计不同的交际任务,使学生从中感悟,帮助他们"在用中学,在学中用"。注重培养他们"对文化差异的敏感性、宽容性和处理文化差异的灵活性"。

外国人运用汉语进行跨文化交际时,交际双方的关系主要分为:个人之间、个人与机构之间(如个人去银行、邮局办事,去招聘单位参加面试)或机构与个人之间(如银行职员、机场工作人员为顾客服务)、机构之间(如单位之间或国家之间的政治、经济、外交会谈等)。因此,设计任务时,要充分考虑三种交际场景中人物的言语行为。针对外国人在运用汉语进行交际时经常出现的社交语用失误,设计真实任务和学习型任务活动,可以尽量避免语用失误,使表达更得体。可以设计学习型任务,如为某会话情景中的外方人物选择恰当的语句、判断分析情景中的人物话语是否合适并说明原因、设置情景变换角色并要求学生根据场合中的人物关系选择合适的语句快速应答等。在此基础上,我们可以设计真实任务活动来具体讨论,比如文化讨论、角色扮演等。

文化讨论,用于由不同国家学生组成的小组,根据讨论内容可分为以下几种情况:第一种,解决问题任务。主要针对学生在与中国人或其他外国人进行跨文化交际中出现的问题组织讨论。如在公共场合人们见面时鞠躬或拥抱亲吻哪种方式好?为什么?不同文化背景的人如何互相问候?要从语言和非语言两方面找出解决办法。第二种,案例分析任务。讨论分析跨文化交际中引起冲突或误解的具体事件,要求对事件做出合理解释,并说明解决问题的正确方法。第三种,专题讨论任务。针对跨文化交际过程中(如见面、告别、恭维与谦虚、送礼、宴请招待等)的语言、非语言交际方式（如手势、身势、面部表情等体态语）、社会文化、人际关系思维方式以及价值观念等方面，进行专题讨论，通过对这些问题的深入讨论，启发学生了解不同国家民族风俗、礼仪的差异及产生差异的民族心理和社会文化历史原因，增进相互之间的理解和宽容，促使他们思考并找到在跨文化交际中得体、灵活表达的方式。

角色扮演，模拟跨文化交际的某个情景，让学生扮演不同的角色，完成诸如寒暄、宴请、送礼、请求、夸奖、告别、批评等体现交际文化各个不同侧面的具体交际任务。角色不同，跟交际对象的关系不同，对话的原因、目的不同，说话者的情绪不同，所采取的交际策略也会不同。因此，这也是一种综合训练，但重点强调得体，要求学生特别注意要符合场景中角色、身份以及话题等的要求。

（三）多样性的训练

语言表达的多样性，主要指的是能够根据语境运用丰富多样的词语、句式和语气、语调来表情达意的能力。那么，帮助学生扩大词汇量，掌握更多的语言表达形式，并能恰当、自然地运用语气语调，就成为语言多样性训练的主要任务。多样性训练可以设计以下任务活动。

1. 词语和句式训练

具体可分为两种：第一种，任务前阶段加大信息输入的难度。设计具有一定挑战性的任务，以促使学生超越自己的汉语水平，为运用新词汇和新句式做好准备。如输入的对话或独白语段不是完整的，有意空出一些高于学生现实水平的重要词语或句式，让学生选择恰当的语句填上或根据上下文试着自己说出来。第二种，功能句训练。同一功能可以有多种表达形式，如受到赞美时表达谦虚的方法除了直接否认外，含蓄接受的表达方式至少有 6 种（刘颂浩，1999[①]）。可以在某一功能的专项训练中先列表给出这一功能的多种表达形式，然后给出语境，让学生从中选择恰当的形式。在此基础上，再让学生不看列表完成相关的真实角色表演任务。

2. 语气和语调训练

汉语同一表达形式由于语气语调不同，可以表达多种不同含义。在不同的语境中，出于表达不同思想感情的需要，需要用不同的语气语调来实现。如"好啊""是这样""他来了"等，根据语境可表达多种话语含义。这些方面常常是外国学生口语表达的难点。可以让学生先模仿，然后设置语境要求其恰当准确地变换。

3. 综合训练

完成综合性任务，需要语气语调及词语句式的综合转换运用。具体如下：第一种，语体转换。如要求学生用口语介绍、解释书面语体的各种规定、说明书、论文中的某一观点或问题等。第二种，场合转换。同一主题的语句或语段要求学生根据场合的不同（如在正式外交场合、商务会谈场合、与朋友闲谈场合等），运用恰当的方式表达出来。

我们认为明确对外汉语口语教学的目的和具体训练目标，通过任务型教学途径，运用不同的学习任务和真实交际任务活动，可以把学生有限的注意力资源合理地分配到不同的教学目标上，有计划地击破各个难点。总之，抓住主要矛盾，有的放矢，将会有效地解决课堂训练效率不高、随意性大等问题，进而提高口语

[①] 参见刘颂浩《留学生汉语语用情况调查》，《语言文字应用》1999 年第 1 期。

教学的质量和效率。

第二节　口语教学系统[①]

一、引言

汉语口语课在对外汉语课堂教学中一直占据重要的位置，阮黎容（2006）[②]在对北京语言大学汉语学院三、四年级 14 个国家 105 名留学生调查后发现，口语课在四项技能课中被多数人看成是最重要的课。另据调查，有 70.1% 的汉语学习者认为"口头交际是他们工作与学习的第一需要，用汉语说话是他们使用最多的言语技能"（高彦德等，1993[③]）。与此不相适应的是，我们的口语教学一直未能有效地满足学生的需求，学习与使用的需要与口语教学效果形成了一定的反差。阮黎容（2006）的调查发现，在 105 名高年级留学生中只有 24% 的学生喜欢上口语课。而这种状况，绝非个别（武惠华，2004[④]；吴勇毅，2005[⑤]）。我们的教

[①] 本节摘自赵雷《建立任务型对外汉语口语教学系统的思考》，发表于《语言教学与研究》2008 年第 3 期。

[②] 阮黎容《高级口语教材及相关问题的调查研究》，北京语言大学汉语学院汉语言专业学位论文，2006 年。

[③] 高彦德、李国强、郭旭《外国人学习与使用汉语情况调查研究报告》，北京语言学院出版社，1993 年。

[④] 武惠华《谈口语课堂活动及课下练习设计》，载《汉语口语与书面语教学》，北京大学出版社，2004 年。

[⑤] 吴勇毅《从任务型语言教学反思对外汉语口语教材的编写》，《国际汉语教学动态与研究》2005 年第 3 期。

学评估也多次印证了这样的事实,即学生对口语课的总体满意度不高。通过毕业实习和毕业论文答辩,我们还发现即使通过四年本科学习即将毕业的学生所表现出的口语水平与教学大纲规定的口语能力标准相比、与现实社会对他们口语能力的需求相比,也存在着相当大的距离。

究其原因,我们认为目前对外汉语口语教学从教学理念、课堂教学到教材编写都存在很多问题。因此,如何真正提高口语教学的质量与效率,使学生在有限的时间内掌握好汉语口语规律并能灵活得体地进行言语交际,是我们亟待解决的问题。本节拟从任务型对外汉语口语教学的理念、任务型对外汉语口语课堂教学的设计、任务型对外汉语口语教材的编写等角度提出建立任务型对外汉语口语教学系统的初步设想。

二、任务型对外汉语口语教学的理念

(一)关于任务型教学的理念

教学理念来源于我们对语言本质和语言学习本质的理解与认识。也即,语言观和语言学习观决定着我们的语言教学观,即教学理念。因此,树立正确的教学理念,必须首先搞清楚语言的本质、人们为什么要使用语言以及人们是怎样学会语言的这样一些基本问题。

20世纪中后期以来,主要语言学流派几乎都有一种共识,即"语言是一个复杂的交际系统,人们使用语言的首要目的是表达意义"。因此,"学习语言的过程就是学习如何传达意义的过程"。"学习用语言表达意义的过程就是语言学习的过程"。(程晓棠,

2004[①]）这正是"在用中学，在做中学"的任务型语言学习的理论基础之一。第二语言习得的研究成果也表明，语言习得的过程并非一个个语言点的累积过程，掌握语言必须有大量的可理解输入与输出。而决定输入输出的质量以及输入输出过程中学习者的认知能力提高的关键因素是意义协商，即交际双方经过反复多次的相互提问、证实、复述等一系列协商过程来传递信息、表达意义。那么，什么样的活动有利于意义协商呢？答案是，学习者互动完成交际任务的过程有利于意义协商。

基于上述认识，任务型语言教学已成为当今国际上最具活力、广受关注的语言教学理论，被认为是交际法的进一步发展，是理论与实践紧密结合培养语言综合运用能力的有效方法和途径。任务型语言教学的主要理念是：使学生在完成一系列真实、有意义的任务中学习和使用语言；提倡在以意义为中心的前提下，同时关注语言形式，主张把形式焦点（focused on form）即在以意义为中心的前提下关注的语言形式点有机地组织到交际任务和交际活动中去（吴中伟，2005[②]）。

（二）任务型对外汉语口语教学的理念

教学理念决定教师编写什么样的教材、采用什么样的教学方法、取得什么样的教学效果。教学理念存在问题会直接导致与此相关的教学行动的失误，导致教学质量与效率不高，教学效果不尽如人意。"虽然我们一直强调'少讲多练''精讲多练'，但教师们往往会不自觉地成为课堂的'主角'，在启发学生的主动

---

① 程晓棠《任务型语言教学》，高等教育出版社，2004年。
② 吴中伟《语言教学中形式与意义的平衡》，《对外汉语研究》2005年第1期。

参与方面做得很不够","要解决这个问题,就必须从教学理念上进行彻底的改变,深刻认识外语教学的总体目标,否则,汉语教学在世界范围这个大舞台上就有可能由于得不到学习者的认可而无法更好地推进"。(陈绂,2006[①])

学生学习口语是希望自己在言语交际特别是跨文化交际中能顺畅地传递信息、表达思想。而跨文化口语交际活动牵扯到方方面面,除交际者的语言能力外,交际对象、时间、地点,跨文化交际因素,非语言交际因素,交际策略等都可能成为制约交际成功的组成要素。也就是说,语言运用远不止掌握一套语言规则那么简单,语言能力不等于交际能力,交际能力体现了一个人的整体素质。因此,如果把口语教学的重心放在掌握语言规则上,就不可能达到培养交际能力的目标。

语言形式与交际功能、情景等并非完全一一对应。一种结构形式可运用于不同的情景,表达不同的功能;某种功能、情景也可通过不同的结构形式表达。而口语课文通常只是一两段对话,它怎能包容所有交际需要的结构形式或功能情景呢?目前很多口语教材,"交际技能教学点十分模糊","没有根据实际交际的需要组织相关的材料,没有明确的交际任务"。(郭鹏,2002[②])因此,即便是完全掌握了口语课文中的语句,也依然可能不会交际。

口语课是技能课,而技能的学习、提高则需要使陈述性知识程序化,程序性知识自动化。而要能做到这一切,主要靠实际运用。

[①] 陈绂《对国内对外汉语教学的反思》,《语言文字应用》2006年增刊。
[②] 郭鹏《从语言信息输入浅谈汉语口语教材之若干不足》,载《对外汉语教学研究》,山西人民出版社,2002年。

这不是教师教会的，而是学生练会的；不是只靠掌握零散的语言知识，而是要靠语言的整体学习，即要知道在什么场合下，对什么人，说什么话，以及还需要运用哪些非语言交际手段、交际策略等，也就是说，要通过运用、体验与感悟才能真正掌握。所以，口语教师的作用是教学生学会"在用中学"，为学生创造运用语言的条件。

根据第二语言习得研究，成功的语言习得需要有大量可理解的输入和多渠道的语言输出（Krashen，1981[1]；Swain，1985[2]），而意义协商、交互活动正是获得输入、输出的有效途径。显然，只靠一两段课文，可理解的有效输入量不足，再加上为了掌握课文中的语言点，学生准交际、真实的交际活动不足，而缺少真实、有效的意义协商和多渠道的输出，就必然使学生难以把语言知识内化成口头表达技能，也必然造成教师辛辛苦苦地教，学生却所学无所用，所用无从学，教学质量与效率不高的尴尬局面。心理学研究表明，学习不仅靠智力，学习效果与人们的动机、兴趣、态度等情感因素密切相关。目前许多口语课文的内容及课堂活动无法激发学生的兴趣，学生感受不到所学内容与自己的关系，被动地学习，很少能感受到成功的喜悦及成功所带来的收益，这也就无法激发学生的动机，促使其乐于学习、努力学习。

我们认为，采用任务型教学理念，将会对改变目前现状、提高对外汉语口语教学的质量和效率产生积极意义。因为任务法为

---

[1] S. Krashen. *Second Language Acquisition and Second Language Learning.* Oxford:Pergamon Press, 1981.

[2] M. Swain. Communicative Competence:Some Roles of Comprehensible Input and Comprehensible Output in its Development. In S. M. Gass & C. Madden(eds.). *Input in Second Language Acquisition.* Rowley, MA: Newbury House, 1985.

语言习得创造了条件，通过多种真实任务，提供了大量语言输入与输出的机会，激发了学生的学习动机，使学生可以综合运用所学语言，进而获得言语技能和言语交际技能，最终形成全面的运用语言的能力，在交流中学会交际。

三、任务型对外汉语口语课堂教学的设计

（一）以真实的交际任务为驱动，最大限度地激发学生的学习动机，调动其学习积极性

目前，我们的口语课堂教学主要采用3P模式，即展示（presentation）——练习（practice）——表达（production），也就是说，第一步，教师教课文中的词语、表达式及内容；第二步，学生在教师的指导和控制下，针对语言点或课文内容进行机械性或准交际性练习；第三步，学生模仿课文语境或根据课文相关话题，练习运用本课学过的知识完成交际任务。按照这一模式，我们的口语教学出现了这样的问题，即学生主要是在"学话说"而非"学说话"。

口语课堂教学、教材编写都把重点放在课文内容和课文中出现的语言点上。教师教课文中的语言点及课文内容的时间常占据了有限课时的大部分。学生也是在教师控制下练、说课文中的语句、内容。而课文中的语句和语言点，在真实表达练习或课外实际的生活交际中，却很难或根本无法用上。因为人的注意力有限，一个人很难在即时说话中同时注意内容和形式。教师们都有这样的经验，要求学生完成一项交际任务必须用上某些词、句的时候，学生往往就不是在"说话"，而是在造句了。这就形成了学用脱

节的状况，学生一离开课堂和书本，口头表达就变得力不从心、磕磕绊绊。教师之所以用主要的时间和精力，以课文为范本教学生"学话说"，而非让学生自主动脑"学说话"，主要因为教师把掌握课文中的词汇、语句作为主要任务，认为完成了这一任务，学生就会在头脑中形成口头表达系统，进而形成交际能力。

由于课上的绝大部分时间是学生在教师带领下被动地学习生词、课文以及做练习，学生并不清楚这些内容和自己的口语能力有怎样的关系，加之有些课文的话题学生不感兴趣，课堂所学与学生的现实及未来口头交际需要脱节。因此，学生到了中高级阶段，甚至觉得上课还不如课下与中国人聊天学到的有用的东西多，久而久之，课堂学习变成了负担。

依据动机理论，人们愿意花时间努力做的事情有两种："一种是他们指望一做就能成功的事，另一种是他们很在乎成功所带来的收益的事。"任务型教学在设置有难度但可以征服的任务时，教师先要向学生说明完成这些任务的目的是什么，"然后设计各种方案，提供需要的资源，介绍基本的常识，提出引导性的问题，保证学生能从中获得成功所需要的基本的学习环境"。（夏纪梅，2003[①]）而课上完成一个个任务的成就感以及它所带来的回报——课外及今后成功进行口语交际的价值又会激发学生产生更大的学习热情，因为学生看到了自身口语水平的提高，感悟到了学以致用的好处，这必然会促使他们更好地学习。

口语学习的动机来自交际的需要，因此，以任务为主线，根据学生现实和未来学习生活工作的需要而设计有意义，具有挑战

[①] 夏纪梅《现代外语课程理论与实践》，上海外语教育出版社，2003年。

性、真实、可操作的交际任务，可以激发学生的学习动机，也必然会提高教学效率。

（二）流利、得体是任务型对外汉语口语教学的首要目标

一般来说，口语技能的目标包括准确、流利、得体、多样四项。也就是说，口语技能体现在：能在交际活动中准确地运用汉语的语音、词汇、语法知识组织语句，流利地传递信息、表达情感，并能根据交际对象和场合灵活地运用多种不同的方式得体地表达。

外国人与中国人进行口头交际无疑带有跨文化的性质，因此对外汉语口语教学的目的是培养和提高学生跨文化的口头交际能力。跨文化的口头交际能力包括交际能力和跨文化能力两个方面，也就是说，它不仅包括语言能力、社会语言学能力、话语能力、策略能力，还包括具备对跨文化交际的敏感性、宽容性、灵活性等。这些能力是一种整体素质，是语言的综合运用能力，需要在交际活动中逐步训练提高。

在跨文化口头交际中，人们一般都会对对方表现出宽容和灵活的态度，只要对方基本表达了意思，即使语音不准、用词不当、语法有误，也会谅解对方，如有不理解之处，也会与之反复进行意义协商。反之，如果交际双方过分注意语言的准确性，害怕出错，则可能造成精神紧张，无法交流。而如果一个语言表达准确流利的人，不了解跨文化交际知识，就更会造成误解、隔阂、冒犯、难堪等交际冲突。从这个意义上说，跨文化交际口语的流利、得体比准确更重要。

因此，交际任务的设计，要考虑外国学生跨文化交际的特点，以流利、得体为首要目标。同时，也可根据学生的水平，在学习

的不同阶段，设计不同的任务，实现不同的目标。在高级阶段，可设计复杂的任务，同时争取达到四项目标。

（三）突出课型特点，转变教师角色

由教师教、学生学，转变为教师教学生学，学生在交际中学，突出互动学习过程。目前许多人对口语教学的认识除了要突出掌握口语词语句式、多让学生说话外，其他与别的课型基本一样，这就使得许多口语课的教学方法与其他课型雷同，自身的课型特点不突出，如有些口语课上成了精读课或词汇课。而口语课文又不是以语言结构系统的知识点为纲编写的，因此许多教师认为口语教学任务有点"虚"，口语课比别的课好上，口语课不过是领读几遍生词，分角色朗读课文，多做几项口语练习而已。

赵金铭（2004）[①]指出："'说的汉语'的教学目的，是培养言语交际能力，重在口头表达，力求达意和彼此言语沟通""'说的汉语'的最大特点是口语表达时有特定的语言环境和具体的听话对象"，因此，"说的汉语"和"看的汉语"应该有不同的教学系统，有不同的教学方法和要求。口语课是技能课，而技能的掌握不是懂不懂的问题而是会不会用的问题，也就是说，口语课要保证学生有充分的使用语言的活动，而不是教师教的活动。口语教学要为学生完成各种交际任务，实现大量的可理解的输入、输出，进行互动交流、意义协商创造条件，使学生通过完成任务参与学习过程，整体掌握语言，进而提高跨文化口头交际能力。为此，多种形式的2人结对活动、3人以上的小组活动等互动方

---

① 赵金铭《"说的汉语"与"看的汉语"》，载《汉语口语与书面语教学》，北京大学出版社，2004年。

式是口语课的主要学习方式。

任务型口语教学要真正以学生为中心，课堂教学就要由教师教、学生学，转变为教师教学生学，师生关系也由"权威—服从"变成"指导—参与"。教师要与学生一道身处任务活动的各个层面，而"学生在确定任务——制订计划——执行任务——评价结果的全过程中，作为社会人、职业人、交际人、合作者"，"是学习的真正主人，始终处于学习的中心"。（程可拉，2006[①]）

（四）教学任务以表达意义为主，通过不同的任务处理好意义和形式的关系

按照任务型理念，学习、掌握语言形式的目的是为了表达意义，完成交际任务。即任务应是口语教学的主线，教学重点是表达意义而不是操练语言形式。但学生要完成任务必定需要学习新的语言形式，而我们通过多种形式输入的多种材料中，必然有学生未知的需要学习的语言形式，因此，在任务前的准备热身活动和任务后的语言聚焦中，都要十分重视语言形式的学习、提高。我们设想在口语教学中，首先要明确本课的总任务及具体目标，然后设计任务链，使学生在明确任务目标的前提下，在准备完成总任务的过程中，通过先完成若干任务链上的子任务（其中包括学习任务），先做好完成总任务的精神和物质准备，即所要表达的内容——意义和表达的手段——语言形式方面的准备，最后水到渠成、游刃有余地完成总任务。

口语教学中的语言形式点究竟包括哪些？对此，见仁见智。我们认为，除语调、口语语汇和语句外，还要掌握：（1）同一

---

① 程可拉《我国外语教学改革的思考》，《中国教育学刊》2006年第2期。

结构形式的语句由于语气语调不同表达不同含义,如"他走了"至少可以用不同的语气语调表示4种含义;同一功能可以用不同的语句来表达,如表示"同意"或"反对"的功能都有多种不同的语句。(2)汉语会话和独白的规律,如15种常用的会话相邻对(刘虹,2004[①])的引发语和应接语及其协调和搭配的规律、会话策略,独白的语义类型及其开始、扩展、结束的规律等。这些是口语教学独特的语言形式点,可以作为暗线,巧妙地设计到不同的任务中去。

四、任务型对外汉语口语教材的编写

目前我们的大多数口语教材都是由课文、生词、词语例释、练习等组成,其中课文和练习是两大重点。口语教材的这种编写模式与综合课教材几乎没有区别,没有突出口语教学的要点。吴勇毅(2005)指出:"教材编写的中心和重心都放在课文及其注释上。尽管有的教材在练习上用了不少心思,但大部分口语教材的练习部分很随意,且量少质粗。""大部分练习的目的是'语言的'或者是为了检查课文内容及知识的掌握情况","不少练习是纯形式的操练","有些练习的内容和结果是既定的、已知的,没有信息差",许多练习缺少对语境的要求,缺少交际的真实性,不注重完成"过程",无须与人合作完成。此外,教材的设计缺乏新意,编写的形式死板,输入方法单一,没有充分利用多种媒体和现代先进的教育技术手段也是普遍存在的问题。

---

① 刘虹《会话结构分析》,北京大学出版社,2004年。

现行的口语教材课文基本上是会话、独白形式的"语言范本"，这与传统的教学理念即学语言就是学习语言形式、掌握语言知识有着直接的关系。任务型教学理念决定了口语课文不应再只是传统意义的会话、独白形式的单一"语言范本"，而是以交际任务为核心，具有多样化的输入形式、为学生提供多样化的学习活动、为教师提供丰富教学资源和信息的重要工具，是师生共同使用的"工具"或"资源包"（陈绂，2006）。具体地说，任务型对外汉语口语教材要根据学生的实际，为其提供具有特定的交际对象、交际情景、交际目的等具有信息差、推理差、观点差等各种类型的交际任务；同时要为学生完成交际任务提供各种物质的和精神的准备，提供引发口头交际的刺激物或输入物，如真实的照片、广告、地图、节目单、时刻表等，并通过技术的导引使现实交际情景直接进入课堂，通过视觉、听觉和动态的音、像、图、文全方位的输入，成为学生交际的依托，既满足了学生口头交际需要的感官刺激，又满足了其学习和交际需要的情感需求，同时它又是学生交际的工具，可以很好地帮助学生完成交际任务。此外，任务型口语教材的版面设计也要考虑留些空白，以方便学生完成任务。

总之，任务型对外汉语口语教材将彻底改变传统的课文、生词、注释、练习的固定模式，将以学生口头交际任务为核心，通过现代技术手段，以多样化的输入形式，提供多样化的学习活动，体现以学生为本、以任务为路径、以交际为目的的现代语言教材设计的新理念。

美国大学理事会、AP汉语与文化课程委员会根据《21世纪外语学习标准》等颁布的《AP汉语与文化课程概述》指出，语言教学的根本目标是完成任务，"学生能用熟悉的语言材料进行表达，碰到不熟悉的词语也能理解，语言水平就会提高"，而课程应"为学生提供及时而多样的机会，提高和发展学生全面的言语技能熟练度"（陈绂，2006）。

他山之石，可以攻玉。面对我们的口语教学现状和国际上现代外语教学发展的潮流，我们必须进行深刻而理性的反思，转变教学理念，用切实有效的措施提高教学效率和质量。只有这样，我们才能不断把对外汉语口语教学推向前进。

第三节　口语教学语法大纲[①]

一、引言

1958年第一套对外汉语教材《汉语教科书》出版，奠定了我国对外汉语教学语法体系的基础，其后出台的各种教学语法等级大纲[②]，基本上都没有脱离它所确定的体系框架（柯彼德，

[①] 本节摘自徐晶凝《对外汉语口语教学语法大纲的构建》，发表于《语言教学与研究》2016年第4期。

[②] 《汉语水平等级标准和等级大纲（试行）》（北京语言学院出版社，1988年）、《对外汉语教学语法大纲》（王还主编，1995年）、《中高级对外汉语教学等级大纲》（孙瑞珍主编，1995年）、《汉语水平等级标准与语法等级大纲》（刘英林主编，1996年）、《对外汉语教学初级阶段教学大纲》（杨寄洲主编，1999年）、《高等学校外国留学生汉语言专业教学大纲》（国家对外汉语教学领导小组办公室，2002年）、《高等学校外国留学生汉语教学大纲（长期进修）》（国家对外汉语教学领导小组办公室，2002年）等。

1990[1]；李泉、金允贞，2008[2] 等）。柯彼德、吕必松、吕文华、孙德金、张旺熹、李泉等学者对语法大纲进行过诸多的反思与探讨，提出了一系列的改进建议（详见李泉、金允贞，2008；雷雨、王思奇，2014[3]）。

其中，吕文华（1994）[4]、李泉（2003[5]、2004[6]）以及雷雨、王思奇（2014）等指出，现有的各类语法大纲总体来说都缺乏语体意识，导致现有口语教材和书面语教材在语言材料和表达方式上并无太大差别，因此，应在大纲的制定中考虑语体因素。在汉语语言学界，学者们也认识到，语体与语法之间存在着密切相关性（胡明扬，1993[7]；陶红印，1999[8]；张伯江，2012[9] 等）。

但对于口语教学语法大纲究竟该如何构建，口语教学语法项目清单中应包括哪些内容，学者们并没有进行过系统的论述。相关研究中，所列举的口语语法项目如下表：

---

[1] 柯彼德《汉语作为外语教学的语法体系急需修改的要点》，载《第三届国际汉语教学讨论会论文选》，北京语言学院出版社，1990 年。

[2] 李泉、金允贞《对外汉语教学语法体系研究纵览》，《海外华文教育》2008 年第 4 期。

[3] 雷雨、王思奇《对外汉语教学语法内容的选择原则》，载北京语言大学对外汉语研究中心编《汉语应用语言学研究》第 3 辑，商务印书馆，2014 年。

[4] 吕文华《对外汉语教学语法探索》，语文出版社，1994 年。

[5] 李泉《基于语体的对外汉语教学语法体系构建》，《汉语学习》2003 年第 3 期。

[6] 李泉《面向对外汉语教学的语体研究的范围和内容》，《汉语学习》2004 年第 1 期。

[7] 胡明扬《语体和语法》，《汉语学习》1993 年第 2 期。

[8] 陶红印《试论语体分类的语法学意义》，《当代语言学》1999 年第 3 期。

[9] 张伯江《以语法解释为目的的语体研究》，《当代修辞学》2012 年第 6 期。

表1—1　相关研究所列口语语法项目

郭颖雯 （2002）[1]	语素；词类；短语（习语、成语、四字格、特殊话语形式）；单句（主谓句、非主谓句）；几种特殊句型（"是"字句、"有"字句、"是……的"句、被动句、兼语句、连动句、存现句、比较句、"把"字句、两种句型套用）；动作的态；反问句；口语格式；特殊口语句式（隐含、重复、追加、插说、易位、缩略）；复句；句群；语气；节奏
李泉 （2003）	用于口语的"的"字短语（教书的）；无主句；程度补语；固定格式（可玩的、那倒不见得）；追加（上哪去了？你刚才）；省略（他49岁，我52）；紧缩（有事打电话）；大量用于口语的词语或固定短语（我说呢）
雷雨、 王思奇 （2014）	口语表达中的常用固定格式（看/瞧把你……得，你V／A你的）；脱落、追补等常用的口语语法；拟声词做谓语；正反疑问句的常用简式

可以看出，这些思考基本上是在语素、词、短语、句子、句群五级语法单位的框架内进行的，特别重视的是口语中的固定格式以及易位、紧缩、插说、追加等口语中特有的句法现象。

徐子亮（2002）[2]则跳出五级语法单位的框架束缚，认为口语教学中的语言点应包括承接性话语、施为性话语和叙述性话语。另外，劲松（1989）[3]在讨论北京口语语体特征时，也谈到口语语体的句式特征、话语结构特征、虚词使用特征、语汇特征、语音特征、话题转移特征和情感表现特征。因两位学者都并非专论口语语法体系的问题，所以对口语语法的论述不够深入系统。

我们将在相关研究的基础上，探讨对外汉语口语教学语法体系的构建问题，求教方家。

---

[1] 郭颖雯《汉语口语体口语教学语法体系的建立与量化》，《汉语学习》2002年第6期。

[2] 徐子亮《汉语作为外语的口语教学新议》，《世界汉语教学》2002年第4期。

[3] 劲松《北京口语的语体》，《中国语文》1989年第5期。

二、口语教学语法体系框架

我们先看一个口语语句：

（1）哎，你听我说，我觉得这件事情很可能是由他引起的。你看，他这几天总是不说话，肯定是心里有鬼啊。

在这个语句中，包含着四种不同的语言成分。A. 这件事情由他引起、他这几天总是不说话、（他）心里有鬼。B. 我觉得、很可能、是……的、肯定是。C. 你看、啊。D. 哎，你听我说。

这些语言成分在交际中的功能是不同的：A 类是对所谈论客体进行的表述；B 类主要表达说话人对话语命题的态度，即说话人对命题真值的承诺度（commitment）；C 类则主要表达说话人对听话人的关注，即是否要求听话人回应等[1]；D 类则帮助说话人抢占话轮（turn）参与会话，即主要在话语组织层面发挥作用。

系统功能语言学认为，语言具有三大元功能：概念功能、人际功能和语篇功能（胡壮麟等，1989[2]）。任何一个交际中的语句，都同时实现为这三大功能：反映客观世界、建立与交际另一方的关系、与话语的上下文实现衔接和连贯。这三大元功能也体现在口语的语句之中：A 类语言成分参与概念功能的表达，B 类和 C 类主要用于表达人际功能，D 类则主要参与语篇功能的表达。

因此，口语的语法体系中至少包含着三种语法项目：A 类语言成分所涉及的语法内容属于结构范畴语法，B 和 C 类为情态范

---

[1] 徐晶凝《现代汉语话语情态研究》（昆仑出版社，2008 年）认为，语气助词主要用于交互主观性，即对听话人的关注。

[2] 胡壮麟、朱永生、张德禄编著《系统功能语法概论》，湖南教育出版社，1989 年，第 11 页。

畴语法，D类我们称之为话语范畴语法。

（一）结构范畴语法项目

结构范畴语法项目主要参与语句概念功能的表达，用于传达命题内容，主要包括以下四大类：

1. 口语中特有的句法现象

有一些句法现象，是口语中特有的，如学界讨论颇多的隐含或省略、易位或追加或倒装、插说、紧缩、重复等。它们是形成汉语口语独特句法特征的重要因素。例如：

（2）我买了件大衣，毛料的。（省略、易位）

（3）这件事我觉得不能就这么算了。（插说）

（4）有事打电话啊。（紧缩）

（5）你拿来吧你！（重复）

还有一类口语中特有的句法现象，则主要与虚词的用法有关。如：连词产生弱化用法（方梅，2000[①]），代词"他"变为傀儡主语（董秀芳，2005[②]），言说动词"说"变成从句标记（方梅，2006[③]），副词"再"在口语中有连词的用法（乐耀，2015[④]）等。

第一类句法现象，在有关口语语体研究的文献中，均有提及。第二类则在2000年前后才开始受到学界的关注，展开了一些个

[①] 方梅《自然口语中弱化连词的话语标记功能》，《中国语文》2000年第5期。
[②] 董秀芳《现代汉语口语中的傀儡主语"他"》，《语言教学与研究》2005年第5期。
[③] 方梅《北京话里"说"的语法化——从言说动词到从句标记》，载《中国方言学报》第1期，商务印书馆，2006年。
[④] 乐耀《北京口语中具有连接作用的"再"》，《当代语言学》2015年第4期。

案研究。这两类句法现象,涉及口语词类系统与句型系统的构建。若要建立对外汉语口语教学语法的体系,有必要对它们进行系统研究:一是要明确第一类句法现象的语篇运用条件及其分布频率;二是要全面考察在口语中有哪些虚词或实词衍生出了不同于书面语的词性或用法。

2. 结构习用语

口语中包含着大量的预制结构,作为一个整体序列参与交际,主要分为两类:一类是空槽填充格式(slot-and-filler),如"说 X 就 X""不 V 不 V 也得 V……"等;一类是完全固定的程式语(formulaic language),如"真是的、说的也是、我说呢"等。这些程式语的区别性特征在于,它们是在特定的语境条件下使用的,主要实现为一定的语用功能(张风格,2005[①])。以往学界,在不同的理论框架下,对这两类预制结构有不同的称呼,如熟语、习(用)语、惯用语、固定格式、构式(construction)、语块(chunk)等。我们将它们统称为习用语。

《汉语水平等级标准与语法等级大纲》已注意到这种现象,在丙级和丁级语法项目中,专门辟有"口语格式"一类语法项目,共列举了 64 个,其中绝大部分都属于结构范畴语法,我们将之称为结构习用语。

但大纲并没有穷尽口语中所有的高频结构习用语,如"一 V 一个 A(一看一个准)""一 V 就是+时量词语(这一等就是六年)""X 有 X 的 N,Y 有 Y 的 N(你有你的理由,我有我的主意)"等,大纲都没收录。现代汉语口语中究竟有多少种常见结构习用

[①] 张风格《口语习用语研究的两个问题》,《语言文字应用》2005 年第 2 期。

语，主要用于实现什么样的言语功能，尚须基于大规模口语语料库展开进一步的调查统计与描写。

3. 用于口语的"共核"语法成分

这一类结构范畴语法项目，属于跟书面语"共核"的部分（李泉，2003[①]），但主要用于口语。如：程度副词在口语和书面语中均有广泛分布，但其中"挺、怪……的、好、真"等主要用于口语当中；其他的同类语法项目还包括程度补语（"……透了 / 极了 / 坏了 / 死了 / 多了 / 得很 / 得要命 / 得慌 / 得不行"等）、动词重叠、被动句中的"叫 / 让 / 给"字句、表加强否定的"又"等。

4. 口语稍异于书面语的句法现象

还有一类结构范畴语法现象，不独属于口语，但在口语中的分布频率却不同于书面语。

比如，在口语中，性质形容词主要用作谓语，其使用频率（59.1%）远高于做定语（21.4%），而书面语中则以充当定语（63%）为主要功能（贺阳，1996[②]），而且可带动态助词"了、着、过、起来"等的形容词也多见于口语（李泉，1996[③]）。

再比如，在口语中，复杂的"的"字短语修饰语非常少见，而多用小句的形式来表达（张伯江，2012[④]；沈家煊，2015[⑤]等）。

[①] 李泉《基于语体的对外汉语教学语法体系构建》，《汉语学习》2003年第3期。

[②] 贺阳《性质形容词句法成分功能统计分析》，载胡明扬主编《词类问题考察》，北京语言学院出版社，1996年。

[③] 李泉《"形+动态助词"考察》，载胡明扬主编《词类问题考察》，北京语言学院出版社，1996年。

[④] 张伯江《以语法解释为目的的语体研究》，《当代修辞学》2012年第6期。

[⑤] 沈家煊《词类的类型学和汉语的词类》，《当代语言学》2015年第2期。

例如①：

（6）a．您的小手指头都比我的腰还粗！（《茶馆》的文学脚本）

b．您伸个小手指头比我腰都粗！（《茶馆》演出有声记录的转写）

（7）他在找一个人，走路有点儿一拐一拐的，已经找了半天了。（而非"他在找一个走路有点儿一拐一拐的人"）

这样的语法现象，是目前研究最薄弱的部分。我们尚需要基于大规模口语和书面语语料扎实细致地进行调查描写，从而全面揭示口语的句法结构特点。

（二）情态范畴语法项目

情态范畴语法项目，主要参与语句的人际功能表达，在人际交互层面上表达说话人的主观态度。包括说话人对语句命题真值的主观态度、对听话人的关注、证据来源（evidential），等等。

1. 主要的语法表现形式

表现在语言形式上，情态范畴语法项目主要包括：句类、情态动词、语气副词、语气助词、施为动词（如"警告、命令、请求"等）、立场标记语（stance marker）等。它们分别在不同的层面上，作用于交际者之间交互关系的构建（徐晶凝，2008、2012②）。这些情态范畴语法项目，在现有语法大纲和教材中都有涉及，但是没有被作为一个相对独立的系统，而是被打散在词类、插入语、句子等语法单位中。

---

① 例句转引自张伯江（2012）和沈家煊（2015）。
② 徐晶凝《认识立场标记"我觉得"初探》，《世界汉语教学》2012年第2期。

在汉语本体研究领域，学界对这些语法项目的讨论比较充分（齐沪扬，2002[①]；赵微，2005[②]；彭利贞，2007[③]；齐春红，2008[④]；徐晶凝，2008；陈颖，2009[⑤]等），不过，研究的视角多为理论层面的探讨，而较少涉及这些语法项目的具体用法。如同为立场标记语，"我看、我想、我认为、我觉得"彼此之间如何进行功能区分，疑问句在交际中如何实现为不同的言语行为功能，表达相近功能的语气副词彼此之间的用法区别是什么等问题，学界尚未给出足够的研究可供教学参考。

2. 情态习用语

在口语中还存在一些习用语，主要不是用来传达新的命题信息，而大多是在传达说话的情感态度，我们称之为情态习用语，如"你呀、别提了、真是的、又来了、好你个X、不是我说你"等。这些情态习用语通常被归属在话语标记（discourse marker）的研究范围，在现有大纲中基本上是被忽略的。

在情态范畴语法方面，汉语与其他语言，如英语，区别比较大，特别是在语气助词和语气副词上。有些语气意义的表达，是其他母语背景的人很难体会出来的。王力（1984）[⑥]说过："中国语气副词在西洋语里找不着相当的词的；语气副词的空灵不让于语气词……。'他偏送这个来了'的'偏'，既不能译为

[①] 齐沪扬《语气词与语气系统》，安徽教育出版社，2002年。
[②] 赵微《指令行为与汉语祈使句研究》，复旦大学博士学位论文，2005年。
[③] 彭利贞《现代汉语情态研究》，中国社会科学出版社，2007年。
[④] 齐春红《现代汉语语气副词研究》，云南人民出版社，2008年。
[⑤] 陈颖《现代汉语传信范畴研究》，中国社会科学出版社，2009年。
[⑥] 王力《王力文集（第一卷）：中国语法理论》，山东教育出版社，1984年，第230页。

unexpectedly，也不能译为unfortunately，因为它们的意义都太实了，而它们所带的情绪又远不如'偏'字所带的强烈。"因此，如何有效地帮助学习者掌握这类语法项目，是值得语法大纲研制者深入探讨的问题。

（三）话语范畴语法项目

话语范畴语法项目，可以帮助说话人理解和操控会话的互动式进展，理解会话的走向，以及使会话朝自己期待的方向进展，包括如何利用语言手段进行话轮转换、维持或抢占话轮、结束或开始谈话，如何提供背景反馈（back-channel），如何应答等。话语范畴语法项目主要以词语和习用语的形式出现，它们通常被归属在会话分析（conversation analysis）和话语标记的研究范围。

学界对话语范畴语法项目的研究涉及很多个案，如：可用来开启或转换话题的"对了、我说、说起、说到、要说、至于说、问题是、那什么、这个"等（方梅，2000[1]；李秉震，2009[2]；李秉震、张全生，2012[3]；朱军、史沛沛，2014[4]；张璐，2015[5]等）；可延续话轮的"然后、完了、那个、那么、那、是啊"等（方梅，2002[6]；王伟、周卫红，2005[7]；陈妍妍，2011[8]；徐晶凝，

---

[1] 方梅《自然口语中弱化连词的话语标记功能》，《中国语文》2000年第5期。
[2] 李秉震《"说"类话题转换标记的语义演变》，《中国语文》2009年第5期。
[3] 李秉震、张全生《"说到"的话语功能分析》，《语言研究》2012年第4期。
[4] 朱军、史沛沛《"那什么"的话语功能》，《当代修辞学》2014年第1期。
[5] 张璐《"问题是"的话语标记化》，《语言研究》2015年第2期。
[6] 方梅《指示词"这"和"那"在北京话中的语法化》，《中国语文》2002年第4期。
[7] 王伟、周卫红《"然后"一词在现代汉语口语中使用范围的扩大及其机制》，《汉语学习》2005年第4期。
[8] 陈妍妍《"主聊"式闲谈语体中话语标记"那／那（个）／那么"的功能分析》，北京大学硕士学位论文，2011年。

2011[1];殷树林,2012[2];李宗江,2013[3]等);可抢夺话轮的"不是"以及结束一个话题的"所以、好、好了"等(刘丽艳,2011[4])。

应答可以有很多方式(孙雁雁,2011[5]),但可归属于话语范畴语法的项目,则是指那些专门用于针对命题内容真假而做出反应的习用语。如可用于肯定性应答的"那是、可不是(嘛)、谁说不是呢、好吧、好的、好啊";可用于否定性应答的"谁说的、什么呀、话是这么说"等。我们称之为应答习用语。

话语范畴语法项目是交际中的润滑油,没有它们,交际将变得生涩。交际中的话轮转换或话题管理规则,是母语说话人在长期的交际中自然习得的,有时候并不需要借助语言手段即可实现。而不同语言的会话组织规则并不完全一致。对于外语学习者而言,他们往往对目的语潜在的会话规则并不敏感,不能很好地感知到话轮转换的关联位置(transition relevance place,TRP),更不知道如何借助专用语言手段使会话朝自己期望的方向进展。所以,教学中应该对这类语法项目进行教学。这是口语教学语法大纲应当重视的一部分内容。

(四)小结

以上三个范畴的语法项目彼此之间并非截然分开,也存在交叉现象。如例(1)中的"很可能、肯定是"除了表达说话人的

---

[1] 徐晶凝《对形式"是啊、是的、是"的话语分析》,新学林出版股份有限公司,2011年。
[2] 殷树林《现代汉语话语标记研究》,中国社会科学出版社,2012年。
[3] 李宗江《几个疑问小句的话语标记功能——兼及对话语标记功能描写的一点看法》,《当代修辞学》2013年第2期。
[4] 刘丽艳《汉语话语标记研究》,北京语言大学出版社,2011年。
[5] 孙雁雁《汉语口语问答句衔接语模式研究》,世界图书出版公司,2011年。

主观态度，也参与语句的句法构造。而作为结构范畴语法项目的"那叫一个X""叫你X，你还真X呀"等口语格式，也大都带有强烈的情感表达的功能。"瞧你""不是我说你"等标记说话人主观态度的表达式，在话语组织层面上也发挥着作用。之所以区分为三类，是为了讨论和描写的方便。在实际操作中，无论是将某些语法项目划归到哪个范畴中，只要是坚持前后一贯的分类标准，在口语语法体系中将这些内容都涵盖到即可，不会从根本上影响口语教学语法体系的框架。

表1—2　口语教学语法体系的框架

	主要语法项目	例示
结构范畴语法	口语中特有的句法现象	（1）省略、易位、追加、重复、紧缩、插说 （2）与虚词有关的独特句法现象
	结构习用语	说X就X、不V不V也得V
	用于口语的"共核"语法成分	动词重叠、程度补语等
	口语稍异于书面语的句法现象	复杂的"的"字短语修饰语多用小句的形式来表达；少用描写性形容词定语
情态范畴语法	表达言者对命题确信度的语言形式	句类、情态动词、语气副词、语气助词
	表达言者对听者态度的语言形式	施为动词、立场标记语
	表达证据来源的语言形式	情态习用语（如：你呀／好你个X）
话语范畴语法	开启话题／抢占话轮的语言形式	那么、不是、哎，听我说
	保持话题／保持话轮的语言形式	还有、然后、完了
	转移话题的语言形式	对了、我说
	结束话题的语言形式	好、所以、好了好了
	背景反馈形式	嗯、是吗、这样啊
	应答习用语	可不是嘛、谁说的

总之，口语语法的本质特征是与口语交际或口语表达功能密不可分的，口语语法的目的在于解释交际者如何通过调节话语完成言语行为并理解对方话语，对口语语法的研究不能照搬基于书面语的传统语法框架（Brazil，1995[①]），口语语法体系的建立应以功能作为统领之纲[②]。如口语中常见的习用语，在口语交际中实际上分别具有三种不同的作用，有必要根据其功能分派到不同的范畴中。

三、语法项目的选取与分级

在选取与确立口语教学语法大纲中所应包含的具体的语法项目时，还需要考虑到以下几个问题。

（一）语法项目与词汇项目

上文所列举的三大范畴各自所下辖的具体语法项目，有些并非严格意义上的词法或句法，如情态动词、语气副词、语气助词。若从严格的狭义的"语法"的含义来讲，它们只能作为三个词类列入语法大纲，即只是三个语法项目而已。但这些词类中的高频

[①] D. Brazil. *A Grammar of Speech*. Oxford:Oxford University Press, 1995. 中译本《口语语法》，上海外语教育出版社，1999年，第2页。

[②] 《中高级对外汉语教学等级大纲》中罗列了一些特殊话语形式（命令、警告、责备、客气、厌烦、赞同、自责、肯定、否定、醒悟），以及11个功能项，包括引起话题、同意和反对、评论和评判、征询对方观点和看法、表达自己观点和看法、举例说明、感叹、强调、委婉和委婉的肯定、比较、引起对方兴趣和注意等。这一思路已经考虑到了表达功能，但遗憾的是，所列举的功能项没有明确的范畴分类，没有做到功能与语法形式的有机结合，难以体现口语的语法系统。

成员，有必要作为独立的词汇—语法项目（lexico-grammar），一一收入口语教学语法大纲。因为它们在口语交际中的作用不同于其他口语词汇：第一，它们都是封闭词类；第二，它们在用法上具有很强的个性；第三，它们在交际中所承担的功能恰能突出口语"当时当地"（here & now）的交互特点。

因此，虽然要特别注意语法项目与词汇项目的分野（孙德金，2006[①]），但对于口语教学语法大纲来说，所谓"语法形式"的含义不妨稍微宽泛一些，可采取 Purpura（2004）[②] 的观点，即构成学习者语法知识的组成成分可以涉及语音、词汇、形态句法和语篇等不同层面的语言项目。

（二）教学用口语语体的界定

在进行口语语法体系的构建研究时，应该有明确的口语次语体的意识，因为口语语体内部也有随便与正式、俚俗与典雅的程度差异。虽然随便、俚俗的口语最能体现口语语体的语言特征，但其中所包含的某些语言现象是否要纳入到口语教学语法体系中，却须慎重对待。比如，过多的停顿、重复、残句、错位（陈建民，1986[③]）、结构助词"的"在单句中的省略（劲松，1989[④]）等，恐怕都不宜作为教学语法点进行教学，因为会干扰学习者对汉语句子基本结构以及"的"表领属关系时的基本用法规则的理解。总之，汉语口语教学的目标是训练学生的口语表达

[①] 孙德金《语法不教什么——对外汉语语法教学的两个原则问题》，《语言教学与研究》2006年第1期。

[②] James E. Purpura. (2004) *Assessing Grammar*. Cambridge: Cambridge University Press, 2004. 中译本《语法评价》，外语教学与研究出版社，2012年。

[③] 陈建民《如何整理与归纳口语句型》，《南外学报》1986年第1期。

[④] 劲松《北京口语的语体》，《中国语文》1989年第5期。

与理解能力,而非口语语体教学;对汉语口语语体研究非常有价值的一些语法特征,并非都适用于汉语教学。

陈建民(1992)[①]、王若江(1999)[②]等指出,适合教学的口语语体是"受书面语引导的",大致相当于"受过中等教育以上的北京人在有准备的情况下无拘束的谈话",即一般交际场合下使用的普通话口语或正式口语体。这一观点值得参考。

另外,也要考虑到方言的问题。特别是三大范畴中的习用语,有可能只是家常口语体北京话或其他强势方言中的现象。在进行调查统计工作时,也要注意排除语料中可能存在的方言土语。

(三)语法项目分级

语法项目的分级与排序是二语教学语法研究中很重要的问题之一(卢福波,2003[③];陈珺、周小兵,2005[④];孙德金主编,2006[⑤]等)。三大范畴所下辖的各个语法项目,在口语教学语法大纲中如何进行分级安排,也是必须考虑的问题。我们认为至少要考虑三个因素:使用频率、参与到句法结构中所表现出的难易程度以及通用度。使用频率高、句法较简单,且通用度高的,可安排在第一阶段。比如,语气助词的总体安排建议如表1—3:

[①] 陈建民《汉语口语研究的新态势》,《渤海学刊》1992年第2期。
[②] 王若江《对汉语口语课的反思》,《汉语学习》1999年第2期。
[③] 卢福波《对外汉语教学语法的层级划分与项目排序问题》,《汉语学习》2003年第2期。
[④] 陈珺、周小兵《比较句语法项目的选取和排序》,《语言教学与研究》2005年第2期。
[⑤] 孙德金主编《对外汉语语法及语法教学研究》,商务印书馆,2006年。

表 1—3　语气助词分级安排示例

语气助词	第一阶段	第二阶段	第三阶段
呢	特殊疑问句末：他是谁呢？ 省略疑问句末：他呢？ 习用语：我说呢/你管呢/管他呢	陈述句末，表提醒：说你呢，听见没有？ 习用语：才……呢/亏你还是……呢/还……呢	句中话题后：我是个老师，他呢，是个学生。 句中连接词后：其次呢 假设小句后：你要非走不可呢，我也不留你。
吧	祈使句末：你也去吧。 疑问句/陈述句末：你是中国人吧？	习用语：该……吧/总得……吧/不会……吧/V就V吧	句中话题后：他吧，有个毛病。 假设小句后：去吧，没时间；不去吧，又不太好。
啊	疑问句末：你是哪国人啊？/你也去啊？ 感叹句末：多好啊！	祈使句末：走，走啊！ 陈述句末：我也不知道啊。 习用语：a啊b啊c啊/a啊b的/V啊V啊	句中话题后：林生啊，我看你这日子过得也挺难。 句中连接词后：所以啊，我也不逼你了。
啦	习用语：可好啦/对啦/a啦b啦c啦	习用语：得啦/好啦/（行啦）/别啦/怎么啦	
嘛		陈述句末：我也不知道嘛。 话题后：这个问题嘛，……	祈使句末：你别走嘛。

以上仅为举例式说明，在口语教学语法大纲中，三大范畴各自应该下辖哪些语法项，如何进行分级安排，还有待细致全面的调查与研究。

（四）体系内语法项目与备用语法项目、参考语法

上文我们强调，口语教学语法大纲应选取适用范围较宽的正式口语体中的语法现象，以规范指导口语教材的编写和口语教学。

但随着中国经济的发展以及汉语学习者语言水平的提高，可能会有越来越多的人所接触到的口语次语体的范围越来越广，对不同口语次语体语言特征的学习需求也会相应提升。所以，在研制口语教学语法大纲时，也有必要同时将俚俗的家常口语体中的高频语言现象提取出来，作为口语教学语法大纲的附录，以满足未来可能出现的教材编写与口语教学的潜在需求。

总之，我们希望提供一个口语语法项目的详细清单，依据其在不同口语次语体中的适用范围与使用频率，分别纳入口语教学语法大纲的主体部分和附录部分，以尽可能体现汉语口语语法的全貌特征，从而为不同的使用者提供参考资源，使他们能够根据需要从这些项目清单中选取适合自己教学目的的语法项目。

另外，在研制口语教学语法大纲的同时，也有必要编写配套的口语教学参考语法（孙德金主编，2006），对大纲中所下辖的每一个语法项目的用法进行详细的描写说明，讲清楚其句法、语义、语用各方面的使用限制，供教师教学或编写教材时了解参考。

四、结束语

语法大纲对规范对外汉语教学的总体设计、教材编写、课堂教学、课程测试及汉语水平考试命题都具有重要作用（刘英林，1997[①]），语法体系是否科学完善是学科发展和成熟的标志

[①] 刘英林《〈语法等级大纲〉的编制与定位》，《语言教学与研究》1997年第4期。

（吕文华，1994[①]、1999[②]）。对外汉语教学的学科地位自20世纪80年代确立以来，成立了专门的学术组织，定期召开各种学术会议，设立了本硕博学历教育体系，其学科地位从形式上得到了充分保证，但语法教学大纲虽然有几个版本出台，却基本上是在原地踏步。随着汉语本体研究的深入，口语语法现象得到越来越多的揭示（赵元任，1979[③]；周一民，1998[④]；张旺熹，2012[⑤]等），现在是时候将相关口语研究成果纳入对外汉语教学语法体系，并根据教学需要继续加强口语语法的研究了。

第四节 口语能力教学模式[⑥]

语言学家Hymes[⑦]于1972年首次提出"交际能力"（communicative competence）的概念后，在Widdowson[⑧]、Canal&Swain[⑨]以及

[①] 吕文华《对外汉语教学语法探索》，语文出版社，1994年。
[②] 吕文华《对外汉语教学语法体系研究》，北京语言文化大学出版社，1999年。
[③] 赵元任《汉语口语语法》，吕叔湘译，商务印书馆，1979年。
[④] 周一民《北京口语语法》，语文出版社，1998年。
[⑤] 张旺熹《汉语口语成分的话语分析》，北京语言大学出版社，2012年。
[⑥] 本节摘自邹鹏《基于口语能力测试（OPI）评价体系的汉语口语教学模式探究》，发表于《四川师范大学学报》（社会科学版），2016年第2期。
[⑦] D. Hymes. On Communicative Competence. In J. B. Pride & J. Holmes (eds.). *Sociolinguistics*. Harmondsworth:Penguin, 1972.
[⑧] H. G. Widdowson. *Teaching Language as Communication*. Oxford: Oxford University Press, 1978.
[⑨] M. Canale & M. Swain. Theoretical Bases of Communicative Approaches to Second Language Teaching and Testing. *Applied Linguistics*, 1980(1).

Bachman[①]等人相继倡导下,重视培养语言交际能力已成为学界共识。会话是人类日常交际实现的主要途径,口语教学作为提高会话能力最直接有效的途径,其重要性不言而喻。然而长期以来,汉语口语教学的现状却不尽如人意[②]。留学生普遍视会话训练为畏途,即使汉语综合水平较高的学生,输入性语言理解水平远高于输出性语言表达水平的问题也很突出。如何组织高效的汉语口语课堂教学,帮助学生突破语言能力瓶颈,成为摆在教师面前的一道难题。

一、汉语口语教学存在的主要问题

(一)教学过程紊乱,课型特色模糊

特定的教学过程结构是构成特定课型的必要因素,教学过程结构紊乱必然妨碍教学计划实施和教学目标完成。口语教学的核心目标是培养会话能力。学生作为课堂活动的主体,多听多说是其能力提高的基本前提。然而,在参与会话训练过程中,学生常因面临来自语音、词汇、语法等各方面的障碍,转而向以课堂"权威"姿态存在的教师寻求帮助;而教师在运用示范、讲解等手段帮助学生克服表达障碍的同时,难免挤占会话训练时间,扰乱既定教学流程,严重的甚至迷失教学方向,把口语课上成综合课,使课程设置失去意义。

---

① L. F. Bachman. *Fundamental Consideration in Language Testing*. Oxford: Oxford University Press, 1990.

② 参见杨惠元《对外汉语听说教学十四讲》,北京大学出版社,2009年。

（二）轻视语言输出，课堂气氛沉闷

20世纪80年代，美国语言学家克拉申提出，唯一有效的语言习得途径是接受可理解性输入：一旦获得足够的可理解性语言输入，学习者就能自然地习得目的语[①]。这一著名的语言习得假说虽然在理论界引起过广泛争议，但片面强调语言输入的教学理念仍然在世界范围内对第二语言教学实践产生了深远影响。当前的对外汉语口语教学囿于传统教学理念，对教材和录音文本过于依赖，重输入、轻输出的倾向较为突出。常见的口语课堂教学组织形式由"听前预习""听时做题""听后说话"以及"最后复习"几部分组成。预习阶段由教师讲解部分录音文本涉及的词汇、句型或文化现象；听力训练阶段要求学生边听边做预先设置的选择、填空、连线、完型以及书面问答等题目，教师现场纠错；说话训练阶段依据录音文本进行口头表达训练，包括师生问答、学生复述或转述、分角色重现对话情景等形式；最后通过教师总结或领读等方式对练习中出现的词汇和语法现象进行复习巩固。这种以教师和教材为中心，"听力测验"加"口头表达"的口语课堂教学模式不仅枯燥乏味，更由于和实际交际需求脱节、刺激语言输出不力，最终导致学习效率低下，学生口语交际能力提升缓慢。

（三）教学反馈片面，过分关注形式

教学反馈是教学过程的重要组成环节，对于明确教学重点、完善教学设计、弥补能力缺陷意义重大。受片面重视语言要素教学的观念影响，当前口语教学反馈的重点仍局限在语音、词汇、

[①] S. D. Krashen. *The Hypothesis: Issues and Implications.* Oxford: Pergamon Press, 1985.

语法等语言形式方面，忽视对语言功能、语境以及社会语言学能力等方面的考量，无法满足全面提高口语交际能力的要求。

上述教学现状导致汉语口语训练的质量长期在较低水平徘徊，探索行之有效的教学模式迫在眉睫。笔者注意到，口语能力测试（英文全称 Oral Proficiency Interview 缩写 OPI）是目前世界上影响最广的交际性语言评价体系，它通过组织真实高效的会话过程对被试口语交际能力进行全面评估，其高度结构化的测试流程、测试员的角色定位以及全面的语言能力评估标准，对于探索如何在汉语会话训练中贯彻交际性原则、创建新的口语教学模式，颇具借鉴价值。

二、OPI 评价体系简介及评价

（一）OPI 概况

OPI 源于 20 世纪 50 年代由美国外交学院制定，用以鉴定美国政府工作人员语言能力的评估体系。现行的 OPI 测试标准于 1982 年首次发布，由"全美外语教育协会（ACTFL）"与"美国教育测试中心（ETS）"联合研制。OPI 测试标准在 1986 年和 1999 年经过两次较大力度的修订后日趋完善，长期为包括美国在内的多国政府部门、教育机构及大型跨国企业所采用或借鉴，是全球公认信度和效度最高的口语交际能力评价体系。

OPI 对口语能力的测试范围很广，其评价量表设计为"四级十等"。"四级"从高到低依次为"优秀级""高级""中级"和"初级"，除"优秀级"外，各能力级别内部又细分为高、中、低三个亚级别（见表1—4）。

表 1—4　OPI 评价量表

OPI 量表等级	OPI 量表亚等级
优秀级	
高级	高级高
	高级中
	高级低
中级	中级高
	中级中
	中级低
初级	初级高
	初级中
	初级低

OPI 评价量表在制定过程中参考了著名的"联邦政府语言协调会量表"（简称"ILR 量表"）评级标准。ILR 量表制定于 20 世纪 60 年代，主要用途是为美国政府测试其国际事务相关职位申请者的语言能力提供可靠的依据。OPI 和 ILR 各级别能力对照见表 1—5[①]。

表 1—5　OPI 评价量表与 ILR 量表对比

OPI 量表	ILR 量表
优秀级	5 本族语或双语能力水平
	4+
	4 杰出能力水平
	3+
	3 专业工作能力

[①] Center for Field Assistance and Applied Research. *Language Proficiency Interview Manual for Testers*. Peace Corps Ice No.T0130.2005.

续表

OPI 量表	ILR 量表
高级高	2+
高级中 高级低	2 有限工作能力水平
中级高	1+
中级中 中级低	1 生存能力水平
初级高	0+
初级中 初级低	0 无实际能力水平

根据新版大纲，OPI 各主要语言能力等级评估标准见表1—6。

表1—6 OPI 语言能力等级评估标准

级别	总体任务与功能	语境及内容	准确性	语言类型
优秀	讨论话题广泛，能够很好地阐述观点，做虚拟假设。能谈论自己不熟悉的情景或话题	大多数正式或非正式的场合／广泛的话题和一些特殊领域和专业技术方面的话题	句型没有习惯性错误；出现的错误不会影响交流或错误引导母语谈话对象	铺展开的论述
高级	高级可以用各主要时态讲述和描述，能有效处理突然插入的复杂话题	大多数非正式场合和一些正式的场合／有关个人的话题和普通的兴趣	不常与外国人打交道的谈话对象也能不费劲地听懂	段落
中级	能自己造句、组句、改句，并能通过问和回答简单问题完成一个简单的对话	一些非正式的场合和有限的事务／可预见的、与日常生活相关的熟悉的话题	通过不断重复，那些常与外国人打交道的谈话对象能听懂	无关联的句子
低级	非常有限的交流，公式化的、背诵的词汇词组	最常见的非正式场合／最常见的日常生活场景	那些常与外国人打交道的谈话对象也很难听懂	独立的词和词组

OPI 通过制定标准化的操作程序确保评估的信度和效度。具体的测试流程分为四个阶段（见表 1—7）。

表 1—7 OPI 测试流程

步骤	目的	心理状态预期	语言表现预期
热身 warm-up	开始会话	轻松	引导使用目的语
摸底 level checks	确认最低语言水平	自信	展示完全的掌控
探顶 probes	确认最高语言水平	沮丧	暴露能力的局限
角色扮演 role-play	真实生活中的交际	戏剧化表演	再次摸底或探顶
结束 wind-down	结束会话	轻松	展示完全的掌控

（二）OPI 的核心特色

OPI 的核心特色是测试员灵活运用会话测试技巧，刺激被试完成不同难度的语言输出任务，为口语能力评估提供真实可靠的依据。通常人们在运用第二语言交际时，会本能地避免使用难度较大的语言，甚至放弃最大限度传递信息的努力，转而选择简单常用的语言满足最低限度的交际需求。因此，在口语测试中，被试很少主动展示其语言能力的最高水平。OPI 要求测试员远离"权威"角色，营造平等自然的对话氛围，在贴近真实交际情景的前提下，尽可能地"引导"甚至"逼迫"被试，使之为完成特定的交际任务而表现出尽可能高的语言能力，以利于客观全面地评估语言能力。例如：

※ 测试员："谈谈你的爱好，好吗？"

▲ 被试："打篮球。"（选择的是最简短最安全的语言形式）

※ 测试员："我不会打篮球。能不能告诉我为什么喜欢打篮球？能说得详细点吗？"

▲被试:"我喜欢打篮球,因为打篮球可以锻炼身体。"(选择简单语言,仅满足最低限度的交际需求)

※测试员:"你平时和谁一起打篮球?在什么地方打球?讲讲你打篮球的经历好吗?"

▲被试:"我常常和我的朋友一起在学校打篮球。"(仅回答简单问题,回避讲述经历带来的语言挑战)

※测试员:"说说你最难忘的一次篮球比赛吧,我很想听。"

▲被试:"最难忘的比赛是我上高中的时候,参加了我的学校和另一所学校校队的比赛。那天我们打得很好,对手也打得很好,最后我们打赢了。"(仅尝试粗略的讲述)

※测试员:"能再说得详细点吗?比如你能不能说说比赛那天的天气,赛场的气氛,球队的首发阵容,在比赛的过程中你们遇到哪些困难,你们是怎么克服困难取得胜利的,裁判和观众有什么表现,以及你们用什么方式庆祝胜利,等等。"

▲被试:"呃,这个说来话长了,我试试。那天是一个天气晴朗的周末,气温大概华氏 60 多度,比较适合比赛。……"("被迫"挑战更高水平的语言输出任务)

(三)OPI 的借鉴价值

1. 测试流程的借鉴价值

作为典型的口语测试体系,OPI 模式自然无法直接照搬到口语课堂教学中。不过,OPI 立足以交际能力为核心的语言习得理论、语言测试理论及语言教学实践,通过精细设计的操作步骤逐步引导语言输出，同时重视保护被试语言学习与实践的动机。从"热身"到"摸底""探顶""角色扮演"，直至"结束"，一整套测试流程对改进汉语口语课堂教学的过程设计有重要的启发价值。

2. 评估标准的借鉴价值

OPI 通过语言面试的形式评估口语能力，其评价范围覆盖面广，评价标准全面，为改进汉语口语课的教学及反馈环节提供了有益参考。从表 1—5 看，OPI 口语能力评价范围从"无实际能力水平"到"生存能力水平"，再到"有限工作能力水平""专业工作能力水平"甚至"杰出能力水平"，最后直至"本族语或双语能力水平"，覆盖了口语交际能力的所有层次，具备广泛的适用性，可供各个水平层次的汉语口语教学参考。从表 1—6 看，OPI 各主要语言能力等级评估标准均包括"总体任务与功能""语境及内容""准确性"和"语言类型"等多个方面，有利于全面测量被试真实的语言交际能力。当前汉语口语教学的重点仍局限在语音、词汇、语法等语言形式方面，不利于全面培养口语会话能力。合理引入 OPI 各项语言能力等级评估标准，将对设计全面实用的汉语口语教学反馈模型起到积极的促进作用。

3. 刺激手段的借鉴价值

传统的口语教学以教师和教材为中心，片面强调语言输入，严重影响语言输出质量，导致学生口语交际能力提升缓慢。OPI 测试员在面试过程中的自我定位和会话测试技巧，不仅作为成熟的口语能力测量方法有重要实践价值，还可为汉语口语教师组织有效会话、激发学生表达欲望、打破沉闷的课堂气氛提供诸多有益的启示。

三、探究汉语口语教学新模式

（一）完善过程设计，兼顾动机保护

通常情况下，一次完整的 OPI 测试耗时 15 至 35 分钟，被试语言能力越强，则对应的测试时间越长。在最初的"热身阶段"，测试员与被试通常进行一些轻松愉快的寒暄，旨在激活被试的语言能力，缓解紧张心理，为深入对话做好准备。进入"摸底阶段"后，测试员通过一系列提问，给予被试足够的机会展现其能够稳定发挥的语言表达水平。在"探顶阶段"，被试在测试员的精心引导下"被迫"反复尝试挑战更高难度的语言交际任务，直到暴露其口语能力的局限。在"角色扮演阶段"，被试需配合测试员模仿真实生活场景，以戏剧化表演的方式完成特定的交际任务。最后的"结束阶段"是 OPI 操作流程颇具特色的设计环节。测试员通过对语言输入的调整，使会话难度重新回到被试可以轻松掌控的水平，同时尽量在愉快轻松的谈话气氛中结束测试，以利于被试消除焦虑和挫败感，重拾学习和运用该语言进行交际的信心。

这套高度结构化的评估程序在确保全面获取被试口语能力评价证据的同时，兼顾了语言学习动机的激发和保护。借鉴 OPI 测试流程，口语课堂教学的基本过程可做如下设计：

第一，在教学准备阶段，教师可通过简单的提问或寒暄，帮助学生尽快适应目的语环境，为后续的口语训练做好语言和心理准备。

第二，在复习巩固阶段，教师引导学生就预设话题开展会话。在此期间，学生将获得充分的机会展示自己已经熟练掌握的语言

能力，巩固其语言水平下限，并树立进一步挑战更高难度语言任务的信心。

第三，获得新会话能力的过程类似 OPI 测试中的能力探顶。在教师的引导下，学生为完成特定交际任务，努力克服因能力局限导致的内心焦虑，尝试调动自身语言表达的潜力，实现更高水平的语言输出。随着学生语言能力的不断提高，教师对会话的控制从严格到宽松，逐步放开。

第四，在情境演练环节，教师根据真实的交际需求创设口语操练情境，要求学生通过协作完成特定的交际任务，以巩固新获得的口语能力。

第五，在课堂教学结束阶段，教师务必运用引导技巧，营造轻松愉快的会话氛围，帮助学生重塑自信。Bailey 指出，失败性自我评价（unsuccessful self-image）带来的削弱性焦虑（debilitating anxiety），将会导致学习积极性的显著下降甚至丧失殆尽；成功性自我评价（successful self-image）则将激发学习动机，促进第二语言的学习[1]。引导学生在充满挑战的会话操练后及时摆脱挫败感，应成为教师在每次口语教学结束前的例行任务。具体而言，可通过选择学生相对熟悉的话题，放慢语速，降低语言形式的难度级别，使用更多非言语信息提示等手段，使学生在下课前重回自如掌控会话的状态，最终带着一定的学习成就感离开教室。

"OPI 测试流程"与"口语课堂教学过程"的对应关系见表 1—8。

---

[1] 参见 R. Ellis. 第二语言习得概论，上海外语教育出版社，1999 年。

表1—8 "OPI测试流程"与"口语课堂教学过程"的对应关系

OPI测试过程	口语课堂教学基本过程
热身	教学准备
摸底	复习巩固
探顶	能力获得
角色扮演	情境演练
结束	结束

(二)转变教师角色,刺激语言输出

1. 角色定位

Lightbown & Spada认为,由教师或教材主导的语言输入是"传统型教学"区别于"交际型教学"的显著特征[1]。在"传统型教学"课堂上,由于扮演"权威"角色的教师拥有对语言输入的绝对控制权,学生只能作为信息接收者和指令服从者,被动完成分配的任务。当前有不少汉语教师信奉"输入大于输出"的传统理念,一方面"加强听力教学和阅读教学,提高听和读的要求",另一方面"降低说和写的要求"[2]。然而,须要警惕的是,片面强调语言输入,极易导致以教师或教材为中心的教学倾向。Swain(1985)的研究表明,第二语言学习者表达能力提升缓慢和语言输出机会缺乏之间存在直接联系,促成学习者语言能力提升的关键是语言输出而非语言输入[3]。由于忽视学生的语言输出过程,在以教师和教材为中心的输入式口语教学中,一旦发现学生暴露

---

[1] P. M. Lightbown & N. Spada. *How Languages are Learnened*,上海外语教育出版社,2002年。

[2] 参见杨惠元《课堂教学理论与实践》,北京语言大学出版社,2007年。

[3] M. Swain. Communicative Competence: Some Roles of Comprehensive Input and Output in its Development. In S. M. Gass & C. Madden(eds.). *Input in Second Language Acquisition*. Rowley, MA:Newbury House,1985.

出语音、词汇、语法等方面的问题，教师往往立即中断会话，转而通过开展示范、纠错等专项练习强化语言输入。这种教学方式频繁打断学生使用目的语传递信息的尝试，干扰正常的语言输出过程，在口语交际能力的培养上得不偿失。

出于考查口语能力的实际需要，OPI 要求测试员避免充当"权威型"语言教师的角色，以平等会话方的身份与被试展开口语交际，以最大限度刺激语言输出。测试员在会话过程中应尽量避免的常见"权威型"教师行为见表 1—9。

在学界大力倡导任务型教学、合作学习等交际性教学理念的今天，汉语口语教师的角色亟须完成从全知全能的"权威"向课堂活动的设计策划者、引导激发者的转型，口语教师必须从"传授者""示范者"转变为语言交际活动的"启发者""促进者"和"参与者"。在课堂教学活动中，借鉴 OPI 测试员的角色意识，有利于引导学生把注意力集中于完成交际任务而非推敲具体的语言形式，符合交际型口语教学中的教师角色定位。

表 1—9　测试员在会话中常见的"权威型"教师行为

行为类型	运用举例
纠错	错！不能那样说。正确的说法是什么？
提供词汇	……和饺子。以上都是传统食品。
提醒被试以前学习的内容	这里应该用被动句，你学过的。
补充句子，使其完整	……因为你没兴趣。
要求被试纠错	能试试换个更合适的动词吗？
重复被试的句子并纠错	因此你去超市买了火腿肠。
提供线索	那个词的发音和你喜欢的小吃很像。
做涉及语言形式正确性而非交际信息的陈述	对！说"我没饿"（就对了），不说"我没饿了"。
坚持对被试已知信息的预期	我肯定你明白什么叫砍价。

2. 刺激输出

学生"开口难"现象是长期困扰汉语口语教学的难题,"回避策略"的过度运用与之密切相关。"回避策略",又称"缩减策略"(reduction strategy),指"出于特定需要和动机放弃、简化某一话题,或回避某一语言形式"[①]。罗青松(1999)从"学"和"教"两方面总结了学生使用"回避策略"的原因,指出不加控制地使用"回避策略",必然对学习进程产生负面影响[②]。

表1—10 OPI测试员常用的刺激策略

刺激策略	运用举例
鼓励发言	跟我讲一讲好吗?
多提开放性问题	那场事故怎么发生的?
询问更多细节	那人长啥样?比如脸型、身材……
询问更多信息	你说有两个理由。那么另一个是什么?
表现对被试提供信息的兴趣	太酷了。你怎么做到的?
展开追问	接下来又发生了什么奇怪的事?
积极回应被试自我纠错的努力	我懂你的意思。请继续往下讲。
在歧义出现时要求被试予以澄清	"很火"是什么意思?是说他当时的心情很烦恼,还是他很受关注?

在阻止被试采用"回避策略",有效刺激语言输出方面,OPI积累了丰富的经验。OPI测试员必须逼迫被试放弃消极回避,积极组织语言表达,尝试完成更高难度的交际任务,其常用的刺激策略见表1—10。

---

① 参见郭整风《由"单向"到"互动"——英语交际能力培养的关键》,《外语与外语教学》2002年第6期。
② 罗青松《外国人汉语学习过程中的回避策略分析》,《北京大学学报》(哲学社会科学版)1999年第6期。

语言交际训练应该是输入和输出双向互动的过程，语言输出是当前汉语口语教学普遍薄弱的环节。我们认为，刺激语言输出的前提是转变教师角色，刺激语言输出的关键是限制"回避策略"。OPI 测试的成熟经验，为汉语教师激发学生语言输出动机，提升学生课堂语言输出质量，提供了颇有助益的参考。

（三）增补反馈要素，突出交际功能

反馈是语言教学过程的重要环节。科学全面的反馈设计有助于学生准确掌握自身学习状态，及时调整学习行为。OPI 作为成熟的口语能力评价体系，注重对被试交际能力的全面测量，其语言评估要素包括"总体任务及功能""语境及内容""准确性"和"语言类型"四个方面。其中，"总体任务及功能"指被试能够完成的交际任务与功能项目；"语境及内容"指被试语言表达的适用场合与话题类型；关于"准确性"，除涉及语法、词汇、语音三方面外，还包括对"流利程度""社会语言学能力""可理解性"的考查；"语言类型"则包括从优秀级到初级依次划分的"延伸性讲述""段落""离散单句""单词和词组"四个级别。参考 OPI 能力评估标准，有助于设计更为科学全面的口语教学反馈模型，使交际性原则在教学活动的最后一个环节得以落实。参考上述评价要素，汉语口语教学反馈应包括"任务及功能""语境及内容""语音、词汇和语法""可理解性""流利程度""语篇类型"以及"社会语言学能力"等方面。

四、结语

随着 21 世纪汉语国际教育事业的迅猛发展，汉语课堂教学质量日益受到关注。在课程设置中占重要地位的口语教学，正面临着摆脱传统教学理念束缚、全面贯彻交际原则、大幅度提高教学效率的重大课题。借鉴 OPI 评价体系探究新的汉语口语课堂教学模式是一项全新的尝试，许多方面的讨论尚待进一步深化。这要求我们既要转变观念、突破思维定式的束缚，又要注意深入课程设计的细节，避免生搬硬套。总之，一切要从汉语自身特点出发，从口语课堂教学的实际出发，从学生的交际需求出发，以期开辟汉语口语教学的新局面。

第五节 写说一体化的口语能力教学模式[①]

一、问题的提出

有效的课堂教学应是合理地选择教学内容，采用适合的教学策略，让课堂教学最大限度地符合学生的学习需求、现有水平、年龄、性格及学习风格等方面的特点。同时，教师所依据的教学理论、所持有的教学理念对课堂教学也起着至关重要的作用，这些往往都隐含在具体的教学环节和教学策略中。

（一）华裔学生的特点

华裔是指华侨在侨居国所生并取得侨居国国籍的子女，他们

---

① 本节摘自张春红《针对华裔学生的写说一体化中级汉语口语教学模式》，发表于《语言教学与研究》2013 年第 6 期。

在侨居国或来中国把汉语作为外语或第二语言进行学习，我们称之为华裔学生。这里，华裔学生特指来华留学学习汉语的海外华侨子女。

与一般外国留学生相比，华裔学生在很多方面都有自己的特点。主要表现在以下几个方面：第一，华裔学生年龄偏小，正处在学习的黄金年龄阶段。以笔者任教的学校为例，华裔学生分长期班和短期班，长期班的华裔学生学习时间一般为半年到两年，约95％的学生年龄在16至25岁之间。短期来华的华裔学生都处在小学、初中阶段，年龄在6至16岁之间。第二，语言学习经历复杂，汉语水平很少是真正的零起点。即使来华是零起点，与非华裔相比，他们起始阶段的进步也是飞快的。第三，富有中华文化底蕴。与中国人"神似"的传统文化背景，使华裔学生在来到中国后生活上不会有太多的"文化震撼"，他们会更加顺畅自然地融入大语境中去，倾向于与中国人交谈、看电视、听歌等生活化的习得型学习过程。（郭熙，2007[①]）从以上特点可以看出，华裔学生在学习汉语方面与一般外国留学生相比所具有的优势和不同。

（二）针对华裔学生的口语教学现状及存在的问题

当前针对华裔学生的汉语口语教学，并没有充分考虑到华裔学生与一般非华裔外国留学生的不同特点，在教材选择、教学方法上都与面向非华裔成年汉语学习者的教学没有区别，因而造成针对华裔学生的口语教学存在很多问题，归纳起来，有以下几个方面：其一，教学内容远离学生的生活经历，与华裔学生的年龄、

---

① 郭熙主编《华文教学概论》，商务印书馆，2007年。

兴趣、学习特点等极不相符。其二，教学方法单调死板，不重视学生的主体性。其三，对个体口语表达的独特性、创造性重视不够。其四，华裔学生语感上的优势得不到充分发挥。其五，学生个体表达中的错误得不到重视和纠正。

如何适应华裔学生的特点，在口语课堂教学中贴近华裔学生的实际生活，重视学生的主体性，发挥华裔学生的语感优势，关注华裔学生个体语言表达的创造性、独特性以及纠正个体表达时出现的错误等，是解决针对华裔学生中级口语教学所存在问题的关键。针对以上问题，我们提出面向华裔学生的"写说一体化中级汉语口语教学模式"（以下简称"写说一体化口语教学模式"），目的是寻找适合华裔学生表达与交流的口语教学内容与教学方式，发挥华裔学生在汉语学习过程中的优势，克服劣势，从而提高华裔学生口语表达的积极性和口语教学的有效性。

二、"写说一体化口语教学模式"及其理论基础

教学模式是基于一定的理论基础和教学理念，面向教学目标和教学主体，使用适当的教学策略形成相对完整、稳定、系统、可操作的教学活动实施过程的范式。（毛悦，2010[①]）合理的教学范式需要理论的指导，更需要实践的检验。"写说一体化口语教学模式"是在建构主义学习观、维果茨基的"最近发展区"理论、克拉申的可理解性输入假说、口语的产生过程、基于内容的第二语言教与学等多家相关理论的指导下提出的。该模式的教学对象

[①] 毛悦《特殊目的汉语速成教学模式研究》，北京语言大学出版社，2010年。

为具有准中级以上汉语水平的华裔学生，教学实施过程包括"写话阶段""教师时刻""学习与记忆""说话阶段"四个基本教学环节，每个环节都有其各自的理论依据和教学目标。四个环节环环相扣，构成一个完整的教学过程，最终实现华裔学生口语表达"准确、流利、得体、多样"（赵雷，2008[①]）的核心教学目标。

"写说一体化口语教学模式"的四个基本教学环节是有先后顺序的。首先在"写话阶段"通过"写"放慢和突显口语表达中话语建构阶段的言语思维过程，"教师时刻"和"学习与记忆"则是通过教学与真实的口语交际丰富和深化表达内容，修正言语表达形式，并内化为学习者的言语能力，最后通过"说话阶段"完成学习者高于原有水平的口语表达，实现口语教学的目标。这样的教学顺序与口语的产生过程相一致，也与本模式所依据的相关教学和学习理论相契合。下面分别加以论述。

（一）建构主义学习理论

建构主义（constructivism）学习理论认为学习是一个主动的建构过程，学习者不是被动地接受外在信息，而是先根据自己所知道的知识构建出一个内在的结构或图式，再根据这一认知结构对外界信息进行主动选择和加工，逐步建构起内部心理表征及新知识的意义。而且在此学习过程中学习者是在一定情境中，借助和其他人（包括教师和学习伙伴）的协作与会话，利用必要的学习资料，通过意义建构的方式获得知识。（陈琦、刘儒德，2007[②]；毛悦，2010）

[①] 赵雷《对外汉语口语教学目标的实现》，《汉语学习》2008 年第 6 期。
[②] 陈琦、刘儒德主编《当代教育心理学》，北京师范大学出版社，2007 年。

在"写说一体化"口语教学模式中，四个教学环节形成一个建构的学习过程。"写话阶段"是学生根据已有的知识和经验独立建构话语的过程；然后通过"教师时刻"与教师协商与沟通，交流意义。在这个过程中，教师根据学生话语的内容和形式，与学生在其话语情境中进行沟通与协商，并适时适量地输入新知识（词汇、句式、结构的调整方式等等）；学生在与教师交流意义的基础上，发现自己的话语问题，选择、吸收教师输入的新的话语形式，对原有语言形式进行修正与完善；再通过"学习记忆"过程，将新的知识内化、整合到自己的话语中，完成一次新的建构过程；最后的"说"是多次建构过程的结果，学生就所选择的内容实现更加正确得体的口语表达，体验到口语能力的提升。

教学实践证明，"写说一体化口语教学模式"符合建构主义学习理论，大大提高了针对华裔学生口语教学的有效性。

（二）维果茨基的"最近发展区"

维果茨基（Vygotsky, 1978[1]）在论述儿童智力发展时提出了一个重要的概念——最近发展区，即现有发展水平与潜在发展水平之间的差距。维果茨基指出，只有在最近发展区内才有可能进行真正的学习。根据这一理论提出的"支架式教学"是建构主义的重要教学方法之一。"支架式教学"根据学生达到教学目标的潜力和现有水平之间的差距，确定学习者与学习内容相关的最近发展区，教师根据最近发展区设计支架的呈现方式和难度，通过教学过程，实现学习者从"现有发展水平"到"潜在发展水平"的跨越，并不断

---

[1] L. S. Vygotsky. *Mind in Society: The Development of Higher Psychological Processes*. Cambridge, MA: Havard University Press, 1978.

创造新的最近发展区。（陈琦、刘儒德，2007；陈忠，2009[①]）

根据这一理论，在口语教学过程中，寻找和确定学习者汉语口语发展的现有水平和潜在水平，即确定最近发展区，并在最近发展区通过搭建"支架"的形式进行教学应该是最有效的方式。"写说一体化口语教学模式"中通过"写话阶段"找到学生现有独立、实际的话语水平，就是确定"最近发展区"的过程，这也是该教学模式为什么强调"写"先于"说"的原因所在；"教师时刻"即教师在"最近发展区"为学生提供指导与帮助，亦即搭建"支架"的过程，引导学生向第二个潜在的、期待的话语水平过渡；再通过"学习记忆"过程巩固完善第二个阶段的话语水平；最后的"说"是展现第二个话语水平的结果，也是形成新的"最近发展区"的过程。

（三）克拉申的可理解语言输入假说

克拉申认为可理解的语言输入是语言习得的必要条件。所谓"可理解的语言输入"是指学习者听到或读到的可以理解的语言材料，这些材料的难度应该稍高于学习者目前已经掌握的语言知识。如果语言材料中仅仅包含学习者已掌握的语言知识，它对语言习得不具有意义。如果语言材料太难，大大超过了学习者目前的语言知识，它对语言习得也不具有意义。因此，克拉申把学习者当前语言知识状态定义为"i"，把语言发展的下一个阶段定义为"$i+1$"。这里的"1"就是当前语言知识状态与下一个阶段语言状态的间隔距离。这样，只有当学习者接触到的语言

[①] 陈忠《汉语作为第二语言"脚手架"教学法初探》，《世界汉语教学》2009年第2期。

材料属于 i + 1 的水平，才能对学习者的语言发展起积极作用。（Krashen，1985[①]；蒋祖康，1999[②]）

克拉申强调语言习得的必要条件是可懂输入。口语交际也必须建立在意义可理解的基础上。"写说一体化教学模式"遵循克拉申可理解性输入的观念，采用"自然途径教学法"建构可理解的、真实的交际会话情景，在学生自己的话语意义中，进行可理解的话语形式输入，从而习得高一层次的词汇和句式，修正完善学生的旧有话语内容与结构。通过"写"确定学生"i"的程度，在此基础上通过"教师时刻"输入"1"，不断转化学生"i"与"i + 1"的话语状态，最后达到"i + 1"的话语水平。

（四）口语的产生过程

言语的产生是涉及各种技能的一个复杂过程。口语的产生必须经过话语计划、话语结构的建立、言语计划的执行三个阶段。话语计划，即说话人根据自己的意图计划自己说话的内容（思想）；话语结构的建立，即在确定了话语的思想和内容后，要运用词语和句子将他们言语化，这样才有表达的可能。从思想到话语，需要从长时记忆库的心理词汇中选择合适的词语，并把他们提取到工作记忆（相当于短时记忆），在那里做句子和成分计划，即按照语法规则将选出的词语加以排列，成为有意义的句子形式或词组形式；执行阶段是通过语音形式将句子表述出来。（桂诗春，1997[③]）

[①] S. Krashen. *The Input Hypothesis: Issues and Implications*. London: Longman, 1985.

[②] 蒋祖康《第二语言习得研究》，外语教学与研究出版社，1999年。

[③] 桂诗春《实验心理语言学纲要》，湖南教育出版社，1997年。

由此可见，口语产生是一个从深层结构到表层结构的加工过程。"写说一体化口语教学模式"的教学环节设计，与口语产生的过程是一致的。首先通过"写"展现出学生话语深层结构的加工过程：想说什么，选择怎样的词汇，怎样组织等，这正是话语计划和话语结构的建立阶段；然后通过"教师时刻"完善、提升学生话语的计划与建构，再通过"学习记忆"巩固教师输入的新的语言形式，增强新知识和信息长时记忆的效果；最后的"说"是话语执行的最后阶段。"写说一体化口语教学模式"正是依据口语产生的过程而设计的，口语教学的过程也就是口语产生的过程。

（五）基于内容的第二语言教与学

西方自20世纪80年代中期以来兴起了一个外语教学法流派"基于内容的第二语言教与学"。这一流派强调，要成功习得一门第二语言，第一取决于以意义为中心而不是以形式为中心，第二取决于略高于学习者当前水平的语言输入（input），第三取决于有着充足和有意义的互动机会的环境和条件。基于内容的语言教学，不以语法为纲，甚至不以功能—意念为纲，而以语言内容（例如专题）为纲，克服了过去在教学法上仅仅注意语言形式，忽视语言内容的弊端。从这一流派的观点出发，以内容为中心的教学，可以增强课堂教学的实用性、丰富性和趣味性，使语言回归工具的本质特征，使语言形式的学习变得更加有目的性。（李柏令，2006[①]）

[①] 李柏令《基于内容的第二语言教与学——互动的思路·导读》，世界图书出版公司，2006年。

"写说一体化口语教学模式"是一种基于内容的语言教学模式。课堂教学内容来自学生自主选择的话语内容,教学以交流意义为核心,输入略高于学生话语水平的新的语言形式,在充分的有意义的真实语言环境与条件下进行口语交际活动与教学。不以语法为纲,不以功能一意念为纲,整个教学过程就是基于内容的交际过程。

综上所述,"写说一体化口语教学模式"是在多家理论指导下提出的。上述理论带给我们共同的启示是:从学生的角度出发的教师才是有效教师,从学生现有水平起始的教学才是有效教学。

三、"写说一体化口语教学模式"的教学环节及理念

根据对上述理论的认识与理解,遵循合理的教学理念,我们将"写说一体化口语教学模式"的教学环节设计、每一环节的教学目标及其与相关理论之间的关系图示如图1—1。

第一步"写话阶段",让学生自主选择一个感兴趣的话题,独立写出自己希望表达的内容。"写"是为了放慢和突显口语产生的思维过程,是为了将言语的思维过程固化成具体有形的文字形式。这一步学生运用已有知识和能力,进行话语计划与建构,目的是发现和确定学生与表达内容相关的口语能力最近发展区,亦即克拉申可理解输入假说中的"i",为教师能够基于学生的话语内容,在学生话语的"最近发展区"进行有效的指导创造条件。鉴于汉语自身的特点,这一环节要考虑学生的实际汉字水平,不强制要求全部使用汉字,可以借助汉语拼音来完成。

第五节 写说一体化的口语能力教学模式

"写说一体化口语教学模式"教学环节示意图

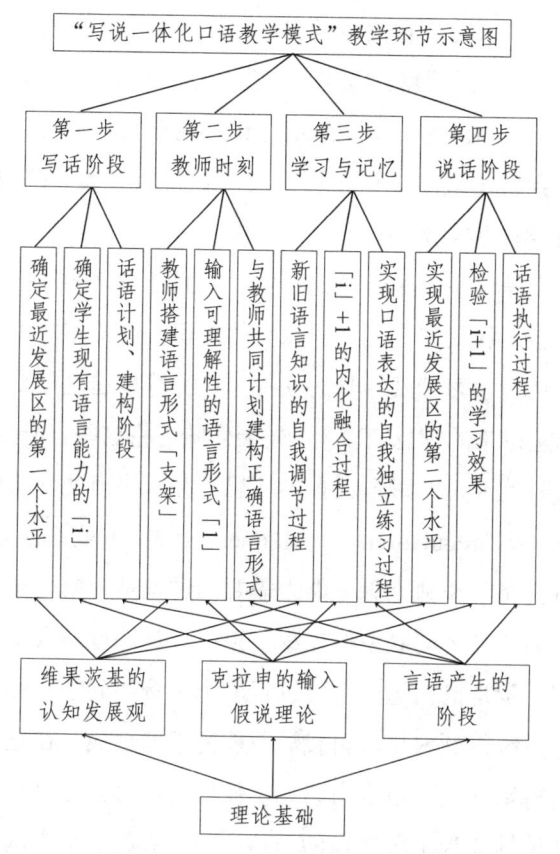

第一步 写话阶段
- 确定最近发展区的第一个水平
- 确定学生现有语言能力的"i"
- 话语计划、建构阶段

第二步 教师时刻
- 教师搭建语言形式"支架"
- 输入可理解性的语言形式"1"
- 与教师共同计划建构正确语言形式

第三步 学习与记忆
- 新旧语言知识的自我调节过程
- "i+1"的内化融合过程
- 实现口语表达的自我独立练习过程

第四步 说话阶段
- 实现最近发展区的第二个水平
- 检验"i+1"的学习效果
- 话语执行过程

理论基础：
- 维果茨基的认知发展观
- 克拉申的输入假说理论
- 言语产生的阶段

图 1—1 "写说一体化口语教学模式"教学环节示意图

第二步"教师时刻"，目的是修正、提升、完善学生写出的话语，借助"文字"了解学生的话语思维过程和现有的口语表达能力，对其不足、错误予以补充和纠正，指导学生话语意义与形式的正确结合，并在指导中完成一次与个体学生基于会话内容的真实交际的会话学习过程。这一过程对个体学生来说十分重要。在这一过程中，学生可以学习并运用正确的汉语词汇句式，体验到扎扎实实、一步一个脚印学习的成效。教师在与学生语义交汇的过程中,输入的是有效而又实际的内容,是学生乐于接受和渴望表达的内容,潜移默化地培养学生口语表达正确、得体、流利、丰富的语感能力。这一步是新旧知识和经验交汇阶段,是教师引导学生达到口语教学期望目标阶段,是教师输入"1"的阶段,是整合话语的建构阶段。

第三步是学生"学习与记忆",目的是内化教师提供的语言知识和经验,将其整合到自己原有的知识、经验和口语表达中。维果茨基认为学习涉及符号的获得,这种符号通过接受教育以及从他人那里得来的信息而获得。发展意味着将这些符号加以内化,以便在没有他人帮助时自己也能够思考并解决问题,这种能力叫自我调节(self-regulation)。(Ratner,1991[①])就语言习得来说,要形成自我调节和独立思考能力需要的过程是:第一步是建立特定的声音和意义之间联系的过程,第二步是通过与人交谈来掌握语言,第三步是自己运用符号进行思维和解决问题。经过这三步后,符号系统得到内化,自我调节能力渐渐形成。在这一过程中维果茨基特别强调"自言自语",他认为自言自语是个体将集体共享的知识转变为个体知识的一种机制。吸收了他人的言语,之后用这些言语来帮助自己解决问题。个体经常会自言自语,而临困难的任务时表现得尤为明显。(Diaz&Berk,1992[②])研究发现,大量使用自言自语的儿童比其他儿童更能有效地学习复杂的任务。从维果茨基的观点看,我们也可以说这一步是学生"自言

[①] C. Ratner. *Vygotsky's Sociohistorical Psychology and its Contemporary Applications.* New York: Plenum, 1991.

[②] R. M. Diaz & L. E. Berk. *Private Speech: From Social Interaction to Self-regulation.* Mahwah, NJ: Erlbaum, 1992.

自语"的记忆学习过程。

第四步为"说话阶段",目的是正确流利地表达出经过内化整合的话语,引出口语教学的话题与内容,并在教师的引导下,激发其他同学的参与和交流。"说"是为了实现话语思维的结果,实现口语表达的最终目标。前三步是准备性的、慢镜头的口语学习过程,第四步是口语教学核心、关键的一步。在这一环节,一个学生事先准备好的话题和内容就是口语教学内容,教师在其表述的基础上,激发别的同学进行参与、交流与讨论,并引导词汇、句式的学习,内容的沟通,以及"搭建支架"疏导课堂交际情境中出现的语言障碍,以便大家顺畅交流。

这四步的尾声是课后作业,在课堂即兴交流与讨论的基础上,其作业还是"写",利用交流讨论中教师提供的新的词汇及结构形式,写出自己就本话题内容想表达的话语来。

需要说明的是,"写说一体化口语教学模式"的四个教学环节是循环上升的口语学习过程,每一步都有其核心目标,但并不绝对、单一,有时会有交叉。如修正话语阶段会再含有"写话"的内容,只是写出的话语是教师修正后的话语。这样的交叉正是前进的、阶梯性、螺旋式的语言学习与进步过程。

"写说一体化口语教学模式"以关注个体的口语表达为起点,激发群体的关注与群体的口语跨文化交际过程。营造的课堂氛围是学生与教师都处在真实口语交际状态中,学生是口语交际主体,教师是"解惑"者,在交际过程中出现语言障碍时及时"搭建"汉语词汇、句式等"支架",以求学生课堂交际的顺畅。因此,"写说一体化口语教学模式"是一种重在过程、关注过程的口语学习模式,这一模式可以显现华裔学生每一步的言语发展,让学生在具体目标的要求下，逐渐形成正确的汉语口语表达方式，最终实现口语教学的目标。

四、"写说一体化口语教学模式"的教学实践与评估

笔者运用"写说一体化口语教学模式"进行了一个学期的口语教学实践。教学对象是学过一年汉语的16名华裔学生，口语课为每周4课时。学生在第一年每周为24课时，课程设置每周包括汉语综合课（10课时）、口语课（6课时）、听力课（4课时）、写字阅读课（4课时）。经过一年的学习，学生已经具备基本的听说读写能力，词汇量达到1000以上。

"写说一体化口语教学模式"允许学生自主选择他们感兴趣、想表达的话题，保证了学生表达的主动性和积极性。表1—11是笔者运用这一口语教学模式进行一个学期的口语教学过程中来自学生的16个教学话题实例。

表1—11 "写说一体化口语教学模式"教学实践的16个话题

序号	话题	序号	话题
1	悲剧的春节	9	来中国以后的感受
2	谈读书	10	我家的小狗
3	给在中国学习汉语的华裔学生的建议	11	谈漂亮
4	樱花与日本人	12	泰国的人妖
5	AA制是最好的办法	13	随父母移民后的海外生活
6	谈谈我对中国的感情	14	福建之行
7	我在中国度寒假	15	女孩嫁得好还是干得好
8	乘客是上帝	16	私家车的利与弊

从学生自主选择的话题内容,可以看出他们的兴趣所在。这些内容可以归纳为几个类别:第一,在中国的留学生活;第二,成长过程中的经历与感受;第三,居住国和目的语国家的社会生活与文化;第四,旅行;第五,移民生活;第六,时尚话题;第七,爱好;第八,知识性内容,等等。

虽然笔者进行的"写说一体化口语教学模式"实践没有严格意义上的对照组,但与传统上依托一本固定的口语教材进行的口语课堂教学相比较,其优势可以归纳为以下几个方面:第一,运用"写说一体化口语教学模式",能够不断发现华裔学生感兴趣的口语表达内容,这对有针对性地编写以及更新面向华裔学生的口语教材具有借鉴和指导意义。第二,运用"写说一体化口语教学模式",教师可以更好地关注个体学生的口语学习过程,弥补班级教学的不足。而正处在青春期成长过程中的华裔学生非常看重教师对个体的关注程度。教师关注学生的个体言语,更有利于因材施教,使学生获得更具针对性的有效指导。第三,运用"写说一体化口语教学模式",教师可以更好地把握口语教学的内容特点,如交际的现实性、个体性、不定性等等,真正实现课堂口语交际的真实化。

从教师本人的课堂教学感受和学生在课堂上的表现来看,"写说一体化口语教学模式"的教学实践取得了令人满意的教学效果。具体体现在以下几个方面:第一,教学内容是学习者的主动选择,学习者感兴趣,有表达欲望,有话可说;第二,学生的言语错误得到了有针对性的修正与指导,学生能够感觉到自己的进步;第三,激发了学生口语学习的热情和表达欲望,课堂气氛活跃;第四,突破了以往中级口语教学的"瓶颈",学生有口语表达上的成就感。

运用"写说一体化口语教学模式"进行口语教学,学生的出勤率明显提高。全班 16 名同学中,15 名同学口语课为全勤,全勤率达到 94%,远远高于传统的口语教学课堂。从学期末教学评估的结果来看,对口语课教学方法的满意率达到 97.8%,认为口语课对提高口语水平非常有帮助的达到 100%。"写说一体化口语教学模式"在教学实践中取得了很好的教学效果,受到学生的广泛欢迎与好评。

五、结语

"写说一体化口语教学模式"是在多种理论指导下,针对华裔学生特点与口语教学中存在的问题而设计的一种具有较强针对性的口语教学模式,在教学实践中取得了令人满意的效果。针对不同的教学对象和学习需求,如果进一步关注"写——说"之后"写"的环节,这一模式可以扩展为"写——说——写"模式。"写说一体化口语教学模式"理论上也适用于具有相同年龄特点和学习需求的非华裔汉语学习者。"写说一体化口语教学模式"弥补了当前口语教材及口语课堂教学之不足,使口语教学更加鲜活生动,实现了口语课堂教学的效益最大化。

第二章

口语教学的方法与途径

第一节 任务型教学[①]

一、引言

20世纪80年代后期,西方第二语言教学界兴起了任务型教学,90年代后期该理论在中国得以介绍,近几年间,任务型语言教学成为外语教学界研究的热点问题。在对外汉语教学界,马箭飞(2000[②]、2002[③])首先探讨了以"交际任务"为基础的短期教学模式及任务型教学大纲。Urwin & Liping(2003)[④]从理论上对任务教学法做了深入阐释。吴勇毅(2005)[⑤]分析了交际语言

[①] 本节摘自许希阳《以问题为导向的任务型教学研究——以对外汉语口语教学为例》,发表于《暨南大学华文学院学报》(华文教学与研究版)2009年第3期。
[②] 马箭飞《以"交际任务"为基础的汉语短期教学新模式》,《世界汉语教学》2000年第4期。
[③] 马箭飞《任务式大纲与汉语交际任务》,《语言教学与研究》2002年第4期。
[④] Jianjun Urwin & Du Liping. Task-based Approaches to Second Language Pedagogy and the Design of Chinese Textbooks at Tertiary Level.《世界汉语教学》2003年第3期。
[⑤] 吴勇毅《从交际语言教学到任务型语言教学》,《对外汉语研究》2006年第2期。

教学与任务型语言教学的关系。吴中伟的系列论文（2005a[1]、2005b[2]、2005c[3]、2008[4]）从任务的性质、特点，任务式教学与传统教学的区别，教学中形式、意义的平衡以及输入、输出等方面对该教学法做了系统的介绍。刘壮等（2007）[5]阐发了任务的内涵、类型，并将其设计原则运用于写作教学。本研究与上述理论研究的不同点在于：对任务型教学的理论探讨是从对外汉语口语教学的视角切入的。国外众多研究文献表明，任务型教学特别适合口语技能的训练。（Ellis，2003[6]）

与本论题直接相关的研究有吴中伟（2004）[7]、吴勇毅（2005）[8]和赵雷（2008a[9]、2008b[10]）的论文。吴中伟的论文指出任务教学法给口语教学提供了一些新思路，其观点具有启发性，

---

[1] 吴中伟《"任务"的性质和特点——任务教学法研究之一》，载李泉《对外汉语课程、大纲与教学模式研究》，商务印书馆，2006年，第188—200页。

[2] 吴中伟《语言教学中形式与意义的平衡——任务教学法研究之二》，《对外汉语研究》2005年第1期。

[3] 吴中伟《从3P模式到"任务教学法"——任务教学法研究之三》，《国际汉语教学动态与研究》2005年第3期。

[4] 吴中伟《输入、输出与任务教学法——任务教学法研究之四》，《华东师范大学学报》（哲学社会科学版）2008年第1期。

[5] 刘壮、戴雪梅、阎彤、竺燕《任务式教学给对外汉语教学的启示》，《世界汉语教学》2007年第2期。

[6] R. Ellis. *Task-based Language Learning and Teaching*. Oxford: Oxford University Press, 2003.

[7] 吴中伟《浅谈基于交际任务的教学法——兼谈口语教学的新思路》，载《第七届国际汉语教学讨论会论文选》，北京大学出版社，2004年，第119—122页。

[8] 吴勇毅《从任务型语言教学反思对外汉语口语教材的编写》，《国际汉语教学动态与研究》2005年第3期。

[9] 赵雷《建立任务型对外汉语口语教学系统的思考》，《语言教学与研究》，2008年第3期。

[10] 赵雷《对外汉语口语教学目标的实现》，《汉语学习》2008年第6期。

但论述不够深入。吴勇毅的论文是从任务型教学反思口语教材的编写。赵雷的论文探讨建立任务型口语教学系统以及如何通过任务型教学实现口语教学的目标。论文系统性较强,但对实际教学的操作性不够。本研究站在对外汉语口语教师的立场,以他们教学中可能提出的问题为导向,试图在任务型教学的相关理论与口语课堂教学建立直接的联系。

二、口语教学中的任务

(一) 任务的定义

教师们关心的第一个问题:什么是"任务"?西方很多学者如 Prabhu(1987)[1]、Willis(1996)[2]、Skehan(1998)[3]、Ellis(2003)[4]和 Nunan(2004)[5] 等都对"任务"进行过界定。总体来说,"任务"具有以下特征:任务是一种交际性的语言活动,任务以意义为中心,任务与现实生活有联系,任务的目的是为了得出一个结果。以上描述应用于口语教学可能使教师们进一步提问:任务与口语教材中以活动为形式、以表达意义为目的的交际性练习有何不同?目前的口语教材中这类练习大致可以分为三类:回答问题、

---

[1] N. Prabhu. *Second Language Pedagogy.* Oxford: Oxford University Press, 1987.

[2] J. Willis. *A Framework for Task-based Learning.* London: Longman, 1996.

[3] P. Skehan. *A Cognitive Approach to Language Learning.* Oxford: Oxford University Press, 1998.

[4] R. Ellis. *Task-based Language Learning and Teaching.* Oxford: Oxford University Press, 2003: 6—7.

[5] D. Nunan. *Task-Based Language Teaching.* Cambridge: Cambridge University Press, 2004.

话题表达和角色扮演。

(二) 任务与三类交际性口语练习

1. 回答问题

回答问题的交际性体现在对话双方通过提问、回答来交流未知的信息，表达特定的意义。Lee（2000）[①]对这种"交际 = 提问和回答"的模式提出了质疑。他认为，回答问题中提问者（通常是教师）处于主导性的位置，支配着交际进程，因此，回答问题所体现的"交际性"是狭隘的，交际的实质应该是意义的表达、解释和协商。

可见，回答问题虽然已包含意义的表达与解释，但缺失了一个非常重要的环节——意义协商。意义协商指交际各方通过讨论进行互动，通过互动实现共同的目标，比如达成协议、取得一致、解决问题、进行安排、排除疑难等。（Lee，2000）意义协商中交际各方为了实现共同的目标平等互动，话语的产出是自然流露，不再受提问的驱使。

2. 话题表达

很多口语教材的编写者把每一课练习的最后部分设计为话题表达，比如谈谈幸福观。话题表达在课堂操作上存在三个问题：一是题目宽泛，没有既定的交际目标，留给学生太多自由。极大的自由度致使有的学生三言两语，有的则滔滔不绝。二是话题表达属于个人行为，教学时间有限，因此，可参与的人数受限，同时较难保证听、说双方形成互动，"意义协商"完全缺失。三是，

[①] J. Lee. *Tasks and Communicating in Language Class-Rooms*. Boston: McGraw-Hill, 2004: 4, 9.

一般而言，话题表达需要较长时间准备，教师如果组织不当，则效果无法保证。

3. 角色扮演

角色扮演深受师生欢迎，它具有的优势是：以结对子、小组活动为形式，提高了学生的参与度；学生在具体情景下以不同身份平等交流，必要时进行意义协商，增强了互动。

角色扮演在很多情况下角色分工单一，缺乏目标导向。比如，某段课文讲中国的家长望子成龙，周末让孩子上各种兴趣班，使孩子精疲力尽。学完课文，教师组织情景对话，让学生充当孩子、父母的角色。学生很快被调动起来，进入交际状态，但是在报告阶段，各小组的表演很可能雷同。试问，热闹的活动最终指向何处？如果不同小组的活动都定位于类似的功能，学生之间的互动能否算是真正的互动？

因此，解决的办法是尽量给各组分派不同角色，并让他们有明确的任务目标——解决孩子的烦恼。在角色分配上，除了孩子与父母的配对，还可以有孩子与同龄人、外籍教师、儿童问题专家等不同组合，这样可以实现除抱怨之外的多个功能项目，比如同龄人之间的同情、安慰，来自外籍教师的称赞、鼓励，向儿童专家发出的请求，专家给予的评论，等等。

4. 口语教学中任务的再定位

通过上述分析，任务与三类交际性口语练习的区别有三点：首先，任务更接近现实生活，是对我们在实际生活中可能遇到的情况的模拟，这一点详见下文。其次，任务有一个明确的目标。我们强调具体的、有操作性的交际目标是为了让学生的交际活动更有针对性，也为任务的评估提供标准。第三，任务强调小组活动，保证每个学习者参与其中。

有的老师可能对小组活动心存疑虑：学生水平参差不齐，如何分组？有的学生不愿开口，有的则独占话语权怎么办？如何避免学生一起闲聊？等等。

国内外对于小组活动的一些实证研究给予我们两方面的启发：其一，分组研究表明，能力交叉分组效果更好。（邓秋萍，2005[1]）与教师相比，学生之间语言水平相近，水平高的学生更能促进其他学生的中介语发展。此外，小组成员之间存在着思维、表达、交流等各方面能力的差异，每个人都可能为他人创造"最近发展区"。其二，不同的任务类型会影响小组活动时组员之间的交互程度。庞继贤等（2000）[2]的实证研究表明：信息轮流交换型任务（required information exchange task）因小组成员拥有不同信息，只有通过信息的轮流交换才能完成任务，使得小组成员在口语的交互总量、交互修正次数方面无明显差异。而信息自由型任务（optional information exchange task）由于参与者拥有的信息量没有差异，学生可以各抒己见，因此小组成员的参与度明显不同，通常是语言水平高、外向的学生占据支配地位。

因此，小组活动时教师应该有意识地多组织一些信息轮流交换型任务。处理信息自由型任务要注意两点：一，使任务贴近学生的实际需求，即使内向、语言水平不高的学生也有表达欲望；二，组织方式上，每个组员必须有明确的分工，比如教师分派一

---

[1] 邓秋萍《外语教学之分组活动研究述评》，《外语与外语教学》2005年第12期。

[2] 庞继贤、吴薇薇《英语课堂小组活动实证研究》，《外语教学与研究》2000年第6期。

人负责记录，一人负责报告结果，一人负责语言咨询，还有一个控制进程、组织话轮。（D. Willis & J. Willis，2007[①]）教师根据学生的不同风格分派角色，有时让学生发挥优势，有时让他们尝试不擅长的事。为了共同的任务目标，组员们将合力应对困难。

三、任务型口语教学的本质

（一）任务型口语教学与传统口语教学的比较

1. 传统口语教学

传统教学被称作3P模式，即讲解（presentation）、操练（practice）和语言产出（production）。该教学模式把语言看成一个个可分离的语言项目，只要把这些语言项目教给学生，并反复操练，学生最后就可以习得这门语言。

目前，教授口语课的一般流程是：词语→课文（语法点讲解）→重点语言点的操练→交际性练习（角色扮演、回答问题、成段表达）。实践中我们发现即使顺利完成了流程中的前三步，最后第四步的质量仍然无法保证。究其原因，前三步教学的重点是语言形式，而第四步学生语言输出的核心是语义表达，两者在目标上存在分歧。当然，教师在教授语言形式的过程中也力图兼顾意义，但是传统的教学还是以形式为导向，这样的教学模式难以充分突出语义的表达。而学习的最终目标是用语言来交际，交际的实质是意义的交际。

---

① D. Willis & J. Willis. *Doing Task-Based Teaching*. Oxford: Oxford University Press, 2007: 164.

在教师角色方面，教师们虽然在讲解方式、练习方式上努力实践着"以学生为中心"，但整体上还是"自上而下"的教指导学的模式。正如 Goffman（1981）[①]所言：课堂被"教学命令"（educational imperative）所控制，教师与学生不可能成为真正的语言使用者，因为他们始终意识到彼此的身份和目的——前者是教，后者是学。

2. 任务型口语教学

任务型口语教学模式以意义为导向，教学过程由一系列任务组成，不同于传统的先讲解后操练的程序。环环相扣的任务为学习者提供多种语言交际的机会，让他们接触、感受、体验语言，这种过程是学习者主动建构语言的过程，打破了"语言是老师教会的"的程式。任务与习得的关系可以描述为"当学习者所要完成的任务使他们当前的语言能力发挥至极点时，习得也扩展到最佳状态"。（龚亚夫、罗少茜，2003[②]）

任务型口语教学要求教师进一步转变角色，把握"以学生为中心"的精髓。首先，教师应跳出传统教材的束缚，积极参与教学设计，针对学生的特点和教材的内容创设一系列任务，不断激发学生的学习热情。同时，记录学生完成任务的具体情况，由此对任务的类型、组织形式、难度、复杂度等进行反复调整。其次，教师不再是传统的教授者，要走下讲台，对学生何时需要帮助、需要哪些帮助保持高度的敏感。因此，教师是关键时刻才出手，在学生身后实现指导，这种指导削弱了教的意志，提升了为学习

[①] E. Goffman. *Forms of Talk*. Oxford: Basil Blackwell, 1981.（转引自 R. Ellis, 2003: 252）

[②] 龚亚夫、罗少茜《任务型语言教学》，人民教育出版社，2003年，第16页。

者服务的意识。

任务型口语教学中教师与学生之间平等、互动，但是教师是"平等中的首席"（陈琦、刘儒敏，2007[1]）。教师是教学资源的组织者，决定了如何导入话题、开始任务、任务完成的时间、小组成员的组合、任务后报告结果的方式，等等。从这一层意义上说，教师们的权威作用没有消失殆尽，权威体现于对任务执行各个环节的操控，只有操控得当才真正享有权威。

（二）任务型口语教学的课堂组织

目前，教师在口语教学中运用交际法原则。交际法教学以语言功能为教学目标，让学生识别功能，掌握相应的语言形式，并通过交际活动实现"学以致用"。而任务型教学没有预定的语言项目目标，不试图规定学习者学习的结果，学生通过任务"在做中学""在用中学"，最后学到什么，每个学习者的情况各不相同。如果说，"学以致用"把学习放在第一位，强调以使用语言为目的的有意识学习；那么"做中学"把做事放在第一位，学习者不必太执迷于结果，一般来说，结果都会水到渠成。

从具体的课堂组织来看，交际法教学的各个教学活动彼此独立，这与教材的编写有直接关系。以口语教材为例，一般从同一个话题、功能出发，编写几段互不相干的课文，教师依照课文顺序讲解、操练。任务型教学以任务统领教学过程，这里所说的任务不是一个单一的任务，而是指同一个话题下分出若干个贯连前后的任务，并组成任务链。对教师来说，如何设计任务链非常关键，

---

[1] 陈琦、刘儒敏《当代教育心理学》，北京师范大学出版社，2007年，第78页。

这个问题在 D.Willis & J.Willis（2007：21—30）的专著中有详细的论述。

表2—1　一个以"介绍上海"为话题的任务链

教学步骤	具体内容、具体指令
1.任务前(1)	（A）给出若干图片，以视觉信息让学生进入状态，要求说出与图片相关的词语。 （B）头脑风暴：喜欢/不喜欢上海的理由。
2.任务前(2)	给出问卷，调查留学生对上海的印象。问卷的题目涉及吃、住、游、购物等方面的问题。要求个人完成，规定时间。
3.任务中(1)	根据完成的问卷，四人一组，小组讨论，然后各小组派代表汇报讨论结果。
4.任务中(2)	重新组成三至四人小组，完成两类任务。 任务（A）：如果你们是第一次来中国，对在上海怎么过周末有什么具体要求，请列出一个要求表。 任务（B）：你们的朋友周末来上海（星期五晚上七点到浦东机场，星期天下午四点回国），他/她是第一次来中国，请四人一组做一个周末活动的安排表。 （注：安排表中要包含吃、住、玩三个方面的内容） 小组安排：一个小组完成任务（A），其余小组完成任务（B）。
5.任务中(3)	完成任务（A）的小组成员分开，分别进入其他各组，根据要求清单选择三个自己认为最重要的要求，和其他组的四个同学进行角色扮演。交际目标：已完成任务（B）的四个同学根据共同制订的安排表向已完成任务（A）的一个同学（现在他/她是你们的朋友）解释行程安排，可根据他/她提出的要求更改安排表。 （注：四个同学应各有分工，分别解释不同时段的安排）
6.任务后(1)	听一段或看一段相关的文章，内容与喜欢或不喜欢上海有关，分别由母语者、语言水平高一些的留学生所写、所说。比较文章的观点与自己是否相同，注意相关的语言形式。
7.任务后(2)	作业：我眼中的上海 作业形式（选择其一）：（1）书面；（2）powerpoint形式；（3）找别人对话，交音频或视频作业（角色参考：留学生与留学生；留学生与中国人；留学生与中/外记者……）。

表2—1是为在上海学院1至2个学期汉语的留学生设计的一个任务链。其中"任务中"（1）（2）（3）属于严格意义上的口语任务，即模拟现实生活，有一个明确的交际目标，以小组活动为形式。为了顺利完成这些任务，需要有"任务前"阶段。"任务前"（1）的作用是导入话题，让学生在自然的状态下进入话题，同时我们可以大致了解学生对于这个话题的形式与意义的前期积累。"任务前"（2）完成问卷与后面三个交际性活动关系更密切，其作用有三个：一是给出完成任务的内容框架，即吃、住、玩三大方面，至于具体信息，要由学生自己通过完成问卷提供；二是小组活动前每个人拥有足够的准备时间；三是在问卷中设置了一些新的语言形式，让学习者完成问卷时对此有所注意，他们很可能在其后的输出阶段有意识地运用这些语言形式，然后由教师加以纠正、讲解。"任务后"阶段是任务的延伸与扩展。"任务后"（1）与"任务前"（1）遥相呼应，让学习者通过听力、阅读两种输入形式聚焦语言形式。"任务后"（2）是课后作业，突出个体行为，给出一个宽泛的题目，让学习者自己思考如何聚焦内容，选取何种作业形式，可以运用哪些语言形式。

四、任务型口语教学中的语言形式问题

（一）语言的准确性问题

任务型教学以意义表达为中心，很多教师认为这样的教学会忽视语言形式，特别是语言的准确性。语言的准确性，一般是指

输出的语言形式是否符合规范。Willis（2002）[①]对准确性的解读颇为独特，他认为准确性应该描述为语言交际时人们想表达的内容和已表达的内容的关系，而课堂教学中所强调的准确性要求学习者输出的语言与教师要求的语言形式一致，因此准确性带有某种顺从的意思。可见，Willis所说的准确性是站在说话者的立场，强调意义传达的确切性。

交际性口语活动以意义为中心，意义由说话者自主决定，根据意义选择与之匹配的语言形式。而传统的口语教学中学习者没有真正的选择权，因为交际性练习被安排在语言形式讲解以后，这样的安排意味着交际性练习在某种程度上被视作一种手段，检验学生对所学语言形式的掌握情况。学生很可能由于过分关注形式的准确性而偏离了原本想传达的意义。

任务型口语教学中，任务前没有严格意义的语言形式的讲解，因此学习者对语言形式的关注是建立在既定意义的基础之上，属于自发行为。完成任务时学习者与他人的交际过程中会出现一些停顿，努力思考该用何种语言形式表达头脑中已确定的意义，一般通过查词典、询问同学、老师的途径实现Willis所指的语言准确性。

Schmidt（1990）[②]提出"注意假说"，认为只有学习者注意到的才能引起语言的变化。任务是语言意义与形式的联姻，因为

[①] D. Willis. Accuracy, Fluency and Conformity. In J. Willis & D. Willis. *Challenge and Change in Language Teaching.* 上海外语教育出版社，2002年，第45—46页。

[②] R. Schmidt. The Role of Consciousness in Second Language Learning. *Applied Linguistics*, 1990(11): 129-158.

意义的确定性、情景的特定性就需要与之相对应的语言形式，而学习者对这些语言形式的注意很可能会达到中介语发展的临界点。（Branden，2006[①]）因此，教师需要精心设计任务，任务中暗含学习者最有可能注意到的语言形式，并且注意这些语言形式的复现率。

（二）中介语的发展问题

任务型口语教学让学习者充分地利用已有的语言知识、技能，因此教师会认为这样的教学对中介语的良性发展关注不够，我们教学的一大目标是使学生的中介语不断接近目标语。解决这个问题的一个办法是提供有效输入，增强学习者对目标语的意识。

任务型口语教学强调输出，输出大于输入。其实，学生完成任务时的大量输出也为其他学习者提供了大量的输入，可见，输入与输出可以互相转化。

传统的口语教学先给学习者提供大量来自教材的输入，输出是输入刺激下的反应。任务型教学的输入不是课文先行，输入出现在任务前和任务后两个阶段。任务前阶段的输入是让学生进入状态，为后面的活动做准备，所以输入的主要作用是提供与话题有关的词语、句型，但对句型不予详细讲解，而且输入的形式可以多样化，比如广告、录音、图片、视频、新闻、问卷调查、头脑风暴，等等。

任务后阶段的输入必须提供文本，文本的作者可以是母语者、教师、水平较高的留学生。具体的办法有三种：一，请母语者、

[①] K. Van den Branden. Introduction: Task-based Language Teaching in a Nutshell. In K. Van den Branden (ed.). *Task- based Language Education: From Theory To Practice*. Cambridge: Cambridge University Press, 2006: 9.

水平较高的留学生完成类似的口语任务，录音保存，并转写为文本形式；二，从报纸杂志上选取相关的目的语文章或是从以前的学生作业中选取合适的文章；三，教师根据学习者的中介语状况，列出最接近的句型，在母语者、水平高一些学生的文章基础上进行改写、编写。这些基于文本的输入符合 Krashen 提出的"可理解性输入（comprehensible input）"，而且输入安排在完成任务后，学习者通过阅读这些相关的文章会自发地关注语言形式，意识到自己的语言与目标语或者更高阶段中介语的差别，这些差别包含了语言的准确性、得体性与复杂度，涉及语音、词汇、句式、语篇等方面。然后，教师及时对语言形式进行讲解、操练，有利于学生内化已学的语言形式。

学生对语言形式的注意或许不足以改变学生实际的语言行为，因此，教师需要逼迫学生在意识到语言差距后去做一些弥补性的尝试。任务的重复是一种提高语言流利度、准确性、复杂度的有效办法，可以采取变换语伴、微调任务来避免单纯的重复。另一种办法是完成任务时教师给学生录音，学生读完文章、聚焦语言形式以后回放某一组的录音，然后布置任务，让学生四人为一组，转写录音，分析偏误，提出改进方案，重复任务。

五、结语

目前，任务型教学的研究、实践方兴未艾，然而我们必须认识到对任何新型教学模式的理解不可能一蹴而就。就口语教学而言，教师可以尝试着在原有教材的基础上把某些练习改为任务，把某一课设计为完整的任务链。具体的实践中可能会产生疑惑，带着问题检索、阅读文献，这样更能提升我们对理论的认识与把握。

第二节 主题式教学[①]

一、主题式教学模式的概念

（一）主题式教学模式的基本理念

主题式教学模式的基础是"基于内容的教学"，即 CBI （Content Based Instruction）教学理念。这一理念起源于 20 世纪 60 年代末，加拿大蒙特利尔的教师在幼儿园实验班采用的"沉浸式教学法（immersion instruction）"。该理念将语言用某个学科的知识，或是某个主题串联起来进行教学，将主题或学科内容与语言教学活动融合在一起，倡导"通过学习主题，而不是单纯学习语言形式来获得语言能力"（Leaver & Stryker, 1989）[②]，这是与传统第二语言教学的最大不同之处。在这一教学模式中，语言只是学习内容的媒介或工具，而主题内容或学科内容则成为学习语言的源泉。这样，第二语言教学的重心就集中在语言所承载的意义上，而不是语言形式上。CBI 理念认为，对主题内容或学

[①] 本节摘自魏耕耘《初中级汉语口语课的主题式教学模式探讨》，发表于崔希亮主编《对外汉语听说课课堂教学研究》，北京语言大学出版社，2011 年。

[②] B. L. Leaver & S. B. Stryker. Content-Based Instruction for Foreign Language Classrooms. *Foreign Language Annals*, 1989,22(3).

科内容学习的过程，跟母语习得的过程更为接近，因此可以更为有效地帮助学生习得第二语言。

主题式教学是"基于内容的教学（CBI）"理念运用最为广泛的一种教学模式，适用于各个语言等级的第二语言学习者。这一模式充分体现了建构主义所尊崇的"以学生为中心"原则，在某一主题或某一学科背景下，注重学习过程，关注学生在学习过程中的亲身体验，注重培养学生自主学习能力和独立思考能力。对于学习者语言水平相对较低的初中级对外汉语课程来说，将主题式教学模式引入课程设置和课堂教学，无疑会增强学生的学习动机，进一步发展学生自我学习汉语的能力。

（二）"基于内容的教学"理念与实际教学过程中的"六-T"法

"基于内容的教学"只是一种理念，如何使这一理念科学、有效地运用到语言教学的课程设置和课堂教学之中呢？针对 CBI 在实际教学中的具体操作方式，Stoller & Grabe（1997）[1] 提出了"六—T"法。所谓"六—T"包括：第一，主题（themes），这是贯穿课程设置的主要思想。第二，课文（texts），广义上的课文包括教学内容和资源（content resources），不仅仅包括实际意义上的课文，还包括各种补充阅读材料、录像资料、听力口语练习材料，等等。第三，话题（topics），是基于内容之上对主题更深层次的讨论。第四，线索（threads），把一个以上的主题有机地串联起来以增加课程设置的相关性。第五，任务（tasks），这里所说的任务与语言学习直接相关，如词汇教学，语言结构、篇

---

[1] F. Stoller & W. Grabe. A Six-T's Approach to Content-Based Instruction. In M. A. Snow & D. M. Brinton(eds.). *The Content-Based Classroom: Perspectives on Integrating Language and Content.* NY: Longman, 1997.

章结构、交际技能、学习策略的教学等,都属于实际教学中的任务。第六,过渡(transitions),是指同一主题下,不同话题之间如何自然地转换连接。在上述六因素中,除了线索(threads)主要是跟课程设置和教材编写有关以外,其他五个因素都可以与具体的课堂教学发生紧密的联系,运用到实际课堂教学中去。

下面我们将从教学目标、教学内容、语言要素教学和教学过程四个方面来说明如何在初中级对外汉语口语课堂教学中运用主题式教学模式。

二、主题式教学模式在初中级对外汉语口语课堂教学中的应用

(一)课堂教学目标的主题化

主题式语言教学模式强调在课堂中通过具体的主题内容(subject matter),甚至是其他学科的知识,来强化语言本身的学习。通过对主题内容或某一学科知识的学习、讨论和练习,来学习或习得承载主题内容的语言表达形式。因此,主题式口语教学模式的目标不再仅仅是传统的语言形式或语法结构,而是如何运用目的语来介绍、讨论各种主题,表达自己对各个主题的观点,以及运用目的语完成各种主题报告,等等。因此,在现有教材内容基础上提炼并确定恰当的教学主题,就成为课程设置和课堂教学的基础;而对学习者来说,能否了解目的语背景下该主题的各方面内容,能否运用目的语来介绍该主题并自由地表达自己的观点,就成为课堂教学的目标之一。

尽管现有口语课教材的编写并非严格遵循 CBI 理念,也并非

"以主题为纲",但是编写者们在梳理教材结构时,大多都会选择与学习者日常生活紧密相关的主题或话题;所撰写的课文和副课文,基本上也都紧密围绕一个大主题来进行讨论;或者是就同一主题的深入探讨,或是对同一主题不同方面的延伸。因此,任课教师可以在现有教学内容,主要是课文内容的基础上,提炼并确立每课书的大主题;然后,再根据各篇小课文的内容提炼相关副主题。选择提炼主题时,既要考虑语言教学内容,又要涵盖文化教学的部分,两者缺一不可。

对于没有特殊学习目的的基础阶段的学习者来说,与语言日常交流功能和社会文化功能紧密相关的主题更契合学生的学习目的。曾妙芬(2007)[1]在总结美国AP中文教学主题时,结合语言与文化教学,将主题归纳为三大类:一,不同公共场合的主题,如在宿舍、在餐厅、在邮局、在飞机场、在图书馆、在火车站、在旅行社、在学校里、在教室、在医院、在其他公共场所等;二,以自我为中心的主题,如自我介绍、买东西、看病、谈天气、租房子、问路和方向、做客、邀请/约时、电影、我住的地方和城市、暑假寒假生活、选课、去中国留学,等等;三,社会文化相关主题,如家庭、教育、名胜古迹、婚姻、知名人物、中国代表节日、健康、饮食文化、重要成语故事、典型的中国文化艺术活动、其他社会文化主题等。

我们以准中级口语课教材《汉语口语速成·提高篇》(北京语言大学出版社出版)的部分课文为例,看看如何归纳提炼口语

---

[1] 曾妙芬《推动专业化的AP中文教学——大学二年级中文教学成功模式之探讨与应用》,北京语言大学出版社,2007年。

课的主题和副主题：

第一课　让我们认识一下，好吗？——<u>自我介绍主题</u>
　　课文一　下面我来做个自我介绍（副主题1——轻松随便的自我介绍）
　　课文二　欢迎加入三T公司（副主题2——正式场合的自我介绍）
　　课文三　你叫——叫什么来着？（副主题3——如何介绍解释中文名字）
　　课文四　我们这就算认识了（副主题4——初识的朋友如何聊天儿）

　　　　第十课　我想咨询一下——<u>咨询主题</u>
　　课文一　特别值得一提的是……（副主题1——对大学的咨询和介绍）
　　课文二　是一家规模很大的企业（副主题2——对公司的咨询和介绍）
　　课文三　可以说跟五星级宾馆没有两样（副主题3——对旅行社、宾馆的咨询和介绍）

　　　　第十六课　轻轻松松挣大钱——<u>工作主题</u>
　　课文一　听说你找到了很好的工作（副主题1——从待遇角度谈工作）
　　课文二　如果你每天都是硬着头皮去上班（副主题2——理想工作的标准）

课文三　摇滚青年（副主题3——业余爱好跟工作的关系）

课文四　这山望着那山高（副主题4——稳定的工作和跳槽）

第十七课　永远的爱情 永远的家——婚姻主题

课文一　所以结婚又叫成家（副主题1——中国传统思想中的婚姻家庭观念）

课文二　你对爱人撒谎吗？（副主题2——婚姻中的问题：撒谎是否有利于婚姻的稳定）

课文三　就是有妻子恐怕也快离婚了（副主题3——现代社会给婚姻家庭带来的影响）

确定主题时要考虑学生的实际需要和学习兴趣，还要考虑学生目前的语言能力能否达到讨论此主题所需要的水平，以及教师自身驾驭该主题的能力。具体提炼归纳主题时，既要考虑语言的实际语用功能，也要关注与整体社会文化的关联。有些主题与语言运用沟通能力密切相关，有些主题与增进中国文化整体性的了解直接相关。

随着人类社会的发展，文化方面的主题会越来越趋于多元化和多样化，小到老百姓日常生活的衣食住行、柴米油盐，大到国家政策、政治、经济、社会制度等高深的主题，都会有所涉及。而且同一主题也会随着社会的进步而有所发展，例如，"逛街购物"一直是第二语言课堂教学很受欢迎的一个主题，现在随着网络购物的日益普遍，教师就可以在这一大主题下，扩展出"网上购物""二手竞拍""网络团购"等新型副主题来。因此,对外汉语教师也需要紧跟社会发展趋势,对新事物、新词语、新思维保持敏感和关注。

(二) 教学内容的主题化

传统意义上的教学内容,主要是指书面的教学资料,如生词、课文、语法句型结构、固定表达用法以及课后练习等。主题式教学模式的教学资料和资源的范围更为宽泛,包括教师准备的各种与主题相关的目的语原版语言资料和资源,如补充阅读材料、图片、表格、录音材料、录像资料、ppt、flash、原声电影以及与主题相关的目的语博客、网站等,都归于此类。语言输入的丰富多样,会刺激学生对目的语和目的语文化产生更为浓厚的兴趣,也会更深入、更广泛地了解目的语社会。

如何从教学内容上进一步突出口语课的"主题"模式?

首先,在课程主题已经确定的基础上,教师要对所能提供的教学资料做主题化归类、整理和筛选,结合教学对象的现有汉语水平,围绕主题为学生提供可能需要的各种语言资料。以准中级口语教材《汉语口语速成·提高篇》第十三课课文一"今天真倒霉"为例。根据课文内容提炼出主题"倒霉的经历",然后围绕这一主题,总结学生以前学过的各种跟"倒霉"相关的语言形式,以及学生现有语言水平应该了解和掌握的跟"倒霉主题"相关的语言形式,例如:

(1)日常生活中经常遇到的倒霉事儿(语言形式:生词、短语、简单结构等);

(2)开车坐车时发生的倒霉事儿(语言形式:生词、

短语、简单结构等）；

（3）遇到倒霉事时用哪些句子表达倒霉的感觉（语言形式：习惯用语、俗语、成语等）；

（4）描述倒霉经历时经常会用到哪些句式结构（语言形式：句式结构等）；

（5）课文讲述的倒霉事儿（语言形式：复句结构、篇章结构等）；

此外，配备与"倒霉"主题相关的图片和视频。

其次，围绕主题内容，尽量提供与学生日常生活紧密相关的语言材料，这对他们的生活、学习、社交以及个性发展等都具有实际意义，而且这样才能使学生从被动的接受者转变为积极的倾听者和对话者。因此，教师提供给学生的例句等教学内容既要来源于学生的日常生活，也要围绕主题提供一定的新信息。如果能够提供本班同学亲身经历的与主题相关的事例则更为理想。以本课为例，曾经有学生在上这一课之前，刚刚把手机掉到公共厕所的马桶里。这位同学非常希望用汉语跟大家讲一讲这个又好气又好笑的倒霉经历，所以教师在本课中有意识地准备了一张"手机掉到马桶里了"的图片，引导学生知道如何用汉语来表达，取得了良好的课堂教学效果。

再次，教师尽可能提供多种形式的语言资料，以加强、丰富同一主题的语言输入。仍以"倒霉主题"为例，教师提供了电影《人在囧途》的几段视频。相信看过这部电影的人，都会认可该电影的故事情节与本课的主题完全一致。需要注意的是，当同一主题的资料比较繁杂时，教师必须做好筛选工作，做到丰富而不繁复，多样而不庞杂。

（三）语言要素学习的主题化

虽然主题式教学模式的目标不仅仅是语言形式，但语言形式依然是语言课堂教学的重要目标之一。学习者要通过对主题内容的学习，掌握并能够熟练运用跟主题相关的语言形式和交际技能。这就是"六—T法"中所说的"任务（tasks）"。以上述"倒霉主题"为例，在课堂教学中需要完成的语言任务主要有：（1）词汇学习任务，日常生活中经常会遇到的倒霉事以及本课的生词和短语；（2）常用成语、俗语的学习任务，遇到倒霉事时的常用表达方式；（3）语法结构的学习任务，描述倒霉经历时经常会用到的句式结构；（4）听说、阅读、复述语段的学习任务，学习课文中描述的倒霉经历；（5）语篇分析、篇章结构的学习任务，通过课文展示出来的描述倒霉经历的篇章结构；（6）自由运用各种语言要素的学习任务，利用上述篇章结构，讲述自己或别人的倒霉经历，等等。

总之，通过对某一主题内容的教学，学生可以"有意义"地学习如何运用各种语言形式来表达这一主题。至于认读汉字、阅读篇章、听力练习、纠音正音以及口语表达等关注语言形式的教学环节和教学因素，都融合在对主题内容的学习之中。此外，还可以通过课后作业展示学生在写作和成段表达方面学习的情况，这也是对主题的进一步延伸。

教师通过对主题内容的教学，紧紧围绕主题提供相关的词汇、短语、常用成语或表达方式，以及表达这一主题会用到的语法结构等，以达到语言要素习得的教学目标。在实际教学过程中，教师要关注以下问题：

第一,围绕主题引入适当的语境,这对于学生理解主题内容和语言形式都有很大帮助。这种观点在第二语言教学界已经成为一种共识。课堂教学中恰当而又实用的语境设置,需要达到以下几点要求:首先,可以帮助学生理解学习内容的上下文;其次,要紧密围绕本课的主题内容,做到尽量具体化;再次,教师能够简单明了地解释清楚,便于学生用目的语输出;最后,学生能够运用自己的汉语水平模仿表达。请看以下三个例句:

(1) <u>就拿</u>国庆节<u>来说吧</u>,差不多有上万人去这个公园。

(2) 这个公园的人总是很多,<u>就拿国庆节来说吧</u>,差不多有上万人去这个公园。

(3) 颐和园在北京非常有名,所以去那儿的人特别多。<u>就拿国庆节来说吧</u>,差不多有上万人去这个公园。

"就拿……来说吧"是一个举例表达方式,多用在对某一情况的介绍表述之后。上述三个例句在语法形式上都比较规范,但是例(1)中的语境信息几乎为零,完全缺失。学生在听到这个句子以后,很难尽快还原该例句的使用语境,也很难理解"就拿……来说吧",作为举例表达方式的含义和用法。这样就会影响学生当时在课堂上的理解和课后的正确使用。例(2)中的语境基本上还原了,不过所含有的信息比较简单,不够具体;学生并不知道"这个公园"为什么总是有很多人。而例(3)相比之下则更为具体地选用了现实中的真实信息,为学生提供了真实情景。此外,表达语境所用的语言形式难度适中,学生很容易上口,便于他们听说表达。比较起来,第三个例子所设置的语境最为恰当。

第二，在语言要素的主题式教学过程中，要尽量体现交际过程的真实性。真实正常的语言交际，是建立在信息交换的基础之上的。例如，在学习生词"凭"（课文里的句子是"不是所有的人都只凭第一印象判断人的"）时，可以有以下练习方式：

（1）看电影凭电影票进电影院。

图书馆凭图书证借书。

（2）师问：看电影凭什么进电影院？

学生目标语：看电影凭电影票进电影院→看电影凭票入内。

师问：我们学校的图书馆凭什么借书？

学生目标语：我们学校的图书馆凭图书证借书。

（3）你会不会只凭衣服打扮判断人？

你会不会只凭第一印象判断人？

在你们国家，找工作的时候，公司会不会只凭第一印象判断人？

依你看公司应该凭什么判断人？

上述三组例句都具备一定的语义信息。第一组例句，操练方式是教师说句子，然后学生复述，属于单一信息的交流，不属于真实的语言交际。第二组例句，是师生之间的一问一答，属于一个话轮的言语交际，只不过教师的问题是有固定答案的，无论由谁回答答案都是一致的。这一组例句能够帮助学生理解生词"凭"的含义和用法，主要关注点在于语言形式，同时具备一定的交际性。第三组例句，与课文主题直接相关，此类问题的关注焦点在于所问的内容，每个学生的答案都有可能不一样。在这里，语言形式是作为意义的载体出现的。因此，第三组例句更能够体现交际过程的真实性，而且紧紧围绕本课主题，是主题式教学模式的典型操练方式。

第三，在学习和操练语言要素的过程中，教师要尽量引导每个学生参与到对主题内容的讨论和学习中来，使课堂互动的方式多样化。"课堂互动式教学法的基本事实"，因为"课堂所发生的一切都是通过互动交流来实现的"。（Ellis，1994）[1]不同的互动方式对提高课堂教学效率，提高学习者的上课热情和学习动机都有重要的影响。教师应该尽可能创造各种机会增加课堂互动，积极开展师生之间、生生之间、学生小组之内和学生小组之间的各类互动活动。尽可能给每个进入课堂的同学都提供展示自我、表达想法的机会。此外，也要注意给不同性格和语言水平的学生以不同的主题任务，积极引导水平相对较高的同学帮助能力较弱的同学完成主题任务，这种小组合作本身就是一种语言的交流。

第四，主题式教学模式下的口语课堂活动也要考虑学生的认知因素和情感因素。以口语课的自由表达任务为例，一方面任务要适当高于学生现有的语言水平，具有一定的挑战，但是学生也可以通过自己的思考和努力完成，这样他们才会有学习的成就感，进而促进以后的课堂教学；另一方面，给出的任务也不能超出学生的认知能力，否则学生很难完成，容易产生挫败感。在这一点上，应符合Krashen（1982）[2]的"可懂输入原则"。

---

[1] R. Ellis. *The Study of Second Language Acquisition*. Oxford: Oxford University Press, 1994.

[2] S.D. Krashen. *Principles and Practice in Second Language Acquisition*. Oxford: Pergamon Press, 1982.

我们仍以《汉语口语速成·提高篇》第十三课课文一"倒霉的经历"为例。课文结构简化如表 2—2：

表 2—2

表达的意义	语言结构形式
一般来说正常的情况……	按理说……可是……
发生了不希望发生的事	偏偏……
费了很大力气才解决	费了九牛二虎之力才……
表达内心感受	你说倒霉不倒霉？

一般来说，口语课教师要求学生自由表达的任务往往是，利用课文里提供的语法结构，讲一个自己或别人的倒霉经历。这样的主题任务不失偏颇，但是对学生认知能力的挑战比较低，趣味性也不强。教师可以在围绕主题引申出来的话题上做一些拓展设计，例如：让学生两人一组，合作完成一个"倒霉"故事。根据小组成员背景的不同，给出不同的话题，例如：

（1）跟朋友一起开车去山西旅行（发生了……倒霉事儿）；

（2）最好的朋友要结婚了（发生了……倒霉事儿）；

（3）爸爸妈妈来北京看我（发生了……倒霉事儿）；

（4）你妻子今天过生日（发生了……倒霉事儿），等等。

学生可以根据上述不同的话题，编出各自不同的倒霉经历，可以是真实的，也可以是虚构的。要求情节合理，语法规范。教师在分组和设置情境时，还要考虑到学生的具体背景。例如喜欢开车和旅行的同学可以做话题（1），比较感性的女同学可以做话题（2），已经结婚的男同学可以做话题（4）。类似的主题式任务由于内容丰富、语境具体，而且更接近学生的生活，能够充分调动起学生的兴趣和积极参与的愿望。此外,每个小组的话题各自不同,所以在这个环节的展示阶段,学生们会因为任务之间的信息差(information gap),而对其他小组的对话产生兴趣,也便于教师引导学生小组之间的互动。

在这一教学环节中,学生往往会给教师带来惊喜。教师经常会发现,学生的口语表达能力常常会比预期的要高。以话题(2)为例,一组学生完成的自由表达如下:

> 我最好的朋友要结婚了,<u>按理说我应该高兴</u>,<u>可是当我</u>看到请柬上新郎照片的时候,忍不住有点儿心酸。因为他就是我在大学里曾经喜欢过的那个男人。世界上的男人那么多,为什么我的朋友<u>偏偏</u>要跟他结婚呢。我<u>费了九牛二虎之力</u>才把这个男人忘了,可是现在又要跟他见面了,<u>你说倒霉不倒霉</u>?

这一教学环节充分发挥了学生的主动性和创造性,同时还可以帮助学生养成自我学习的能力。例如,有学生通过运用,延伸了上面的语言结构形式,提出疑问:要是费了很大力气还没有解决,应该怎么说?(费了九牛二虎之力也没有……)补充了教师所提供的教学资料,同时也达到了良好的课堂教学效果。

(四)教学过程的主题化

第二语言课堂教学所说的教学过程,主要是指课堂教学的各个环节或教学步骤。如何在初中级口语课堂教学中,通过围绕主题内容的学习,达成语言要素之间自下而上的生成与转换?如何做到各教学环节之间的自然过渡?

对于基础阶段的对外汉语口语课堂教学来说,语言形式的教学仍然属于自下而上的学习过程，也就是一种由词汇到短语，由短语到短句，由短句再到长句，再由句子到段落表达的语言生成过程。这一过程如果紧紧围绕主题进行的话，会自然而然地生成综合性语段。也就是说，如果词汇的讲练，短语、表达方式的讲练，以及句式结构和语法形式的讲练都能够有意识地围绕同一话题内容进行，教师就可以把上述话题内容和语言形式整合起来，从而生成语段，完成自然过渡。例如，上面"倒霉的经历"一课，教师在讲练"按理说""偏偏""费了九牛二虎之力""你说倒霉不倒霉"等语言形式时，通过同一个话题"妻子过生日"，引导学生说出如下句子：

（1）今天妻子过生日，<u>按理说</u>我应该早点儿回家，可是汽车走着走着，<u>偏偏</u>没有汽油了，<u>你说倒霉不倒霉</u>？

（2）我<u>费了九牛二虎之力</u>才把车推到加油站。

（3）回到家的时候，我妻子非常生气。我<u>费了九牛二虎之力</u>才让妻子高兴起来。

在此基础上引导学生整合话题内容，生成如下语段：

今天妻子过生日，按理说我应该早点儿回家，可是<u>下班回家的路上</u>，汽车走着走着，偏偏没有汽油了。我费了九牛二虎之力把车推到加油站，<u>才加满了油</u>，你说倒霉不倒霉？回到家的时候，<u>已经很晚了</u>，我妻子非常生气，我费了九牛二虎之力才让妻子高兴起来。

当然，由句子向语段生成的过程中，需要一些意义和形式上的衔接，如此方能生成自然通顺的语段。例如上文中的"下班回家的路上""才加满了油""已经很晚了",加上这几个衔接方式以后的段落相对比较流畅。同时,这一语段中的重要语言结构也是课文一的结构(见表2—2),因此达到从语段到课文语篇的自然过渡,进一步延展到话题自由表达环节。

此外,围绕同一"倒霉"主题提供的《人在囧途》视频,要求学生在课后用语篇结构描述电影中人物的倒霉经历,将口语课堂的主题式教学模式延伸到课堂之外。

三、主题式汉语口语课堂教学模式的优势和需要注意的问题

主题式语言课堂教学模式的活动"围绕具体的主题",课堂活动旨在刺激学生通过运用目的语进行思考和学习。通过有意义地对主题内容的学习,了解、掌握并熟练运用承载主题内容的载体——语言形式。这一教学手段"自然地把四种传统的语言技能有机地结合起来"(Leaver & Stryker,1989),使学生在综合运用中习得第二语言,真正实现"在做中学"和"体验式"语言教学。正如蔡坚(2002)[1]所总结的,跟传统第二语言教学相比,这一理念的优势在于:其一,这种语言教学理念消除了语言学习和主题内容学习之间的人为分割,给予语言课堂一定程度的真实性和目的性;其二,学生使用第二语言直接吸收信息的同时,发展了语言能力;其三,围绕主题所组织的有意义的材料,对于学

---

[1] 蔡坚《第二语言习得与CBI教学模式的研究》,《北京第二外国语学院学报》2002年第3期。

生来说比较容易记忆和领会（Anderson，1990[①]）；其四，学生在掌握语言的同时，对于某一个主题能够有比较充分全面的了解（Bereiter & Scardamalia，1993[②]）。

在汉语作为第二语言的实际教学中，主题式教学模式已经受到了北美中文教学界的普遍关注，众多中文项目都在课程设置中采用了主题式教学模式。学生们通过对一个个主题内容的学习，例如用汉语探讨诸如中国教育、独生子女等实际的社会、历史、文化问题来学习汉语言，了解中国社会和传统文化。学生需要完成各种各样的主题任务，例如小组讨论、跟中国学生座谈、对中国人的采访、完成各类主题报告，等等。某暑期中文在华项目在学习"中国教育"这一主题时，甚至联系了地方小学，给汉语学习者一个星期的时间，让他们用汉语给中国的小学生上一门课。在学习主题内容的过程中，在运用汉语完成各项具体任务的实践中，学习者需要跟各种背景的中国人沟通，用汉语思考问题，用汉语表达自己的想法，最终达到成功习得这一语言的目的。

当然，对外汉语口语课堂在采取主题式教学模式时也需要注意一些问题：其一，慎重选择和确定主题内容，教师在提炼和总结主题与话题时，要有所筛选和取舍；其二，分析确定不同学习者的具体要求和学习目的，以此作为提炼选取主题和话题的基础；其三，注重语言输入形式的多样性，同时尽可能增加学生语言输出能力的训练，特别是口头报告和书面报告。

[①] J. Anderson. *Cognitive Psychology and Its Implications(3rd ed.)*. New York: W.H. Freeman, 1990.

[②] C. Bereiter & M. Scardmalia. *Surpassing Ourselves: An Inquiry into the Nature and Implications of Expertise*. Chicago: Open Court Press, 1993.

综上所述，主题式语言教学模式以其自然并且人性化的教学理念，得到第二语言教学界的关注和普遍认可。作为对外汉语教师，我们应当深入了解并在课堂教学中积极地尝试使用这一模式，使我们的汉语课堂更为充分地"主题化""情景化"，真正做到"有意义地"学习。

第三节 交际策略教学[①]

一、交际策略与交际策略教学

交际策略（communicative strategy）的概念最早是 Selinker（1972）[②]提出的，用于解释外语学习者中介语的一种主要过程，是学习者使用目的语进行交际时的策略。其后，Canale & Swain（1980）[③]、Ellis（1990）[④]进一步将交际策略划入语言能力范畴，认为它是语言学习者因其他能力欠缺而无法进行交际时所采取的弥补措施，可作为学习者对无法完成的某一表达计划的替代。而

[①] 本节摘自张黎《交际策略教学法研究——以"商务汉语口语交际"课为例》，发表于《语言教学与研究》2011 年第 2 期。

[②] L. Selinker. Inter language, *International Review of Applied Linguistics*, 1972(10).

[③] M. Canale & M. Swain. Theoretical Bases of Communicative Approach to Second Language Teaching and Testing. *Applied Linguistics*, 1980,1(1).

[④] R. Ellis. *Understanding Second Language Acquisition*. NewYork: Oxford University Press, 1990.

Bachman（1990）[1]则拓展了交际策略的内涵，认为交际性语言能力是由语言知识和策略能力两大部分组成，前者包括结构知识和语用知识，后者包括目标确定、评价能力及策划、实施能力。在此模式中，策略能力处于中心地位，它将语言能力与语言使用者的知识结构及交际环境特征贯穿起来，调动语言能力的各个要素，连接它们并使其发生互动，从而有效地进行交际，而不是充当在交际困难时才被使用的单纯的角色。因语言知识不足所采取的弥补措施只是策略能力的一部分。Bachman 的分析实际上超越了外语学习的层面，站在语言本体角度，将交际策略看作是所有语言使用者的语言交际能力的一种表现。

欧洲理事会文化合作教育委员会发布的"欧洲语言共同参考框架"将交际策略视为"衡量语言能力的一个实用基础"，具体界定为"语言使用者综合运用自己的资源，发挥能力，组织活动，以满足当时交际情境的需要，并根据当时特定的交际目的，以最完美、最经济的方式成功地完成交际任务而采取的手段"，并认为"学习者懂得如何加入一项具体的语言活动，并知道采取一定的交际策略，这是学习者取得语言学习进步的最好体现"（欧洲理事会文化合作教育委员会，2008[2]）。"共同框架"是在 Bachman（1990）的界定上理解交际策略的，并明确地将其纳入到外语能力考查的指标体系中。这为我们在对外汉语教学中进行交际策略的教学提供了重要参照。有关汉语口语交际策略

---

[1] L. Bachman. *Fundamental Consideration in Language Testing.* Oxford: Oxford University Press, 1990.

[2] 欧洲理事会文化合作教育委员会《欧洲共同语言参考框架：学习、教学、评估》，外语教学与研究出版社，2008年，第59页。

的研究迄今为止还非常少，只有张犁（1993）[①]、张黎（2002、2007）[②]、彭林霞和黄莉（2006）[③]以及李俊敏（2007）[④]等所做的一些零星研究。

我们认为，交际策略是指在言语交际过程中，为有效实现交际意图而采取的语言表达方式。交际策略是实现、控制言语行为的枢纽，统制言语行为的实现过程，制约言语行为的效力，决定说什么和怎么说。交际策略控制着从句型、词汇、语调到篇章顺序的整个组合以及语法、词汇等语言单位的选择和使用，是言语形式的总文法（张黎，2002）。相比于语音、词汇、句法结构层面上的规则，交际策略不容易从语言结构单位以及成分上被直接观察到，而是要从大量的真实的言语交际行为及语料中概括出来，而且不同的言语社团在一些交际行为中的交际策略会有所不同，体现出语言的文化差别。在语言表达的输出上，交际策略能力体现在两方面：一是逻辑—语义内容的选择、组织能力，即话语/语篇结构的构建；二是语言项目（语调、词汇、句法、语篇形式等）的选择使用能力。

对于非母语的语言学习者来说，交际策略是高层次的和综合性的语言能力，是语用和交际层面上的能力，学习目的语就

[①] 张犁《寒暄的策略》，《语文建设》1993年第6期。
[②] 张黎《言语策略与语言教学——中高级对外汉语教学向语用扩展》，《语言文字应用》2002年第2期；张黎《现场促销员的会话策略分析》，《语言文字应用》2007年第3期。
[③] 彭林霞、黄莉《商务电子邮件与传统商务信函中礼貌策略的对比分析》，《温州大学学报》2006年第5期。
[④] 李俊敏《中外商务信函和电子邮件中的礼貌原则》，《商场现代化》2007年第28期。

需要掌握这些模式。在语言教学中,学习交际策略就是学习语篇组织和语言项目选择的能力。对于语言水平达到较高阶段的语言学习者来说,交际策略是他们语言水平进一步提高的重要标志。针对这一情况,我们经过长期的商务汉语口语教学实践和研究,总结出了一套交际策略教学法,就是以交际策略为纲安排语言教学内容,以交际策略为出发点组织、实施课堂教学,训练学生在特定的交际功能中选择和组织语言形式,充分、得体地进行语言表达的能力。交际策略教学法的总体目标是要训练学生在特定的交际活动中更有效、更于己有利地表达。具体做法是:根据学习需求,针对特定的交际功能(如"命令、拒绝"等)划分出若干典型的交际策略类型,揭示每一种策略下语篇的各种逻辑—语义结构,并给出不同语体、不同风格的语言项目让学生鉴别并学习掌握。这一方法力图从可把握的语义结构方面解决成段表达的训练问题,并把语言项目的语用特征作为训练内容,这也是对语篇教学和语用教学的进一步探索。通过交际策略的教学,最终可使学生了解目的语在特定交际功能下的交际策略类型,并能够根据交际策略需要合理组织话语,以及选择适当的语言成分。

  交际策略是高层次的语言运用能力,掌握目的语的交际策略,需要学生已经掌握足够的目的语词汇、语法、语用知识。所以,交际策略教学法更适合于高级阶段的第二语言教学,特别是商务汉语这类更注重交际效果的专门用途语言教学。我们以北京语言大学汉语言专业经贸方向四年级的"商务口语交际课"的教学实践为例对交际策略教学法的运用做一介绍。

二、交际策略教学法在商务汉语口语教学中的应用

（一）教学目标与基本内容

以交际策略为纲的商务口语教学，其基本目标是使学习者能够在特定的商务交际活动中，恰当地运用交际策略，充分、准确、得体地完成信息传递、表态、劝说等交际行为。充分性体现在话语结构的长度、结构类型的种类等；准确性体现在能够运用恰当的成分和方式准确、清晰地表达语义；得体性则要求能够选择适当的语体和表达风格，要符合合作原则和礼貌原则。与其他教学方法的课程目标设定量化指标的角度略有不同的是，策略教学法除了规定全部课程周期内要掌握的语言形式的总量之外，更注重语言形式的选择性，即注重让学生掌握在同一交际功能下，有哪些常见的语言形式可以使用，每一种语言形式在什么情况下使用。

商务汉语交际策略教学主要训练语段、语篇的组织和承担特定交际功能的语言单位项目的语用特征这两方面的技能。重点教学内容是教授在特定的交际功能下可以用来有效完成交际目的的各种语篇（话语）结构形式以及相应的可供选择的语言成分。它是针对一个个具体的交际功能来设计的，所以先要确定需要教哪些交际功能，教学单元内容就以所选定的交际功能为单位进行。

（二）课堂教学方法

在具体的课程单元教学中，交际策略教学法要求根据话语分析的成果，以话语（语篇）为单位，在话语分析框架内进行具体的训练。同时，话语分析也是交际策略教学法实施的一个组成步骤。与所有的语言教学都分为输入（获取语言学习材料以及相关语言知识）和输出（尝试使用所学语言知识）两个阶段一样，交

际策略教学法也分输入和输出两个阶段,但这两个阶段的教学都是在话语分析的框架内进行的。

1. 话语分析

在输入阶段,教师对样本语料的话语特征进行分析,我们称之为话语分析。具体分析内容包括以下几个方面:

(1) 交际目标与交际意念分析。交际目标分析就是让学习者知道要学习的语言能力可以解决什么交际问题,如:说服对方购买、拒绝对方更改协议等。怎样说话首先取决于所说的话要达到什么目的,而在课堂教学中,交际目的和场景都是虚拟的,特别是商务汉语口语教学中,对真实交际的模拟难度更大,而且很多时候学习者本身没有商务经验,所以需要准确、清楚地展示交际的意图以及要考虑的有关因素,让学习者能够尽可能把模拟的意图内化为自己的认知图式,确切知道要做什么样的事。这个分析的核心是交际功能,具体操作时先确定要完成什么交际功能(如劝说、请求、拒绝等),然后通过课文或练习当中的具体交际事件(如讨价还价、产品介绍等)来展示和训练具体表达方式。

交际意念分析就是揭示为达到某个交际目的,除交际的核心功能及相对应的说法外,还需要哪些知识或信息来为交际目的提供支持。例如,在许诺按时交货时,除了核心的表达方式(如"我们保证按时交货")外,还可以介绍自己以往的信用情况、本方的生产能力以及完不成计划就提供赔偿等方法来支持自己的承诺。这些用来辅助和支持交际目的的信息就是相关意念,它们既是使学生模拟真实商务交际的前提,也是说出成段的、表达充分的语言形式的依据。

交际目标与交际意念分析的基本方法是在展示学习材料之后

向学生提问"课文里的 A 主要想要达到什么目的""哪些话表达了这个目的"等,让学生找出核心的交际功能以及所使用的语言形式(句子)并展示出来,然后再问"他有什么理由来支持自己"或"为了达到目的,他还说了什么"等问题将所涉及的意念概括地展示出来。

(2)交际角色分析。交际角色分析就是揭示交际双方各自的地位以及相互之间的关系,比如双方的地位是否平等、关系是否亲近、交易中谁占据优势等情况。这些是决定交际双方采取什么样的语体风格说话的因素,说话人对这些有了明确认识才能准确地选择如何组织语言以及使用什么样的语体风格,才能够将语言形式与交际对象对应起来。

交际角色分析的具体做法是由教师提出一些关于样本语料当中交际双方的关系和地位的问题,如"A 是什么人""谁的地位高""谁应该更主动"等,追问"从哪些话可以看出来"等,并将这些问题概括地展示在黑(白)板上。在学生熟悉学习材料(课文)的活动中,比如分组练习课文之前,再次确定双方的关系,强化角色定位。

(3)语体风格分析。语体风格分析就是对语言材料当中出现的语言成分(句法结构、词语)所属语体和风格特点进行说明,使学习者了解所学的语言成分适用于什么场合、什么内容以及什么对象,从功能角度掌握语言成分。具体分析要素包括正式/随意、直接/委婉、礼貌/无礼、清楚/模糊等。在操作中可直接讲解,也可以问学生某个语言形式是正式的还是随意的、是礼貌的还是无礼的等问题,帮助学生判断。同时,应将一些意思相同但语体风格不同的语言形式放在一起,让学生比较有何不同。例如"君子一言,驷马难追"属正式语体,语气庄重。在使用时,语调高亢,重音在句尾,与其具有相同表意功能的语言成分还有"说到做到""说……就……""说话算数"等,但语体、风格都不如其正式、庄重。在课程设计时,要对具有相同交际功能的核心语言表达成分进行归纳、对比并呈现在课文以及练习中。

(4) 话语结构分析。话语结构分析是对样本语料的话语(语篇)的线性构成方式进行归纳,使学习者了解为实现某种交际目的可以说哪些话以及先说什么后说什么。这种分析与交际意念的分析也是相对应的,有哪些意念,就会在语段中出现相应的语句。具体的分析包括宏观结构分析,也包括句段的衔接方式(如连接词等)和对话毗邻对特征(如话语标记、对话引导成分等)的分析。

例如"君子一言,驷马难追"可以用于表示许诺的交际功能,使用语境具有以下特征:其一,用于对话中的回应话轮,在对方要求确认承诺而做出明确许诺时所做的回答,如回答"真的吗"或"你可要说话算数啊"之类的话;其二,在使用这一语言形式时,可独立成句,也可与前后其他成分组合构成一个语段,如"当然,君子一言,驷马难追!我从不食言,你放心吧!如果做不到,我甘愿受罚"。

上例的语段结构为:确认——"君子一言,驷马难追"——提供依据——安慰——从反面承诺。

这是话语分析的重点,也是交际策略训练的重点,目的是增强学习者根据交际需要组织、调整语段及语篇意识,为充分并且有条理地表达打下基础。

话语结构分析的具体操作方法是以提出问题导入,如可以问"在这段对话中,A 先说什么后说什么",然后以流程图的方式画出宏观结构框架,在学生复说课文时,可以让他们看着这个框架图来组织语言。在遇有新的衔接成分或会话成分时,教师还应提醒学生注意这些成分,可以用直接指出的办法,也可以用提问的方式。在进行话语分析的过程中,也会遇到新的语言项目(词汇、句法结构等),这时候可以将这些语言项目的讲解和练习穿插其中。

2. 交际策略训练

在输出阶段,教师引导学生按照话语分析的提示,模仿样本语料尝试进行交际与表达练习,我们称之为交际策略训练。这是在话语分析基础上进行的训练,所以其具体训练步骤和内容也与话语分析的四个要素相对应,下面具体说明每一步的操作方法。

(1)交际目标与交际意念设定。首先,教师提出虚拟的商务交际任务,比如客户担心不能按时交货,请学生模拟卖方向客户做出按时交货保证。可以由教师模拟客户,提出有关的问题或要求,如"我们对你们能否按时交货比较担心""你们真的能按时交货吗"等,问学生该如何回答。其次,输入相关意念,具体做法是由教师提出问题,比如与要谈的事情相关的问题是什么、有什么障碍、需要什么理由来说服对方、还需要什么信息来支持自己等,引导学生思考,然后列出可能有用的意念,展示给全体学生,让他们决定选择使用哪些。

(2)交际角色定位。教师与学生协商,确定说话人要模拟的交际者的身份(如业务员、经理、老板等)以及双方关系(如熟悉、陌生、长幼、尊卑、优势或弱势等),还要选择一个情景(如在会议室、在电话里等),并让学生复述或写下自己的角色以及与对方的关系。

（3）语体与风格选择。教师与学生协商应该以什么样的语体风格和对方交谈，首先让学生根据交际对象以及双方关系判断是否应该正式、直接、礼貌、清楚等，并进一步协商在哪些问题上可以正式、直接、礼貌、清楚，哪些问题上不需要这样。然后让学生根据语体需要，寻找与之相应的语言表达成分。

（4）话语与语篇结构组织。让学生根据交际意念，确定要谈话的内容结构，然后再与老师或同学协商确定有关意念排序，设计先说什么后说什么。然后将语体风格选择阶段所确定的语言成分分别与意念对应，加上必要的衔接成分或对话提示成分，设计交际的过程。最后，将这个设计说出来。

在进行交际策略训练时，应注意交际事件的设计尽可能典型、易懂，人物关系、场景要尽可能具体、清楚，而且要达到什么交际目标也要清楚地交代给学生。实践中，最好采用真实案例，以其为"剧本"来引导学生学习交际策略。

具体训练过程，可以采用小组活动的方式由学生自己协商上述问题，还可以将写和说结合起来，由学生先写下自己的设计再说出来。

总体上，交际策略教学法主要由话语分析和交际策略训练两大部分构成，而每部分又有具体的步骤和方法。在教学中，在某些环节上它也可以跟其他教学方法如听说法、交际法或任务法等相结合进行。例如，话语分析和交际策略训练也可以在任务模式下进行，从开始就给学生布置一个完成某个交际目的的任务，然后让他们自己来分析样本语料，总结其话语特征，然后再去协商设计完成任务的语言表达形式及过程。

三、教学效果分析

我们从 1997 年开始即采用以交际策略为纲的教学方法，在北京语言大学汉语言专业经贸方向四年级的"商务口语交际"课程中进行教学实践。为了对该课的实际教学效果做出更准确的评估，我们曾采用测试和问卷调查的方法，对该课的学习者进行调查，从调查结果看，交际策略的训练取得了较为令人满意的效果。

（一）对学生表达能力的测试

为了解交际策略教学法对学生在表达的充分性、准确性和得体性方面的影响，我们对北京语言大学汉语言专业经贸方向三年级下学期（以下简称"三下"）和四年级下学期（以下简称"四下"）的留学生做了一次测试，用同一套题让他们分别作答，并把答案写下来。四下学生已经学完"商务口语交际"课，三下的学生还没学过，但也已经完成三年级的学习。测试题有两道，第一题是让学生根据要求说一段话并写下来，要求写出的句子不少于 8 个，并注意说话的方式，目的是测试学生如何组织话语、能够说出多少话、能否准确得体地表达出意思。第二题给出 5 个随意语体的口语句子，前两个为日常用语，后两个为工作用语，让学生尽其所能改成正式语体的说法。有效完成测试的三下学生有 47 人，四下学生 61 人。测试结果如下：

在表达的充分性方面，三下的学生平均使用了 11.36 个句子，四下学生平均使用了 13.62 个句子，四下学生比三下学生多 20%。对两个年级学生使用句子数量的中位数、众数、最大数、最小数的统计，都显示四下学生明显多于三下学生。

在表达的准确性方面，我们主要考察学生使用准确表达核心交际目的的核心句的情况。如交际功能是劝说，应该使用表达劝说的句子，如"希望你不要走""我请你留下来"之类的说法。测试结果，三下学生总共只有 11 次使用核心句，平均每人只使用 0.23 次；四下共使用核心句 49 次，平均每人使用 0.8 次，远远高于三下学生。可以看出，四下学生明显更清楚哪些说法可以用来准确表达自己的交际目的。另外，三下学生的核心句有 10 次是用于话语中间，有 1 次用于话语结尾处，没有人用于话语开头。而四下学生虽然也以在话语中间部分使用为主（40 次），但也有一些人用于话语开头（2 次）和结尾处（7 次）。这说明四下学生能更灵活地使用这些核心句。

在表达的得体性方面，学生在回答测试问题时语体以及风格上的对错可以反映学生的语用表达情况。在第一题中，三下学生总共出现 7 次得体性错误，与总人数相比，出错率为 14.9%；而四下学生也出现了 7 次得体性错误，但与总人数相比，出错率为 11.5%。第二道题三下与四下的出错率差距更明显，对五个句子的改写，三下学生的总答对率为 41.1%，四下学生的答对率则为 61.6%。其中，前两个生活用语答对率差距较小，而后三个工作用语的答对率差距很大。这说明，四年级学生在正式语体的使用能力方面，特别是工作用语的语体把握上，明显强于三年级学生。

（二）对学习者的问卷调查

我们于 2009 年夏季和冬季，先后两次对刚刚学完"商务口语交际"课的两届共 77 名学生做了问卷调查，让学生自我评价在学过该课以后口语能力提高情况以及对该课的看法。我们根据教学目标的基本要求，即充分、准确、得体地表达，设计了六项指标：说话的长度、语段的组织、表意的准确性、对谈话技巧的了解、语体转换、风格转换,让学生评价自己在这六个指标上提高的情况。这六项指标可以具体化为:A 连续说更长的话、B 更好地组成一段话、C 更准确地表达意思、D 了解中国人的谈话技巧、E 根据情况使用正式和非正式语体、F 根据情况使用直接或委婉的说法。调查结果见表 2—3。

表 2—3　六项指标的调查结果

	A	B	C	D	E	F
提高很大	31%	34%	36%	53%	35%	45%
有些提高	60%	56%	55%	36%	53%	49%
没有提高	6%	9%	8%	8%	9%	3%
说不清楚	3%	1%	1%	3%	3%	3%

总体上看,认为通过该课学习在能力上有提高的学生占据了绝对多数,其中 A、B、C、F 四项指标认为有提高的人占到 90% 以上,D(89%)、E(88%)两项也接近 90%,整个数据呈现出较好的正态分布。从调查结果可以看出,该课程对于交际策略能力的培养是有效的。

（三）结论

从上述测试和调查的结果看,通过"商务口语交际课"的学习,学生在交际策略能力方面有明显提高,学生对于学习的效果是满意的,这说明该课教学总体上是成功的,我们所使用的交际策略教学法在高级阶段的商务口语教学中是有效的。但同时我们也应该看到不足,为今后继续改进教学,进一步提高教学质量提供依据。目前,我们认为在话语语篇组织的能力上,学生提高还不够大。从测试的结果看,学生的表达中出现的衔接问题还不少,问卷调查中这部分回答"提高很大"的人所占比例在所有 6 个指标中是最低的，说明这方面的教学和研究还需要进一步加强。

第四节 合作学习 [①]

一、引言

随着中韩两国经济往来的日益频繁，汉语在韩国的影响力与日俱增，很多行业需要大批精通汉语特别是能用流利的汉语进行口头交际的人才。如何解决韩国本土汉语学习者学习的困难，怎样帮助他们提高语言技能，特别是口语交际能力，已成为在韩汉语教师的重要任务之一。

笔者在韩国蔚山大学进行汉语教学期间，针对韩国大学生汉语交流机会少、课堂气氛沉闷、教材本土化不足等问题，不断进行教学探索与实践，将合作学习理论用于大学初级汉语口语课堂教学，通过小组讨论、课文改编、课本剧展演、成绩评价等形式，鼓励学生之间的交流与合作，增加了汉语口语训练的趣味性和实效性，提高了学生的口语交际能力，取得了比较显著的教学效果。

合作学习的研究始于 20 世纪的美国，斯莱文教授和明尼苏达大学合作学习中心的约翰逊兄弟在此项研究中成果卓著，他们都肯定了合作学习中小组的重要作用，得出小组合作能够促进自

[①] 本节摘自侯磊《基于"小组合作"的韩国初级汉语口语教学探索与实践》，发表于《华文教学与研究》2016 年第 2 期。

己与他人学习的结论（曹嬿，2014[①]）。20世纪末，合作学习理论开始进入我国学者的视野，2000年之后，出现了《合作学习的基本要素》（曾琦，2000[②]）、《论合作学习的基本理念》（王坦，2002[③]）等有影响的研究成果。目前，国内有关合作学习的研究多集中在具体的学科，特别是中小学的外语、数学等学科，部分学者关注了合作学习的教学模式、方法、策略、存在的问题及对学生学习能力培养的有效性。合作学习通过小组活动，以学生为中心，采用互助合作的方式一起学习、相互帮助、共同提高。合作学习的互助性、互动性和目标性"可使学生在有效的交际实践中建立起自信和责任感，熟悉真实的交际模式，从而学会用目的语进行有意义的交流"。（顾晓乐、黄芙蓉、王松，2004[④]）因此，将合作学习理论应用于非汉语环境中的口语教学，能够弥补欠缺的真实交际环境，"小组合作"能够为学生搭建汉语交流平台，创造运用汉语的机会，提高学生自主学习的意识，增加可理解性输入的信息量，并促进汉语知识的输出，使学生的口语交际能力得到提高。

本节从分析韩国大学的初级汉语口语课堂教学现状入手，在学生汉语口语学前测试与学习需求调查的基础上，探讨、分析在韩国汉语口语"小组合作"教学的必要性及实施步骤，总结其教学效果及优势所在，以期为非汉语环境中的汉语口语教学提供一

[①] 曹嬿《口译课程中小组合作学习的实践与探索——一项基于英语专业口译初学者的实证研究》，《西安外国语大学学报》2014年第1期。

[②] 曾琦《合作学习的基本要素》，《学科教育》2000年第6期。

[③] 王坦《论合作学习的基本理念》，《教育研究》2002年第2期。

[④] 顾晓乐、黄芙蓉、王松《合作学习与情景剧表演——大学英语口语教学讨论》，《外语教学理论与实践》2004年第2期。

点参考。

二、韩国汉语口语教学情况分析

（一）学生的课堂学习习惯

韩国一些学校的课堂比较沉闷，平时活泼好动的学生，常常一上课就判若两人，汉语口语课堂存在类似的问题，许多学生不愿或不敢使用汉语进行交流。其中有多方面的原因，首先，部分韩国学校的课堂教学方法较为传统，学生已经习惯教师讲、学生听的课堂教学方式，课堂参与积极性不高，互动少；其次，多数韩国教师平时不苟言笑，对学生要求极其严格，学生害怕在课堂上出错，招致教师的批评或者同学的嘲笑；再次，学生的汉语口语水平低也是造成他们不愿开口表达的重要因素。"人通过知觉从外界获得信息，再在记忆中储存下来。由此，人得以积累知识并在后来加以运用。"（王骏，2008[①]）因为学生大脑中储备的汉语词汇、语法、文化等知识不足或缺乏有效信息的输入，所以他们常常无法运用汉语自由地表达内心的想法。

（二）汉语口语学习环境

处于非目的语环境中的韩国学生缺少汉语交流的机会。他们学过的汉语词汇使用频率低，不易培养快速感知、把握语言的能力，难以形成运用汉语思维的习惯和较好的语感。韩国单一的语言环境也制约着学生运用汉语交流的主动性，教师即使要求学生

[①] 王骏《汉语词汇在长时记忆中的贮存模式及其对教学的意义》，《语言教学与研究》2008年第4期。

必须使用汉语表达,学生之间交流和互动时也不由自主地使用母语。

另外,韩国很多学校对口语教学重视程度不够。除了大学的中文系,其他专业很少开设独立的汉语口语课,即使在中文系,口语课时也相对较少。学校一般更重视精读课,即综合课。词汇、语法、课文被教师视为教学的核心内容,学生汉语交际能力的培养常常被忽视。除此之外,虽然韩国的"全国汉字能力检定试验"[①]和"汉语水平考试(HSK)"笔试受到教师和学生的重视,但口语测试被边缘化了。即使是口语课的期中、期末考试,也常常以笔试代替口试。

(三)优秀口语教材匮乏

目前,韩国大学口语教学使用的教材,绝大部分是引进中国的对外汉语教材,但"这些教材一旦走出国门,便发生'橘生淮北'的现象"(赵金铭,2009[②])。部分学校的教材陈旧,有些课文内容已经不符合目前的情况,缺乏语言的活力。另外,因为这些教材不是国别化教材,针对性不强。但令人欣喜的是,目前韩国的出版社出版了一些针对韩国学生的本土汉语教材,而且数量也在不断增加,如《基础中国语》《好棒少儿汉语》等。然而,由于这些教材的教学对象主要针对韩国中小学生,并不能满足不同层次、不同学习目的的韩国大学生的需要,而且其中的大多数是汉语综合课教材,口语教材相当匮乏。因此,迄今为止,真正能够针对韩国大学生认知特点和需求、并且能激发他们学习动机

[①] "全国汉字能力检定试验"是指韩国的全国性汉字检定能力考试,每年有大批的应试者参加此项考试,以检验自己的汉字水平。

[②] 赵金铭《教学环境与汉语教材》,《世界汉语教学》2009年第2期。

和兴趣、提高学生语言交际能力的优秀口语教材较少。

基于"小组合作"的教学方式在调动学生的积极性、创造汉语交流机会、弥补非本土汉语教材的缺憾及活跃课堂气氛等方面具有独特的优势,为韩国大学汉语口语教学问题的解决提供了一定的可能性。

三、汉语口语"小组合作"实施前的准备

为了更好地了解学生的汉语水平和要求,合理搭配小组成员,在汉语口语"小组合作"教学之前,我们进行了汉语口语测试、学生的学习需求调查及选课情况分析。根据分析结果,选择合适的教材,对学生进行分组,明确教师与学生的任务。

(一)学生汉语口语学前测试

该课程是蔚山大学中文系一年级第二学期的汉语口语课,每周4节,共34人选课,其中中文系31人,跨系选修为3人。中文系的31人中,在中国居住过的学生有5人,他们的汉语基础较好。

为了更准确地把握所教学生的汉语口语水平,我们在正式开课前对学生进行了汉语口语水平测试,测试的主要目的是为了全面了解学生的发音、词汇、语言知识的掌握及表达运用等基本情况。测试题主要参阅汉语水平口语考试(HSKK)初级口试题型及测试时间要求,包括"听后重复"15题、"听后回答"10题、"回答问题"2题,每个学生的测试时间与HSKK相同,为20分钟(包括准备时间7分钟)。采取教师和学生一对一面试、当场评定成绩的方式,这种测试方式虽然耗时耗力,但能够基本保证测试结

果真实有效,稍显遗憾的是由于条件所限无法实现所有学生一起考试、同期录音,因此,只保存了每个学生完整的测试录音。本次测试人数为 34 人,测试结果见表 2—4:

表 2—4　学前测试结果统计表

评价等级	优秀	良好	及格	不及格
所占比例	14.7%	20.6%	29.4%	35.3%

从表 2—4 可以看出,29.4% 的学生刚刚达到及格线,不及格的学生比例达 35.3%,超过 1/3。结果表明,这些学生的汉语口语水平不容乐观,另一突出的问题是学生口语水平参差不齐。

(二)学生学习需求调查与教材选择

为了解韩国学生的兴趣点及对汉语口语课堂学习的需求,以便确定学习内容、探索适合学生实际水平的口语教学方法,我们设计了一份调查问卷,设置封闭性和开放性两种类型的题目共 20 个(调查问卷参见附录)。

通过分析调查结果和对学生的访谈,我们得出以下结论:(1)学生平时说汉语的机会非常有限;(2)大部分学生迫切需要提高自己的汉语口语水平;(3)喜欢活泼、多种多样的口语课堂形式;(4)愿意参与汉语口语课本剧表演活动;(5)非常乐意参与口语课堂讨论;(6)认为"小组合作"的教学形式可能有更多练习口语的机会;(7)"小组合作"能提高自己运用汉语进行口头交际的能力,增强自信;(8)对中国教师的口语课堂抱有很高的期望;(9)愿意了解当前中国年轻人的兴趣、爱好及日常学习与生活情况;(10)希望通过学习,自己的汉语口语有很大的进步。

根据调查结果,我们研究确定采用"小组合作"的教学方式,进行汉语口语教学改革与探索。又根据教学班中大部分学生的汉语水平，我们选用北京语言大学出版社出版的《发展汉语·初级汉语口语（下）》[①]作为口语课的主要教材。教师通过调查，了解学生的兴趣与关注点，根据调查结果从教材中选取了比较实用的14个话题，包括购物、在旅游景点、看体育比赛、娱乐和休闲、去中国人家里做客、学做中国菜、参加比赛和课外活动、谈旅游经历、未来的打算等。每周学习一个话题，除此之外，教学过程中再穿插一些和课文内容有关的影视短片作为教学辅助材料，以扩大学生的知识面。

（三）学生分组

针对选课人数较多、学生汉语基础差异大的特点，我们在教学中采取上课讲授与学生"小组合作"训练结合的方式。首先，根据学生汉语口语水平、性格、性别等，将所有学生分为5个小组，每组6至7人，采取组内异质、组间同质的分组原则，尽量做到优中差结合，各小组总体水平一致，在确保每个学生发挥各自作用的基础上，小组之间能够开展公平的竞争。组长轮流担任，每次活动由小组成员共同商议个人承担的角色，各小组配备一名曾经在中国居住过的同学[②]做语言指导。小组成员为自己的小组命名，经过讨论，分别命名为"北京队""上海队""天津队""济南队"和"苏州队"，这样既为组与组之间的竞争埋下伏笔，又

[①] 陈晨、〔英〕Vicky Chu《发展汉语·初级汉语口语（下）》，北京语言大学出版社，2005年。

[②] 韩国大学中有少部分学生曾经到过中国并在中国的中小学接受过一段时间的教育，因此，这部分学生的汉语水平往往较高，将他们分配到各小组做语言指导，既能够发挥他们的作用，调动他们的积极性，又可以避免这部分同学在课堂上因为汉语教材低于他们的实际水平而无所事事。

增加了趣味性和真实感。

(四) 教师与学生的任务

一周为一个学习单元，其教学任务是完成教材中一课的教学目标，补充两段影视小短片，并进行讨论。教师的主要任务是讲授教材内容、分配小组任务、组织并指导各教学环节、了解并解决学生的疑难问题、检查学生对知识的掌握情况、对课文剧本进行修改与点评、对学生的表演进行总结和评价，并提出建设性意见。学生的主要任务是完成"课堂口语8分钟"（具体操作方法见下文）、学习生词、熟悉并理解课文内容、复述课文、掌握重点词语、完成基本练习、编写课本剧、分组表演、对其他小组的剧本和表演进行评价、评选周冠军，每月评选月冠军，学期末评出总冠军。

四、教学过程

整个教学过程分为课堂口语8分钟、教材学习、课文改编、课本剧展演、学生互评、教师点评等环节，所有任务由教师和学生共同完成。

(一) 课堂口语8分钟与教材学习

"课堂口语8分钟"环节的设置目的是为了增加学生的信息输入与输出量。每次进行两个小组，每组推选一人，学生自选素材在全班范围内给所有同学讲故事、新闻或笑话，演讲人有权指定其他小组成员回答问题，组员之间可以相互提示和帮助。教师的任务是对活动进行有效的干预，尽量使学生演讲的机会均等，控制所提问题的难度，在适当的时候给予提示，以保证每个学生的学习兴趣和积极性。这一环节从广度和密度上有效地培养了学生的听说能力以及运用汉语与他人交流的意识和习惯，加强了小组合作意识，增加了有效信息输入与输出量。除此之外，教材中的生词、课文、语法、练习等内容由教师和学生通过情景设置、讲解、演示、提问、答疑、讨论、检查等方式共同完成，其中小组互动是非常重要的教学与学习形式。

（二）课文改编

课文改编是语料内化及再加工的过程。所选教材课文主要采用对话形式，且多为两人对话。教师让每组学生对课文进行改写，根据小组成员人数重新分配角色，并设置旁白。教师的主要任务是检查课文改写的内容是否充实、词汇运用是否得体、语法结构是否正确，提出修改意见，和学生一起修改、完善剧本，最终给出评价意见并进行评分。在这一过程中，小组成员需要反复研读课文内容，斟酌对话语言，集思广益，共同完成课文的重新编写，创作出符合真实语言交际的剧本。在编写剧本的过程中，学生增加了词汇量，掌握了词汇和语法的使用，了解了课文所描写的中国文化背景，也加深了对课文的理解。最重要的是学生自主学习的积极性空前高涨，他们勇于承担任务，有的擅长编写故事，有的擅长组织语言，有的擅长设计旁白，基础好的学生"吃得饱"，基础差的学生"吃得了"，作为小组成员，每个人献计献策，参与其中，发挥各自的作用。

（三）课本剧排练与展演

课本剧展演是学生们最期待的环节。在班级展演之前，学生根据自己的特长选择承担的角色。为了达到良好的演出效果，小组成员自带道具，利用课外时间背台词、反复排练，有的学生毛遂自荐当起了导演。教材中有《学做中国菜》一课，有的小组为了更好地展现"西红柿炒鸡蛋"的情节，购买了食材，带来了锅碗瓢盆和简易煤气灶，在课堂上呈现出做中国家常菜"西红柿炒鸡蛋"的真实情景。通过这一单元的学习，韩国同学不仅记住了生词，学会了句型，理解了课文，并且学会了中国菜的做法。学生在表演过程中运用人物的语言、神态、心理等手段有效地消化课文内容，充分体会到语音语调的重要性，坚定了矫正汉语语音的决心。表演使学生的参与意识和学习积极性空前高涨，汉语学习能力、理解能力和表达能力得到了提高。每个人都成为课堂上的主角，都有存在感。

除了课本剧之外，教师还把《喜洋洋与灰太狼》《家有儿女》《不能说的秘密》《恋爱通告》等影视剧推荐给学生，并选取部分片段的台词作为剧本，让学生进行改编、表演，效果也非常好。

（四）学生互评与教师点评

当一组进行表演时，教师和其他小组成员作为观众与评委参与其中。表演完成之后，首先小组互评，然后由教师对各小组的剧本和表演进行点评，课后写出评语，并参考其他小组学生的评价给各小组评定成绩，成绩计入每个学生的学期总成绩。整个教学过程借鉴了一些电视选秀节目的程序，每周由教师和学生评选出周冠军，每月评选月冠军，学期末评选出总冠军等集体奖。为了鼓励学生，调动学生的积极性，还评选出最佳剧本、最佳男女演员、最佳发音奖、最佳旁白奖、各种进步奖等奖项，目的就是让每个学生成为汉语口语学习舞台上的主角，让他们享受汉语语言美的同时，也在"小组合作"与竞争的过程中体验成功的快乐。在整个活动中，教师是良师，是益友，是一个指导者、合作者和评价者,随时给学生提供语言、方法等方面的帮助。

五、教学成效

"小组合作"教学根据学生需要,在非汉语环境中搭建汉语交流平台,为学生提供真实、有效的汉语交际环境。通过"小组合作",充分调动了学生的学习积极性,促使他们在非汉语文化环境中,提高参与意识和汉语口语交际能力,教学效果显著。

(一)提高了学生的汉语口语水平

学期课程结束后,我们对学生进行了口语测试,以验证学习效果。测试题使用汉语水平口语考试(HSKK)初级口试模拟题,测试人数为34人。学前测试与学后测试结果对比情况见表2—5:

表2—5 学前测试与学后测试结果对比表

评价等级	优秀	良好	及格	不及格
学前测试(HSKK初级口试水平)	14.7%	20.6%	29.4%	35.3%
学后测试(HSKK初级口试水平)	38.2%	41.2%	20.6%	0

从表2—5可以看出,通过学习,学生成绩有了很大的提高,全部及格,表明所有学生均已达到了HSKK初级汉语口语水平,优秀率也由14.7%提高到38.2%。另外,我们将学生的测试录音和学前测试录音进行对比发现,他们的语音、语调、词汇运用、表达的得体性和流利度都有很大的进步。为了进一步验证教学效果,我们使用大二学生的口语测试题进行了测试,测试结果为优秀7人、良好10人、及格13人、不及格4人,及格率达到88%。该结果表明,大部分一年级学生的汉语口语水平已经达到了大二年级的水平,教学效果非常明显。

（二）培养了学生的汉语学习兴趣

学习兴趣在学习过程中起着至关重要的作用。只有对所学知识感兴趣，学习者才能贯注全部热情，积极思考，主动获取知识。"小组合作"教学形式新颖，为学生提供了展示舞台，激发了他们的求知欲。"改编课文"能够发挥学生的想象力，对教材内容进行再创造；"记忆台词"能够促使学生积极主动地运用语言、巩固知识；"合作表演"能够使学生体验剧本人物的内心，理解中国文化，实现交际成功感。因此，"小组合作"调动了学生学习汉语的积极性和主动性，每个学生在掌握课文内容的同时，充分认识到自己的不足，并能够及时向他人学习。这种教学形式增加了学习的趣味性，激发了学生的求知欲和好奇心，使汉语口语课成为学生每周渴望体验的快乐"活动"。

（三）提高口语能力的同时，学生语言综合能力也有明显提高

课文改编和表演在促进学生汉语口语能力提高的同时，能够兼顾听、读、写等语言能力的训练。教师在指导学生进行活动时，"应针对不同的要求来设计，以做到流利性、准确性和复杂性的均衡发展"。（翟艳、冯红梅，2014[①]）如改编剧本时，要求学生准确理解课文，编写的对话要求语言规范、用词准确、感情真挚，旁白要求意思明了、清晰、简练。学生为了保证课文改写语言的准确性与得体性，需要查字典、查资料，遣词造句也得反复斟酌，在此过程中提高了汉语口语、阅读与写作能力。在正式表演之前，

[①] 翟艳、冯红梅《基于"看图说话"任务的汉语学习者口语流利性发展研究》，《华文教学与研究》2014年第4期。

每个小组成员都需要记忆词汇和句子并反复演练，使台词烂记于心，并能脱口而出。课上的表演为学生提供了练习语言难点的条件和机会，如《在宾馆》一课的学习中，"小组合作"表演为学生提供了使用"把"字句的真实情景和语言环境，学生在表演的过程中身临其境，能够准确说出"请把电脑放在书桌上。""请把垃圾桶拿到房间外边。"等课文中没有出现过的句子。通过不断演练，学生反复运用句型，从不敢说到敢说，再到能说、会说、乐说。

（四）学生在练习口语的同时，体验了中国文化

在教学中创造真实的汉语交流环境，通过"小组合作"让学生有真实感、参与感和体验感。我们知道，语言在发展的过程中，始终和文化黏合在一起，学生在学习语言的同时，只有体验、领会语言背后深层的文化内涵，才能学好语言。在海外的汉语教学环境中，学生很难有目的语文化的真实体验与感受。怎样使学生在非目的语环境中体验中国文化，是广大海外汉语教师的教学难题。就像吴伟克（2010）[1]说过的那样，"在外语学习中，想要获得对异国文化的现场感，就要求我们有意识地反复训练那些符合目标文化所期望的事情"。在讲解《去中国人家里做客》这一课时，每个学习小组推选两名学生，共十名学生带着学习任务到教师家中做客，体验开门打招呼、喝茶、做饭、吃饭、聊天以及告别等真实情景，教师把中国人做客的风俗习惯介绍给学生，要求学生们认真体会、提问并做记录，然后回到学校和小组其他成员一起讨论，再结合课文文本，编写出符合中国文化特点的课本

---

[1] 吴伟克、〔美〕Galal Walker《体演文化教学法》，湖北教育出版社，2010年，第8页。

剧。在学习过程中，学生了解到在中国人家里做客的真实情景，体验了富有中国特色的文化生活。

（五）增强了学生的合作意识

"小组合作"突出了学生在口语教学过程中的主体地位。改编课文对话、形成剧本及表演都是在教师指导下由小组成员共同完成。力争让每个学生以快乐、积极、自信的状态参与其中，斟酌句子的表达方式、查词典、上网查资料。排练课本剧时，小组成员讨论剧本，一起表演，互提意见，共同提高，充分发挥了集体的聪明才智。尺有所短，寸有所长，一些基础较差的学生也在教师和同学的鼓励声中做力所能及的事情，认识到自己的价值，增强了自信心，汉语水平得到了提高。基础好的学生，在改编剧本、表演的过程中充分发挥语言优势，帮助其他组员共同进步，获得了满足感和成就感。"通过学习，学生之间可以对比彼此的学习方法、学习技巧，乃至学习态度，这样的方式使学生能够比较容易发现自己的缺点，也比较方便学习其他同学的优点。"（王沛、赵国军、孙连荣，2003[①]）"小组合作"培养了学生善于思考的习惯、与人沟通的能力与合作的意识。

六、结语

"小组合作"通过课堂口语 8 分钟、教材学习、课文改编、课本剧展演、学生互评、教师点评、测试等教学环节，增加了汉语口语训练的趣味性和实效性，改变了韩国汉语口语课堂压抑沉

[①] 王沛、赵国军、孙连荣《"合作学习"中小学生非认知因素培养的实验报告》，《教育科学研究》2003 年第 11 期。

闷的气氛，打破了学生消极怠惰的思维定式，消除了他们说汉语的胆怯情绪，满足了学生实现自我价值的心理体验，在激发学生学习兴趣和合作意识的基础上，为非汉语环境中的学习者营造出真实的汉语交际环境，培养了学生汉语听、说、读、写的能力，特别是口语交际能力。这项研究在小范围内的尝试已经取得了一定的成效，下一步我们将在更多的教学班做进一步的探索与研究。

附录　调查问卷

你好！为了了解你对汉语口语课堂学习的需求，我们进行此次问卷调查，请根据自己的真实想法认真填写。谢谢你的配合！
基本信息：你的性别？＿＿＿＿＿＿　　你学过几年汉语？＿＿＿＿＿＿
　1. 你是否对汉语口语课感兴趣？
　2. 你是否喜欢中国教师用汉语上口语课？
　3. 你是否喜欢教师通过影视短片进行教学？
　4. 你是否喜欢通过学唱中国歌曲的方式学习汉语？
　5. 你是否愿意参与课堂讨论？
　6. 你是否愿意参加说汉语的表演活动？
　7. 你是否愿意观看其他同学的表演？
　8. 你是否经常和同学们用汉语进行交流？
　9. 你希望教师给你纠正错误的方式是怎样的？
　10. 你想在口语课上达到什么目标？
　11. 你喜欢什么样的口语课堂气氛？
　12. 你喜欢哪种课堂提问方式？
　13. 你最喜欢的口语教学方式？

14. 你感兴趣的口语教学内容是什么？
15. 你喜欢哪一本口语教材？
16. 你最喜欢的练习题形式？
17. 你觉得口语教材中哪一类练习题最难？
18. 听、说、读、写技能中你最迫切需要提高的是哪一项？
19. 你了解"小组合作"的教学形式吗？
20. 你希望了解中国哪些方面的内容？

第三章

口语教学的课堂实践与创新

第一节 初级口语教学[①]

口语课是语言教学的主干课型之一,它承担着培养学习者口头语言交际能力的重要任务。口语课课堂教学的成功与否,直接影响着整体的教学质量,影响着教学目标实现的程度。因此,完善口语课型设计,确保口语课的教学效果始终是短期汉语教学努力的一个目标。欧美汉语学习者因其性格、心理、思维习惯等方面的特点,给我们沿用已久的口语教学模式带来了挑战。目前的初中级口语教学在教材内容、教学安排、教学方法等方面与欧美汉语学习者之间存在一些矛盾。这些矛盾既影响到学习者的学习兴趣,也使教师对口语课堂教学感到困惑。

本节从教学模式和教学方法的角度,对初中级欧美汉语学习者的口语课堂教学提出一些建议,以期口语课更好地符合欧美留学生的性格特点和学习要求,取得更好的教学效果。

---

① 本节摘自王静《针对初中级欧美汉语学习者的短期口语课堂教学思考》,发表于《语言教学与研究》2007年第5期。

一、对目前初中级口语课的分析

（一）口语课课型特点、培养目标的定位及所用教材和教学安排

初中级口语课的课型特点定位是：专门培养学习者口头表达能力和口头交际能力的单项技能训练课。

我们知道交际能力包含语法能力（grammatical competence：正确理解和生成句法、词汇和语音形式的能力）、社会语言能力（sociolinguistic competence：在社会文化语境中恰当使用语言的能力）和策略能力（strategic competence：向听者有效地传递信息的能力，包括运用交际策略解决这一过程中出现的问题的能力）三个方面。口语课的培养目标应更侧重于训练学习者的社会语言能力和策略能力，提高他们在交际活动中的熟练表达能力。

目前的口语课教学仍以固定教材为主，要求四课时完成一课，遵循生词、语法、课文、练习的基本教学步骤。所采用的教材以功能项目为纲编写而成，与上述培养目标应该说是相吻合的。所涉及的功能项目如介绍、生活服务、旅行、爱好、习惯、职业、家庭等，对学习者来说具有较强的实用价值。但在实际的教学活动过程中，还存在一些问题。

（二）初中级口语课教学出现的矛盾与问题

1. 教学安排与课型特点及培养目标的矛盾

一般口语课，教师应该在规定的四课时内完成包含生词、句式结构讲练、课文及交际训练等一系列任务。其中，生词、句式结构是学习课文并展开相关交际练习的前提基础。不扫清生词、句式结构障碍就无法进行口头表达训练。而因为教材中生词的数

量、难度（包括与课文语境不一致的义项用法）等远远超出了完成相关交际表达的要求，教师不得不花费大量时间来讲解和练习词、句，分配给课文和交际训练的时间变得非常有限。

虽然说我们对词、句的教学操练是有法可循的，一般教师都会将情境呈现与结构训练结合在一起，将语言项目置于特定的情境中以保证其意义明确，然后通过大量替换练习使学习者在记忆中建立起相关的结构印象，以操控训练的方法培养学习者的能力。然而，H.G.Widdowson（2000）[①] 曾指出，应该区分两种不同的意义：一种是作为语言系统因素的语言项目的意义，另一种是在实际交际行为中使用时所具有的意义。前者为字词意义（signification），后者为"价值"（value）。现行的口语教学方法不自觉地侧重于字词意义而非其"价值"，培养的是正确生成句子的语法能力。而语法能力不是人们交流所需要的唯一能力。只有当人们利用句子完成一系列的社会行为时，交流才会产生。因此，人们"不是通过造句交流，而是利用句子来阐述不同的事件，来描述、记录、分类，来询问、要求、命令"（H.G.Widdowson，2000）。如果口语教学不能教会学习者流利地进行社会交流，而只是教会他们造单个独立的句子，那么口语课就与精讲多练的综合课没有什么区别，就不能发挥它的课型特点，背离了它的培养目标。

2. 教学活动与教学对象的矛盾

这里所涉及的教学对象是初中级汉语水平的欧美留学生。"初中级"水平意味着学习者已经有至少一年左右的汉语学习经历，

[①] H.G. Widdowson .The Teaching of English as Communication. In C. J. Brumfit & K. Johnson (eds.). *The Communicative Approach to Language Teaching*. 上海外语教育出版社，2000年，第118页。

已完成汉语基本语法结构的学习，并已掌握 800 至 1000 个左右的常用汉语词汇，具备一定的口头表达能力。而欧美留学生的独特之处在于：汉字基础普遍薄弱，汉字认读水平较低。在没有拼音辅助时，汉字认读成为课文学习的最大障碍。这在很大程度上影响到相关话题交际的进一步训练，也使学习者产生极大的挫败感，从而影响他们的学习兴趣。相对于汉字障碍小的日、韩留学生而言，目前口语课教学与其培养目标之间的矛盾，在欧美留学生身上体现得更为突出。

此外，从欧美留学生的性格特点来看，他们一般都比较外向，思维活跃，自我意识较强，喜欢表达自己的想法，表现自己的能力，不轻易重复别人的意见，不喜欢接受一成不变的固定模式。这就与现行的教学模式产生了一些矛盾。他们容易对由教师操控的词句讲练感到厌倦，尤其是结构替换练习；对重复的课文朗读、复述心生抵触，认为已经知道的东西不必反复操练；对教师相对固定的教学方法和步骤习以为常之后变得不以为然。最终，导致学习兴趣逐渐减弱甚至丧失。

二、改进教学的思考

尽管上述矛盾的形成与不同的民族文化、性格特点、认知习惯等因素相关，但语言教学应该以学习者为中心，只有适合学习者性格心理特点、认知习惯的教学方法才能引发学习者的兴趣，激发学习热情，才能营造良好的课堂氛围，取得理想的教学效果。因此，认真反思目前的教学，我们尝试提出一些更适合初中级欧美留学生的口语课的教学方法。

（一）扬长避短，因材施教

如前所述，初中级水平学习者已经有了基本表达所要求的词汇量，同时，他们仍在综合课中不断地学习新词、新的句式结构。因此，口语课的教学重点不再是生词及句式结构，而是交际功能的训练。

欧美留学生虽然汉字认读水平低，但活跃的性格使他们的学习焦虑感较弱，口头表达欲望和表达能力都比较强，汉语学习的实用目的也很明确。因此，口语课教学应该充分利用这些特点，为他们创造更多口头表达的机会，培养他们在交际活动中熟练表达的能力。这也是我们口语教学的最终目标。

熟练表达的能力是在实际的语言应用过程中发展的。语言应用的过程是信息传递和交流的过程。传统口语教学中的某些训练技巧，如复述练习、看图说话、课堂上的动作描述等，之所以不能引起欧美留学生的兴趣，主要是因为没有新的信息传递和交流，学习者感觉是在重复练习已知的内容。这样的练习提供了有效的结构操练，但对语言熟练能力的培养帮助不大。

因此，针对欧美学习者的口语课教学在"多说"的基本原则下，"说什么"和"怎样说"显得更为重要。

（二）口语课教学素材的选取与获得

目前口语课教学的教材是固定的，所涉及的功能项目大部分对学习者的现实生活有实用价值。但由于教材一般都有相对的稳定性和阶段性，长时间地使用一本固定教材很难满足日益变化的社会生活交际需要。最明显的表现就是：教材中的一些功能项目在现实生活中已被淘汰、替代；现实生活中新的、常用的交际情景在教材中没有涉及，或虽有涉及但用词、语句都已过时。这不仅占用学习者的学习时间，同时也影响了学习者的兴趣，降低了口语课的教学吸引力。

　　因为种种原因，我们不可能教授汉语各个方面的知识和技能，即使"有用"的东西也不可能全部纳入教学。这就必须根据"需要分析"（needs analysis）做出选择。口语课教学内容的选取应基于对学习者需要的调查分析，应该是因为学习者认为它们有用，而不是因为它们在汉语中存在。但对学习者需要的调查分析工作不可能一蹴而就，最好每学期都有相关的活动，通过访谈或问卷调查，整合出学习者感兴趣的东西，并在教学中不断调整，充实口语课教学内容。

　　由此，口语课教学内容应具有开放性和动态性，固定成册的教材很难满足、适应这一特点的要求。

　　其实，口语课"教材"可以广义地理解为指导口语教学的材料，其作用是为口语课堂交际提供实践的可能性或线索。因此，它可以是书面材料，也可以是经过选择加工的视听材料，或是现实生活交际的片段。它的获得应是多渠道的，应根据"需要分析"选定功能项目，再由教师依据学习者已有的汉语知识和技能，选择难易适度的相关内容作为口语课"教材"。

（三）口语课教学模式及课堂训练方法的建议

1. 强化课堂交际训练的任务性

　　口语课教学内容的开放性和动态性决定了课堂教学模式应该是灵活、兼容的，不能过于强调格式化。我们可以将口语课定义为融"读、视、听、说"为一体的"交际训练课"。视、听材料的使用是可选的、不固定的，它仅仅是启动一项口语交际活动进入实施状态的众多手段之一，而不能因此将口语课混同为"听力课"或"视听说课"。口语课以口头交际训练为主的课型特点不能淡化,任何形式的"教材"都要为训练学习者汉语交际的熟练能力服务。

交际过程中的熟练能力只有在"确定任务的教学"(task-orientated teaching,通过确定交际任务来提供语言的实际意义)中才能培养。语言运用的成功与否可作为交际任务是否完成的评判标准。因此,课堂教学中教师为学习者确定合适的交际任务是教学成功的重要前提。

马箭飞(2004)[1]早就提出了"任务式"的短期汉语教学模式。该模式以功能—意念大纲为基础,把语言交际内容归纳为交际任务项目。在此应该注意:"功能项目"与"交际任务"不是一对一的关系,一个功能项目可因不同的交际对象而产生不同的交际活动,完成不同的交际任务。

以"自我介绍"为例,这是现有初中级口语教材都涉及的功能项目。一般是按照课文提供的结构框架要求学生进行一定的内容替换,完成自我介绍,也就完成了该课的教学任务。这样的教学离我们的培养目标还有一定差距。现实生活中,"自我介绍"的场合、针对的对象是复杂的,不同的交际对象,对"我"的信息关注点不同,自我介绍的侧重点也应该不同,语言运用当然也有差别。比如,面对新同学、老师的自我介绍,找工作面试中的自我介绍与租房时向房东的自我介绍,不仅所用词句不同,甚至语气、表情、肢体语言都有区别。而课文往往只提供一种语境,即使学生可以熟练背诵课文,也难以满足交际需要。因此,教师

---

[1] 马箭飞《汉语教学的模式化研究初论》,《语言教学与研究》2004年第1期。

不能局限于教材，而应将教材体现的功能项目在学习者能力许可、交际需要的情况下衍生出一个交际任务网，以确定不同交际任务的方式将语言功能具体化，指导学生完成不同语境的交际活动。这种交际训练既是对学习者已有汉语知识和能力的复习，又能使他们在对比中深刻理解语言应用的细微差异，同时能使他们清楚地意识到自己的不足，激发他们后续学习的兴趣。

在这种训练过程中必然涉及词汇量和语言点的问题。不过，字、词及结构的讲练，只要让学习者理解词句在特定语境中的用法和含义即可，不必就字词、结构本身做过多的延伸解释。学习者可以自主地、充分地发掘自身已有的汉语能力。

如果不考虑交际活动的选题，以交际活动的目的为依据，可有很多任务类型可供选择，如基于信息沟（information gap）的交际练习——向交际对象传递未知的信息、解决问题、做决定、交换意见、角色扮演，等等。至于选择哪些类型的任务，可以根据学习者的水平来决定。

2. 课堂交际的训练方式

运用语言进行的交际活动形式总体概括为对话和对白两大类。口语课堂交际训练也以这两种形式为基础。配合不同的交际任务，参与者充当不同的交际角色，可以采取不同的训练方式，要求运用不同的交际规则，进行恰当得体的语言表达。

以往教学中出现的一两个学生说、大多数学生听的训练方式便于教师纠正说话人的表达错误，但给大多数学习者造成了时间的浪费。利用课堂时间较为充分的练习方式应该是分小组同时练习。对每组学生都提出严格的时间限定、明确的任务要求。这对课堂交际训练是至关重要的，因为这不仅能促使学习者最快地将自己沉浸于汉语的交际活动中,而不是先用母语或英语准备,再翻译成汉语;而且能保证学习者在有限的时间内最大程度地发展用汉语交际的熟练能力。

分组练习的具体实施包含了许多技巧,每种技巧的运用都以明确的课程目标为前提,不是率性随意的。仍以前文"自我介绍"的功能项目为例。假定我们的课程目标是让学习者了解如何向新同学、老师做自我介绍,并训练他们关于一般人物介绍的熟练表达能力,可以选择独白式叙述,将学习者分成若干小组,向对方介绍自己,然后交换交际对象,再互相介绍;也可以根据每组人数的不同变化为甲向乙介绍自己,乙向丙介绍甲等多种交叉方式。这其中,时间是一项重要的、可变的语境特征。如果要求学生甲分别向学生乙、丙、丁重复介绍自己,可以分别为他限定 3 分钟、2 分钟和 1 分钟。话题虽然保持不变,但学生甲的表达熟练程度提高了。同时,学生甲在几次看似重复的介绍过程中,会无意识地进行词句替换,这也会使其对具体语境中词义的微妙差别更为敏感。

如果我们的课程目标是通过相关内容的学习,让学习者了解求职自我介绍与一般自我介绍的不同,并要求他们完成一项求职面试的交际任务,我们可以采取逆向教学的方式:先要求学习者运用自己已有的汉语知识技能,做一个他认为合适的自我介绍;然后学习教师提供的求职面试的相关材料,了解中国人的求职表达如何进行(这种对比可以强化学习者对不同语境中语言应用的理解);最后采用角色扮演的对话方式完成交际任务。

在对话中,要求学生甲以求职者的身份介绍自己,他的听众(面试官)可以打断他的叙述,询问某些自己感兴趣的问题,或者要求学生甲对某些信息做进一步的说明，等等。学生甲每次变换交流对象，基本话题不变，但交际对方反馈的问题和提出的要求不同，他就会根据听众的反应添加不同的细节说明，从而使自我介绍不断完善。

Keith Johnson（2000）[1]认为：口语课堂教学应制造学习者自由选择说什么的环境。只有这样才能产生必然的信息沟通，才能使学习者达成互动交流，并在交流过程中感受到熟练程度的提高。当然，"自由选择"是在完成指定交际任务的前提下进行的。

第二节 中高级口语教学[2]

一、问题的提出

初级阶段以后，口语教学的重点逐渐从简单句子会话过渡到成段表达。到了中高级阶段，学生口语表达能力出现一个相对停滞的阶段。学生存在的问题是，他们不能较好地进行成段表达，不能正确、完整地表达更为复杂的思想、观点和态度，甚至不能较好地说明现象和叙述事件。总的来说，中高级阶段留学生口语

---

[1] K. Johnson. Communicative Approach and Communicative Processes. In C. J. Brumfit & K. Johnson (eds.). *The Communicative Approach to Language Teaching*. 上海外语教育出版社，2000年，第202页。

[2] 本节摘自刘荣、张娅莉《辩论教学模式在中高级汉语口语课中的运用》，发表于《暨南大学华文学院学报（华文教学与研究）》2009年第3期。

成段表达能力没有得到迅速发展,与其整体的能力水平不相称。(翟汛,2007[1])对中高级汉语学习者的调查显示,大部分学生(70.1%)认为口语课在四项技能课中最为重要,但只有少数学生(24%)喜欢上口语课(阮黎容,2006[2]),学习与使用的需要与口语教学效果形成了一定的反差(赵雷,2008[3])。

造成上述情况的原因是多方面的。第一,教学模式单一。口语课教师采用和精读课相似的教学模式,程序上先词汇、再课文、最后讨论,每课大致以"生词(词语例释)——基本句——课文——注释——练习"的形式展开(于芳芳,2006[4]),学生觉得枯燥。第二,师生间、学生间的互动交流不够。教师给学生的机械操练过多,真实语境太少,没有根据学生各自的特点给他们相应的均等的说话机会,所谈话题引不起学生的兴趣(汝淑媛,2006[5])。第三,学生自满情绪的影响。生活在汉语环境中,初级阶段后留学生应付日常生活已不是问题,容易产生不再需要口语课的自满情绪。

崔永华(1999[6])、刘珣(2000[7])认为,目前我国整个对外

---

[1] 翟汛《对外汉语口语教学的几点思考》,《长江学术》2007年第2期。
[2] 阮黎容《高级口语教材及相关问题的调查研究》,北京语言大学汉语言专业学位论文,2006年。
[3] 赵雷《建立任务型对外汉语口语教学系统的思考》,《语言教学与研究》2008年第3期。
[4] 于芳芳《近十年来对外汉语口语教学综述》,《语言教学研究》2006年第5期。
[5] 汝淑媛《交际式教学法在汉语口语课堂教学中的运用》,《语言文字应用》2006年第12期。
[6] 崔永华《基础汉语教学模式的改革》,《世界汉语教学》1999年第1期。
[7] 刘珣《近二十年来对外汉语教学学科的理论建设》,《世界汉语教学》2000年第1期。

汉语教学界大体上按照相同的模式进行教学，几乎没有什么突破，教学效果未达到令人满意的程度，反映的是60至70年代国际语言教学的认识水平。马箭飞（2004[①]）呼吁建立具有高效率的教学模式并有效地应用到教学实践中。因此，建立合适的教学模式，提高学生完整表达复杂思想、观点和态度的能力，培养其对口语课的兴趣，是中高级汉语口语课需要解决的问题。

二、中高级汉语口语课辩论教学模式的设计

（一）理论基础

1. 辩论模式

辩论模式是中高级阶段口语成段表达训练过程中采用的一种训练模式。辩论时输入和输出的信息量都比较大，涉及的事件相对复杂，学生必须使用复句和句群来组织较长的语段。通过确定主题、提取词语、选择句式，学生得到口语成段表达的全过程训练（翟汛，2007）。辩论训练模式符合"中高级汉语口语课应以话题为中心来组织教学（王若江，1999[②]）"的要求，能充分调动学生的积极性，把学生变为主体。王若江（1999）曾在高级班的口语课上开展"我做主持人"的活动，请留学生轮流做主持人组织同学们讨论，收到了很好的效果。

[①] 马箭飞《汉语教学的模式化研究初论》，《语言教学与研究》2004年第1期。

[②] 王若江《对汉语口语课的反思》，《汉语学习》1999年第2期。

2. 任务型教学

Brown（1994）[①]将任务型教学定义为"将任务置于教学法焦点的中心，视学习过程为一系列直接与课程目标相联系并服务于课程目标的任务，其目的超越了为语言而练习语言"。"任务"具有"意义是首要的""有某个交际问题要解决""与真实世界中类似的活动有一定联系""完成任务是首要的考虑""根据任务的结果评估任务的执行情况"五大特征（Skehan，1998[②]）。任务型教学采用任务型大纲，包括程序大纲、过程大纲和任务大纲三种，"见解差任务（opinion gap activity）"是程序大纲所定义的学习任务之一，要求学习者针对某一特定情景或话题表达个人和了解他人的感受、爱好或态度（魏永红，2003[③]）。从教学程序上来看，传统教学将任务视为最后一个创造阶段中的延伸式练习，用来巩固所学语法结构、语言功能或词汇，但任务型教学将传统的 3P 模式即展示（presentation）、练习（practice）、创造（production）颠倒过来，学生以完成任务的活动开始学习，学习更具有习得性质，在任务完成后，教师再把学生的注意力引到任务型学习活动中所使用的语言上来，并对学生的语言使用表现做适当的讲解、纠正和调整（赵刚，2005[④]）。

[①] H.D. Brown. *Teaching by Principles: An Interactive Approach to Language Pedagogy*. NJ: Prentice Hall Regents, 1994: 83.

[②] P.A. Skehan. *Cognitive Approach to Language Learning*. Oxford: Oxford University Press, 1998: 95.

[③] 魏永红《外语任务型教学研究》，华东师范大学博士学位论文，2003 年，第 83、110—113 页。

[④] 赵刚《超越句型操练——初级汉语口语的任务教学模式》，《教学经纬》2006 年第 6 期。

针对目前对外汉语口语教学中存在的问题，赵雷（2008）提出了建立任务型对外汉语口语教学系统的初步设想。

3. 合作学习

合作学习（Johnson 等，1993[①]）是"一种以小组学习为形式，旨在促进学生合作从而达到最佳学习效果的教学方法"。合作学习理论认为学生之间的可能关系有竞争、合作、独立三种，对于学生完成学业，合作与竞争、独立同等重要，且合作有利于学生形成良好的人格品质。在传统教学中，课堂交流主要表现为教师与学生之间的交流，而合作学习更多地强调学生与学生之间的交流与合作，课堂交流量远远大于传统教学。（孙瑞、李丽虹，2007[②]）据 Krashen（1981）[③]、Swain（1985）[④] 研究，成功的语言习得需要有大量可理解的输入和多渠道的语言输出，而意义协商、交互活动正是获得输入、输出的有效途径。（转引自赵雷，2008）由于交流主要发生于建立了互助合作关系的同学之间，学生的课堂羞涩感降低了很多，学生集体合作解决问题、成功解决问题的概率也比较大。因此，学生一般都敢于并愿意参与课堂学习。合作学习以小组学习为基本组织形式，分组遵循"组间同质、组内异质"原则。"组间同质"指不同小组的总体情况、整体学

[①] D.W. Johnson, R.T. Johnson & E. J. Holubec. *Circles of Learning (4th ed.)*. Edina, MN:Interaction Book Company, 1993.

[②] 孙瑞、李丽虹《论合作学习模式在对外汉语教学中的运用》，《云南师范大学学报》（对外汉语教学与研究版）2007 年第 3 期。

[③] S. Krashen. *Second Language Acquisition and Second Language Learning*. Oxford: Pergamon Press, 1981.

[④] M. Swain. Communicative Competence: Some Roles of Comprehensible Input and Comprehensible Output in Its Development. In S. M. Gass & C. Madden. *Input in Second Language Acquisition*. MA: Newbury House, 1985.

习成绩应该相同或相似，以引进竞争机制，激发学生兴趣；"组内异质"指要尽量将不同母语、学习成绩、性格、爱好的学生分在一组，以保证他们优势互补、相互学习，再加上因为来自不同国家，学生们只能以汉语作为彼此交际的工具语言。（孙瑞、李丽虹，2007）

（二）辩论教学模式

基于任务型教学和合作学习理论，我们提出中高级汉语口语课的辩论教学模式，培养学生表达复杂思想、观点和态度的能力，以达到《大纲》[①]中级阶段"能开展专题讨论，进行成段表达"、高级阶段"能系统地、完整地表达自己的思想感情"的口语教学要求。学生的学习始于完成"见解差任务（opinion gap activity）"，注重意义的表达，在任务完成后转向学习活动中所使用的语言，注重在表达意义时使用的结构，教学重点先"功能"后"结构"。任务前输入与话题相关的实词和短语，不讲解用法，学生通过听目的语使用者谈论某一话题找出任务，即人们对某一话题的正、反观点。任务中按照"组内异质、组间同质""组内合作、组间竞争"的合作学习原则把学生分为正方、反方和评论组，另设主持一名。正、反方在主持人的引导下按规定程序进行辩论，最后评论组点评。任务后重在语言结构讲解，就完成任务中出现的语言知识，特别是口语句型[②]、习惯用法[③]、虚词、关联词，进

[①] 《大纲》即国家对外汉语教学领导小组办公室编《高等学校外国留学生汉语教学大纲（长期进修）》，北京语言文化大学出版社 2002 年出版。下同。

[②] 例如：我认为 / 赞成 / 坚信……/ 持……观点、我反对 / 怀疑 / 不认为 / 不赞成……

[③] 例如：买车以后，花钱的地方还是很多，别的不说，就说停车的车位吧。

行意义、用法和使用环境上的分析。

三、实验

（一）被试

被试为湖南师范大学国际汉语文化学院连续三个 D 班的留学生，来自韩国、日本、印尼、泰国、美国、俄罗斯、德国，学生学习汉语的时间约为 1 年半，已通过 HSK6 级[①]。其中，D1 班 15 人，作为参照班；D2 班 20 人，作为实验一班；D3 班 16 人，作为实验二班；三个班共计 51 人。[②]

（二）实验时长

16 周，周课时 4 节，每节 45 分钟。

（三）实验参考教材

刘德联、刘晓雨编著《中级汉语口语·提高篇》（第 2 版）[③]，北京大学出版社。实验中根据需要做了改动。

（四）实验方法

参照班、实验一班、实验二班采用不同的教学模式。参照班采用传统教学模式，具体教学程序按照"生词（词语展示及例释）——课文（语句理解：包括习惯用法、注释）——练习（完成对话、模拟对话、话题讨论等）"进行；实验二班采用辩论教

[①]《大纲》规定，中级阶段分 1—4 级，完成 4 级学习任务者应大致达到 HSK6—8 级。

[②] 湖南师范大学国际汉语文化学院的部分学生参与实验，并接受调查与访谈，谨表谢忱。

[③] 刘德联、刘晓雨《中级汉语口语·提高篇》（第 2 版），北京大学出版社，2004 年。

学模式[1]；实验一班混合使用传统和辩论两种教学模式，具体做法是，一半课文采用传统教学模式，一半课文采用辩论教学模式，两种模式交替进行。

（五）实验目的

1. 对比实验二班和参照班，以检测在两种不同处理方式下学生表达复杂思想、观点和态度的能力是否不同，对口语句型、口语习惯用法、生词的掌握情况是否不同。

2. 调查实验一班对两种不同处理的态度。

（六）实验结果与分析

1. 实验二班和参照班的对比情况

（1）口语期末测试

让学生就某一话题陈述自己观点，陈述时间约为5分钟。所有话题均已在课堂上练习过。

（2）计分方法

据许希阳（2008）[2]调查，对外汉语教师认为构成口语能力最重要的两个要素分别是表达清楚和词汇，刘德联、刘晓雨（2004：80—96）将含有口语习惯用法的语句理解列为教师讲解和学生操练的重点。综合起来，我们将测试评判的标准划分为六项：意义表达完整清晰、主动正确使用口语句型、主动正确使用口语习惯用法、正确使用生词（实词、虚词、关联词）。测试采用盖淑华（2003）[3]的渐进式打分制，即0—4五级计分规则，"0"

---

[1] 筛选出实验参考教材中适合辩论的课文，并补充部分课文。
[2] 许希阳《对外汉语口语测试新模式之探索》，《语言教学与研究》2008年第4期。
[3] 盖淑华《英语专业学生词汇附带习得实证研究》，《外语教学与研究》2003年第4期。

最低，"4"最高。由两名对外汉语教师打分，两名教师评分的相关系数为 r=0.85、n=31、p<0.001，说明两名教师评分具有高度一致性，因此将两名教师的平均分数作为该题的分数。两名打分教师不知被试接受过不同的处理。

表 3—1　实验二班和参照班口语各项的平均成绩和标准差

		意义表达	口语句型	习惯用法	生词 实词	生词 虚词	生词 关联词
实验二班	平均分	3.375	3.219	2.938	3.563	2.719	2.969
实验二班	标准差	0.342	0.407	0.359	0.359	0.515	0.340
参照班	平均分	2.933	2.702	2.833	3.600	2.667	2.933
参照班	标准差	0.258	0.253	0.363	0.280	0.309	0.320

（3）结果分析

我们对表 3—1 所考查的六项分别进行两独立样本 t 检验，结果显示：t_1=4.040，P_1<0.001；t_2=4.216，P_2<0.001；t_3=0.804，P_3>0.05；t_4=−0.322，P_4>0.05；t_5=0.344，P_5>0.05；t_6=0.298，P_6>0.05[①]。P_1、P_2 在 0.001 水平下差异显著，表明两种不同的处理对学生的"意义表达""口语句型"产生了完全不同的效果；P_3、P_4、P_5、P_6 无显著差异，说明两种处理对学生学习"习惯用法""实词""虚词""关联词"未造成不同的影响。

综上所述，辩论教学模式有助于学生提高成段表达能力，帮助学生更好地掌握口语句型，但对于学生学习口语习惯用法和生词，传统教学模式和辩论教学模式起到的作用大致相同。

[①] 下标"1"表示所检验的项目为"意义表达"，"2"表示所检验的项目为"口语句型"，以此类推。

2. 对实验一班的态度调查

在学期末，我们让学生就喜爱程度和有效程度，对两种口语教学模式进行评分。评分采用语义微分量表（Osgood，1957[①]），共 7 个等级，1 程度最低，7 程度最高。

调查结果如下：从受喜爱度来看，辩论教学模式的平均得分为 6.20，传统教学模式的平均得分为 5.15，配对秩和检验结果为 Z=-3.231[②]，P<0.005，即在 0.005 水平下差异显著；从提高学生口语能力的有效度上看，辩论教学模式的平均得分为 6.8，几乎接近满分 7 分，传统教学模式的平均得分为 4.65，配对秩和检验结果为 Z=-4.058[③]，P<0.001，即在 0.001 水平下差异显著（见图 3—1）。

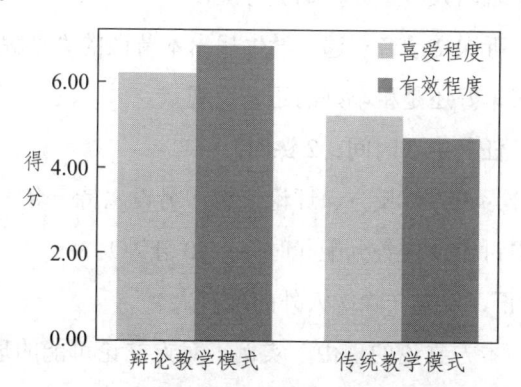

图 3—1　两种教学模式受喜爱度和有效度

可见，相比之下，学生更喜欢辩论教学模式，并且认为该教学模式能够有效地提高中高级阶段的口语表达能力。

[①] 转引自桂诗春、宁春岩《语言学方法论》，外语教学与研究出版社，1997 年，第 191 页。

[②][③] 传统与辩论的差值。

四、教学实例

参照 J. Willis（1996）[1] 任务教学实施框架，我们用《买车不如租车》（刘德联、刘晓雨，2004）一课具体说明操作步骤[2]。

（一）任务前（时间：1课时）

首先，教师介绍话题——买车与租车，让学生写下与话题相关的词（主要是名词、动词和形容词）、短语。教师把学生答案收集起来，写在黑板上，并做适当补充，主要补充本课生词中使用频率较高的实词。黑板上的词可能包括：新手、高速公路、事故、磕、购、驾校、养路费、税、车位、养（车）、汽油、保养、堵塞……全班两人一组，按词类分类。

然后，听课文录音一遍，学生找出本节课的"见解差任务"，即人们对买车好还是租车好的正、反观点。

（二）任务中（时间：2课时）

学生分为正方、反方、评论三组，另设主持一名。

1. 分组讨论及任务分配（时间：40分钟）

（1）正、反方（除7人外的所有人）

讨论：本方立论的理由、实例，对方立论可能的理由，如何反驳。

任务分配：选出四位辩手，一辩陈述观点态度，二、三辩反驳，四辩总结，正反两方所有同学参与自由辩论。

---

[1] J. Willis. *A Flexible Framework for Task-based Learning*. In J. Willis & D. Willis. *Challenge and Change in Language Teaching*. UK: Macmilillan Publishers, 1996:52—62.

[2] 魏永红《外语任务型教学研究》，华东师范大学博士学位论文，2003年，第83，110—113页。

第二节 中高级口语教学

（2）评论组（6人）

讨论：如何评判意义表达、口语句型使用的好坏。

任务分配：每人点评"意义表达、口语句型、口语习惯用法、实词使用、虚词使用、关联词使用"中的一项。其中，点评前两项的两位评委须说明具体原因，点评后四项的四位评委只找出偏误（语法、语义、语用），不须改正。

（3）主持人（1人）：熟悉辩论流程、练习主持词。

2. 辩论（时间50分钟）

在主持人的引导下，双方按"一辩→二辩→三辩→自由辩论→四辩"的规定程序进行辩论。最后评论组点评。现以"一辩"和"评委一、二"为例：

（主持人）首先有请正方一辩……进行立论陈述。

（正方一辩）我方认为买车比租车好，原因有以下五个：

第一，长期地看，买车划算，租车不划算。车已经是现在生活必需的东西，平时的生活和工作都要用车，长期租车的钱可以买到一辆车。

第二，买车可以让人们觉得有面子。在很多国家，车说明一个人的社会地位。

第三，买的车是自己的，租的车是别人的。

……（略）

（主持人）感谢辩友……，我们接着有请反方一辩……来陈述反方观点。

（反方一辩）我方认为租车比买车好，原因有下面两个：

第一，短期地看，租车比买车便宜。年轻的人付得起钱，也满足了工作和生活的需要。

第二，租车比买车方便。想开什么样子的车就去租那个样子的车，想开什么牌子的车就去租那个牌子的车，想在哪个城市开就在哪个城市租一辆。

……（略）

（主持人）下面有请评委点评。

（评委一）内容上正方好，因为正方的观点多，有五个，反方的观点少，只有两个。

（评委二）口语句型上两方都很好，都用了"我方认为……，原因有以下……个"作为开始，用"第一、第二"说明具体的观点，很清楚。

……（略）

（三）任务后

语言焦点——分析与练习。（时间：1课时）

1. 学习虚词并练习：

处处（小心）、大力（发展公共交通）……

2. 学习口语习惯用法并练习：

想什么时候开<u>就</u>什么时候开，想上哪儿<u>就</u>上哪儿。

买车以后，花钱的地方还是很多，<u>别的不说</u>，<u>就说</u>停车的车位吧。

租车比买车也差<u>不到哪儿去</u>。

五、结语及余论

辩论教学模式能有效改善中高级口语课与精读课无差别的局面，帮助学生掌握口语句型，表达复杂思想、观点和态度。我们的建议和想法如下：

第一，现行中高级口语教材中的多数课文不适合辩论，若要使用该教学模式，须编写相应的配套教材。

第二，短期中高级口语课程可全程使用辩论教学模式，学生通过集中练习迅速提高表达态度和反驳观点的能力，课堂生动有趣。

第三，对于长期中高级口语课程，辩论教学模式可与其他基于任务教学的模式一起配合使用，以全面培养中高级学生在不同场合下的口语能力，避免单调。但辩论教学模式占多大比例较为合适，还有待进一步的调查和试验。

第四，辩论教学模式未能帮助学生更好地掌握口语习惯用法及生词，如何进一步提高这两项口语能力并保证学生有兴趣，也有待研究。

第三节　高级口语教学[①]

一、引言

汉语口语课承担着留学生汉语口语交际能力培养的重任，在对外汉语教学中占据着重要的位置，是与阅读、听力课并重的一

[①] 本节摘自孔令跃《高级汉语口语教学：问题、研究与对策》，发表于《汉语学习》2013 年第 5 期。

门主干课，深受教学界和研究界的重视。就中、高级阶段的学生而言，《高等学校外国留学生汉语教学大纲（长期进修）》对他们"说"的能力有明确、具体的要求："能就社会生活中的一般话题较为流利地进行对话或讲话，能较系统地、完整地表达自己的思想感情，有较强的成篇表达的能力。语音语调正确，语气变化适当，语速正常，语句连贯；用词基本恰当，能用较为复杂的词汇和句式，有一定的活用语言的能力，表达比较得体。"以上要求基本上可以概括为，高级阶段的留学生汉语表达要具有一定程度的流利性、准确性、得体性和复杂性。这一标准不易达到，但也更突显出高级汉语口语教学的重要性，它关系着通过课堂教学留学生的汉语口语能力能否真正得到提高。

二、高级汉语口语教学面临的问题

虽然高级汉语口语教学非常重要，但教学实践和研究文献却显示，高级汉语口语课的教学面临许多问题，教学效果不佳。调查研究发现，大多数留学生都认为高级汉语口语课很重要，但高达 75% 以上的留学生不喜欢上高级汉语口语课，很多留学生都觉得高级汉语口语课没有什么用处（赵雷，2008[①]；刘荣、刘娅莉，2009[②]）。他们认为在高级汉语口语课上自己的实际口语能力得不到有效提高，而且口语教学不能满足实际应用需求，因而轻视、

[①] 赵雷《建立任务型对外汉语口语教学系统的思考》，《语言教学与研究》2008 年第 3 期。

[②] 刘荣、刘娅莉《辩论教学模式在中、高级汉语口语课中的运用》，《暨南大学华文学院学报（华文教学与研究）》2009 年第 3 期。

厌倦高级汉语口语课。研究者认为以上情况的出现有以下几个方面的重要原因。

（一）教学内容存在缺陷

目前的高级汉语口语教学基本上只有口头表达训练，却缺乏系统的口语体的语法教学，导致留学生只有一些零碎的汉语口语知识，分不清口语体和书面语体之间的差异，不知道正式和非正式场合交谈中口语使用上的差异。（郭颖雯，2002[①]；刘晓雨，2001[②]）而且，留学生从初、中级进入高级阶段后掌握的常用口语句式和表达方式仍然很有限，难度更大的习语、俗语、口语特殊格式等掌握得更少。因此，在实际交谈中，留学生难以根据情境需要准确得体地表达自己的观点，而控制、引导、结束会话交谈方面的能力表现更差。由于存在以上这些不足，在高级阶段大部分学生的汉语口语能力得不到切实提高，仍无法使用自然、地道的汉语进行交流，实际交际质量受到很大影响。

（二）教学模式陈旧落后

很多研究者指出，当前高级汉语口语教学采用的教学模式陈旧单一，与传统的精读课教学模式雷同，基本上是按照词汇、课文和讨论的顺序进行教学，往往以词汇教学为重心。每课大致以"生词（词语例释）——基本句——课文——注释——练习"的形式展开，虽然教学方法具有可操作性，但不能突出口语课的课

[①] 郭颖雯《汉语口语体口语教学语法体系的建立与量化》，《汉语学习》2002年第6期。

[②] 刘晓雨《对外汉语口语教学研究综述》，《语言教学与研究》2001年第2期。

型特点，也不能满足高级汉语口语交际训练的要求，课堂教学枯燥无味，学生被动参与口语训练，课堂学习与实际需要脱节，致使学生轻视课堂学习，视其为负担。（刘荣、刘娅莉，2009；刘元满，2008[①]）

我们认为，教学内容和教学模式方面的问题只是高级汉语口语教学面临的诸多问题中的一部分，虽然是主要问题，但不是全部问题。当前高级汉语口语教学实际上面临四对现实矛盾，具体包括：有限课时与人均口语练习时间之间的矛盾，教学内容与学生兴趣之间的矛盾，教师讲解与学生口语操练量之间的矛盾，教学进度与学生个体差异之间的矛盾。这四对矛盾涉及教学内容的认识与设置（如话题、口语语法、文化等）、教学目标的实现手段（如教学方法、讲解和操练方式等）、教学原则的落实（学生为中心，足够、均等练习机会，教师讲解量等）、教学对象的认识（学生兴趣、动机、个体差异等）等重要方面，它们相互联系，相互影响，共同制约着高级汉语口语课的教学实施、教学效果与教学目标的实现程度。

目前这些问题多被孤立看待，要么只考虑教学方法策略问题，要么只探讨教学内容，或者只探讨教师角色等，基本均着眼于某一点或某一方面分析探索。从实际教学出发，这四个方面的问题需要兼顾考虑，尽可能在实践教学中全面解决，否则可能会因为某一方面而导致高级汉语口语教学出现偏差。

---

① 刘元满《高级汉语口语教材的话题、情景和话轮》，《北京师范大学学报》（社会科学版）2008 年第 5 期。

三、高级汉语口语教学研究存在的问题

高级汉语口语教学存在的问题迫切需要深入的研究来提供对策，以改善教学。为此，我们对高级汉语口语教学研究进行了梳理回顾，期望从中找到解决问题的办法。但是，我们发现当前高级汉语口语教学研究同样存在着诸多问题。高级汉语口语教学研究总体上非常滞后，且进展缓慢，内容薄弱，无法为当前的高级汉语口语教学提供足够的研究成果支持。

目前，高级汉语口语教学存在的问题主要表现在研究论文数量匮乏和研究内容不均衡这样两个大的方面。

（一）研究论文数量匮乏

仅以正式发表的学术论文数量进行统计，截止到我们写作完成时，通过中国期刊网期刊全文数据库、万方数据资源系统的全文数字化期刊库、中文科技期刊数据库（维普全文电子期刊）这三个电子论文数据库，只能检索到37篇"高级汉语口语教学"相关的论文，但这些论文的发表年度却横跨20多年（1988—2012），综合来看，平均每年不到两篇文章。仅此数量可见，高级汉语口语教学相关领域的研究发展比较缓慢，关注度远远不够，与口语课在对外汉语教学体系中的重要地位极不相符。

（二）研究内容不均衡

纵观当前高级汉语口语教学的整体态势，我们发现，高级汉语口语教学研究不仅范围偏窄，而且也不深入，当然更谈不上均衡。具体表现在以下几个方面：

第一，在我们检索到的37篇论文中，有多达16篇的论文都是以高级汉语口语教学目标和原则方面的探讨为主，基本上属

于教学经验介绍或重复性的理论探讨,没有新的突破。这方面研究者已有基本共识,即认为该课程是为了培养留学生的高级汉语口语交际能力,提高口语表达水平(郭红,2007[1];赵雷,2008;朱琳,2009[2];蒋菲,2011[3]),在教学中要基于学习者的实际需要和兴趣来选择话题进行交际训练,话题要突出交际性,要更多地关注学生,给予学生足够的交际练习(章纪孝,1994[4])。但大多数论文只是从理论上论证并提出抽象的原则,如何在实际教学中实现这些原则语焉不详。

第二,高级汉语口语教学内容方面的研究数量少且不深入。研究者从理论上都对高级汉语口语课以语段训练为中心的意义和价值有充分认识(陈佩秋,2003[5];周海艳,2010[6]),但如何进行语段训练的研究却不多(田然,1997[7];肖海薇,2001[8])。重在培养口语对话能力的话轮训练的研究更少(李继先,

---

[1] 郭红《对外汉语口语教学研究的回顾与思考》,《云南师范大学学报》(对外汉语教学与研究版)2007年第3期。

[2] 朱琳《话题选择与口语语法教学的选择均衡——高级汉语口语教学发展探析》,《安顺学院学报》2009年第4期。

[3] 蒋菲《对外汉语高级阶段口语教学思路探索》,《安徽文学》2011年第5期。

[4] 章纪孝《关于高年级口语教学的思考和构想》,《世界汉语教学》1994年第1期。

[5] 陈佩秋《略论高级汉语口语课语言的输入与输出》,《海外华文教育》2003年第4期。

[6] 周海艳《从汉语高级阶段留学生即兴演讲看语篇衔接手段的教学》,《今日南国》2010年第3期。

[7] 田然《外国学生在中、高级阶段口语语段表达现象分析》,《汉语学习》1997年第6期。

[8] 肖海薇《谈中、高级汉语口语教学的语段表达训练》,国际汉语教学学术研讨会论文(武汉),2001年。

2008[①]；何山燕，2010[②]）。其他方面的关注（如文化教学内容）更是寥寥无几（胡建军，2003[③]；赵现琦，2010[④]）。研究者认为口语教学要重视系统的口语语法，并提出了一些建议，但相关的研究仍寥寥无几（郭颖雯，2002；刘晓雨，2001）。

  第三，高级汉语口语教学模式是当前遭受诟病较多的问题，但相关研究也不多。研究者多是简单分析建构主义理论在教学中的应用（陈盈新，2003[⑤]），或教育技术在口语教学中的优势（陈作宏，2006[⑥]），或者强调教师的主导作用（如主持人角色或意识）（刘颖，2005[⑦]；陈侃、尉万传、毛良斌，2010[⑧]），在此基础上尝试提出高级汉语口语教学方法。这一类研究的不足在于，多是对某一教学方法做理论上的宏观探讨，缺乏实证研究。这些方法是否具有可操作性、能否推广，缺乏效度检验。如何深化理论或方法的细节，增强可操作性，使之落实并转化到实际应用中去还

---

 ① 李继先《话语分析理论基础上的口语交际能力培养研究》，《郑州大学学报（哲学社会科学版）》2008年第5期。
 ② 何山燕《留学生汉语口语话轮转换研究》，《广西民族大学学报（哲学社会科学版）》2010年第2期。
 ③ 胡建军《中、高级汉语口语课程的文化教学研究》，《云南师范大学学报（对外汉语教学与研究版）》2003年第4期。
 ④ 赵现琦《对外汉语口语教学中谚语教学的重要作用》，《牡丹江师范学院学报（哲学社会科学版）》2010年第1期。
 ⑤ 陈盈新《试谈支架式教学法在高级汉语口语教学中的应用》，《广西教育学院学报》2003年第6期。
 ⑥ 陈作宏《多媒体在对外汉语高级口语教学中的运用》，《民族教育研究》2006年第1期。
 ⑦ 刘颖《主持人式教学法在高级汉语口语教学中的运用》，《海外华文教育》2005年第3期。
 ⑧ 陈侃、尉万传、毛良斌《中、高级汉语口语教师的主持人意识》，《语言教学与研究》2010年第4期。

需要大量的研究。

对此,刘荣、刘娅莉(2009)做了初步尝试,用实证方法探索了辩论教学模式(以任务型教学法和合作学习理论为基础)在中、高级汉语口语课中的运用,发现该模式能够改变与精读课无差别的局面,帮助学生掌握口语句型,表达复杂思想、观点和态度。但是同时,他们发现这一模式仍存在一些不足,比如,不能帮助学生更好地掌握口语习惯用法及生词。此外,该模式的推广使用也会面临许多实际的困难,比如,现行中、高级汉语口语教材中的多数课文不适合辩论,若要使用该教学模式,须编写相应的配套教材。而实际上这几乎是一个不可能完成的任务。因此,这一方法到底能否常态化推广运用还有待进一步验证。

第四,高级汉语口语教材对于高级汉语口语能力培养极其重要,但相关的教材编写研究却更加匮乏,总共只有三篇论文,主要研究如何在教材编写中解决话题和语料选择、练习设置、话轮训练等问题。(刘元满,2008)研究者指出,教材编写时要兼顾这几方面因素,基于学习者的实际需要和兴趣来选择合适的话题,为学习者进行口语交际表达和训练提供有效框架和支点。但实际上,能遵循这些原则来编写高级汉语口语教材的不多。除了以上四个方面外,其他包括高级汉语口语测试等研究则几乎一片空白。(杜芳、王松岩,2011[①])

综上所述,高级汉语口语教学研究很薄弱,在教学内容和教学方法等多个方面不能为其面临的主要问题提供有效的解决方案。

---

① 杜芳、王松岩《留学生中、高级汉语口语能力培养与评价体系》,《现代语文》2010 年第 7 期。

四、高级汉语口语教学对策——以语块为中心的教学方法

基于高级汉语口语课面临的突出问题及其薄弱的研究现状，我们尝试以语块教学理论为支撑，构建以语块为中心的高级汉语口语教学方法，以期探索高级汉语口语教学问题的解决之道。

（一）语块教学理论

语块（formulaic language 或 chunks of language）是在自然话语中普遍存在的一种多词汇单元结构。（Altenberg，1998[①]）它数量众多，形式多样，往往具有约定俗成的含义。文献中"语块"曾有多种称谓（Wray，2002[②]），如词语串（formulaic sequences）、词块（lexical chunks）、词汇短语（lexical phrases）、公式化言语（formulaic speech）、预组词块（preassembled chunks）、预制单元（prefabricated units）等。语块常被认为以整体方式储存于心理词典中，使用时作为一个独立词条整体提取（Wray，2002），这一加工特点能减少语言获得、生成和理解过程中的记忆负担，增加说话者语言的产出速度和流利性，使表达地道自然，对语言交际和习得起着重要作用。（Pawley & Syder，1983[③]）研究业已证实，二语学习者掌握的语块数量和能否快速运用语块是

[①] B. Altenberg. On the Phraseology of Spoken English: The Evidence of Recurrent Word Combinations. In A.P. Cowie (ed.). *Phraseology: Theory, Analysis and Applications.* Oxford: Oxford University Press, 1998.

[②] A. Wray. *Formulaic Language and the Lexicon.* Cambridge: Cambridge University Press, 2002.

[③] A. Pawley & F. H. Syder. Two Puzzles for Linguistic Theory: Native Like Selection and Native Like Fluency. In J. C. Richards & R. W. Schmidt (eds.). *Language and Communication.* New York: Longman, 1983.

他们能否学得地道外语，能否在口头表达时如母语者一样流利、正确和地道的决定因素。(Ellis，1996[1]；Wray，2002)

　　语块理论在国外获得了很大的发展，已经形成了系统的研究方法，在语言教学领域产生了深远影响，出现了以语块理论为基础的语块教学法。所谓语块教学法，就是教师在教学过程中，运用语块理论，对第二语言中一些固定词语、固定组合和固定用法等语块加大教学力度，让学生掌握其语法、语境和语篇意义，然后通过对大量语块的反复教授和习练，充分调用学习者已有的语言知识和认知能力，把词汇学习和语法学习结合起来，从而提高学习者语言综合运用能力的一种教学方法。(亓文香，2008[2])

　　国外语块教学法的代表主要是词汇法。比如，Nattinger & DeCarrico (1992)[3] 提出了"词汇短语法 (lexical phrase approach)"，认为语言教学的最理想单位是词汇短语。Lewis (1993、1997)[4] 提出了以词汇为教学中心的"词汇法 (the lexical approach)"，把语块置于语言教学的中心，认为教学的重点是搭配、固定表达、句子框架之类的多词语块。这些教学方法在教学实践中已对二语教学产生了重要的影响。

---

[1] N. Ellis. Sequencing in SLA: Phonological Memory, Chunking, and Points of Order. *Studies in Second Language Acquisition*, 1996(3).

[2] 亓文香《语块理论在对外汉语教学中的应用》，《语言教学与研究》2008 年第 4 期。

[3] J. R. Nattinger & J. S. DeCarrico. *Lexical Phrases and Language Teaching*. Oxford: Oxford University Press, 1992.

[4] M. Lewis. *The Lexical Approach: The State of ELT and the Way Forward*. Hove, England: Language Teaching Pulication, 1993; M. Lewis. *Implementing the Lexical Approach: Putting Theory into Practice*. Hove, England: Language Teaching Publication, 1997.

国内语块研究起步较晚，直到20世纪90年代末才由中国英语教学界从国外引进并尝试运用于外语教学中。在对外汉语教学界，语块研究只是刚刚起步，用语块理论来指导对外汉语教学的研究非常少见。研究者从语言的共性和发展趋势出发，初步论述了把语块理论应用于对外汉语教学中的必要性及进行语块教学的方法设想。（亓文香，2008）目前还未有研究探讨如何在对外汉语不同课型教学中（如口语课）实施语块教学。

（二）以语块为中心的高级汉语口语教学

我们认为，以语块为中心的口语教学，在教学内容、目标和原则、教学环节和教学对象四个重要方面非常契合高级汉语口语教学的实际需要，有助于改善目前高级汉语口语教学现状。以下我们将结合教学实践探讨以语块为中心的高级汉语口语教学。

1. 教学内容

在教学内容上，语块教学以汉语中的固定词语、固定组合和固定用法等为中心。而这些恰恰是目前的高级汉语口语教学所缺乏的。从研究文献来看，目前的高级汉语口语教学缺乏系统的口语体的语法教学，留学生掌握的常用口语句式、表达方式、对话中用于控制、引导、承接、插入、结束会话的常用语（例如"可不是、没事、你瞧"一类用语等）仍然很有限，难度更大的习语、俗语、口语特殊格式等掌握得更少，这是他们的实际口语能力得不到切实提高的一个重要原因。在高级汉语口语课上，把语块作为教学的重点，意味着首先要在教学内容上进行调整，重视语块。语块与留学生实际交际表达所需要的用语是一致的，能促进他们的语言表达地道、自然、流利，因而能满足口语交际能力培养的教学内容需要。

根据我们的教学实践，具体而言，语块教学内容至少包括以下这些方面：

第一，在课前教师制作某一课要学习的语块清单，把课文中出现的语块列出。这些语块包括汉语口语表达中独特而生动的口语习用语、俗语、熟语和谚语、成语、歇后语、常用特殊话语和多变的句式及特殊口语表达格式等，并给出一定注释，发给学生。教师还对语块按功能或者在对话中所起的作用（如对话的起承转合、结束等），或者日常生活特定的语言运用情境（如见面、请客吃饭、购物等）进行分类，并给学生讲解。因为这些语块都是围绕某些与实际生活情景一样的话题设置的，通过话题训练，学生至少可以知道面对此类情景时有什么地道的语言可选用，怎么用比较准确。

第二，除了课文中围绕话题出现的语块外，教师也可以通过其他方式补充更多的语块。比如要求学生每节课每人准备一个语块类用语（如成语、流行语、固定习语，口语常用短句型等）进行讲解，教师补充解释，并适当地进行练习。或者给学生放一些视频录像（如《家有儿女》），然后就其中的语块内容进行讲解，尤其重视对话中话轮转换用语的使用，并指导学生模仿练习。

第三，还可以让学生就讲解的语块，联想回忆他们所学的意思相近或包含相同字的有一定关联的语块，比如，通过"在我看来"联想出"依我看""让我来说""要我说""你说呢""我敢说""我就知道""你看吧""照我的看法""照我说吧"，等等。这种方式也能让学生在上课过程中学到大量的实用词语，同时强化巩固所学的语言。总的说来，这样做每节课上学生都能学习了解大量的实用语块知识。

由于语块的形式多样,表达功能强大,使用语块能使表达准确地道,符合实际交际需要,所以对学生来说,这些本身就是新颖有用的语言刺激,而且与他们的语言使用经验相符合,往往都能引起学生极大的兴趣和学习动机。很多习语、成语等具有很强的文化涵义和语用特点,通过教师的讲解和练习,学生能明白在不同情境下的使用会产生语言表达上的异同(如"你说啥?"和"不好意思,请再说一遍?"等)。

常用口语句式,通过归纳总结,让学生分类学习使用,学生能知道表达同一主题的不同方式。教师结合一定的实际生活例子讲解并让学生练习后,学生更能体会到口语语块使用的优势,学生的学习意愿会更强。以语块为中心进行练习,学生参与练习的动机很强,愿意主动使用这些语块去进行各类真实或模仿真实的交际活动,学生参与率和开口率都比较高。在练习中学生也会积极与老师互动,向老师提问,进一步了解正确的使用和表达方式。在这种情况下,教师只需要给学生提供一定的语境,主要进行引导性解释或反馈,讲解量比较小,大部分时间可以让学生进行口语练习。

总的来说,以语块为核心的口语教学内容,符合高级汉语口语教学原则,符合以学生为中心、激发学生参与意愿和培养口语交际能力的原则。有一个例子可以说明问题,比如,一个学生在课堂上学习了"一分钱一分货"这一语块后,她在购物时就用上了这个语块,结果被夸奖说其汉语水平高。她觉得这一类的语汇学习非常实用,就更加努力地学习此类用语。从而产生一种良性循环的学习效果。

2. 教学环节

有了符合要求的语块教学内容，还需要采用合适的方式方法把语言知识转化为学生的口语交际能力，这是高级汉语口语教学的关键。这就需要精心设计各类练习，在语言输入和输出两个环节上让学生进行大量口语操练，使学生既理解语块又能掌握运用这些语块，有效提高他们的语块运用能力。

我们在课堂教学的各个环节都围绕语块进行练习设计，尝试构建真实交际语境或模仿各类真实交际语境让学生进行口语操练，尤其以语块练习为重点。在课前就给学生语块列表，让学生提前预习，使学生具有语块意识，重视语块学习。讲解课文前，作为一种补充学习，让学生口头报告他们平时在课外学习过的语块，询问其学习获得的途径，引导出语块使用的真实语境，并加以进一步练习，增强学生对语块及其使用场合关系的认识。报告语块这一方式既巩固学习过的语块，又分享和积累语块的过程，扩大了语块的学习量。在讲解课文时，对文中出现的口语语块进行解释，提供例子，并让学生进行语块联想回忆（如"在我看来"联想出"依我看"等等），然后举例说明并进行造句或短对话练习。学生分组读课文时要求学生熟读语块部分，并再次互相尝试用语块自由表达，老师予以指导。

具体来说，我们可以在以下三个方面着力设计教学环节：

第一，课堂教学。这一部分是简单的语块理解和初步的输出练习。学生可以根据其基础决定是否做这些练习。如果学生水平高，可以简单做或不做这些练习，把重点放在下一部分的练习上。这一做法是为了照顾学生的学习差异，让学生根据自己的情况来决定练习进度。如果在发音和口语流利性上还有问题，就在低水平的练习上停留时间长一点。如果水平高,就可以快速结束这些练习,把更多时间用于其他符合其水平的口语练习上。

第二,课文后练习。在课文后的语段或会话练习中,教师精心设置特定的接近真实交际活动的情境,提供语块和一定词语让学生依情境进行会话练习。学生分组进行练习,教师分组听学生的交际对话,给予指导反馈。每一组学生都可以根据情况进行足够的练习,对于水平高的学生教师安排更多会话练习,这样既能保证所有学生都有练习机会,也照顾到了水平不同的学生又有不同的练习。课文后话题扩展部分,给学生放一些与课文有关的视频录像(如《家有儿女》或新闻视频等),教师就录像中出现语块的地方进行详细讲解,包括为何使用、什么情况下使用、同一话题不同表达方式使用时的异同等,也会让学生尝试用上对话中出现的语块复述录像内容和自由表达,体会语块的使用。

第三,课外练习。课外练习安排环节,要求学生就语块列表中的语块进行造句练习,教师进行批改反馈,这是语块的输出和复习强化练习。此外,在新学习的课文中教师也可以有意识地设置话题情境,复习以前学过的语块,学生进一步巩固、领会语块在不同情景的交际表达中的作用。所有这些做法都能提升学生的语块感知意识,扩大学生语块信息输入和输出量。而且,通过联想、回忆和多种输入输出练习方式可以保证语块以一定的重现率出现,促进学生心理词典中语块的记忆和联结强度,提高从心理词典中提取语块的速率,尽量使学生在语块学习上达到自动化程度,从而提高语块习得与使用能力。这些教学环节的每一步都重在语块的练习及语块在交际情境中的使用。

我们所采用的语块教学方法从流程上来说仍然以传统的高级汉语口语教学模式为主，不同的是各环节的内容侧重于语块学习和以语块为中心进行的口语交际表达训练。由于教学及练习内容符合真实交际需要，并且多种真实或接近真实的口语交际训练根据学生水平灵活使用，语块教学法能使所有学生在有限的课时内得到充分的口语表达训练，从而保持较强的参与动机。这一方法的另一个优势是各教学环节比较明确，可操作性强。在课时有限的情况下，教师可以用此教学模式按一定的进度，给予学生最多时间的口语训练，顺利完成一学期或一学年的教学任务。教师可以使用这一方法，按一定流程来进行口语语块教学。当然，在具体的语块操练环节上教师可以自主灵活调整。

　　概括而言，我们认为，语块教学方法在高级汉语口语教学中完全可行。在当前的教材、教法变化不大且课时有限的情况下，都可以适当考虑将该教学方法推广应用于高级汉语口语教学中去。需要强调的是，该方法要求教师具备语块意识，能根据自己使用的教材来准备语块内容，能根据语块内容设置各类口语交际情景让学生操练口语表达，这需要教师付出更多时间和精力来准备课堂教学。该方法已在我们的教学实践中显示了较好的效果，未来我们考虑使用实证研究进一步验证完善这一方法。

第四节　师生话语互动[①]

一、引言

在语言学研究中，既有"语篇"，也有"话语""篇章"，三者在研究领域上有很多交叉和重合之处。我国早期研究该领域的学者倾向于用"语篇"涵盖"话语"和"篇章"，把"话语"和"篇章"分开，用"篇章"指静态的书面语言，"话语"指动态的说出来的语言。这里"课堂话语"中的"话语"即采用后一种解释，指在课堂情境中教师和学生之间用于沟通的言语。关于课堂话语，《朗文语言教学及应用语言学词典》将其定义为"课堂情境中使用的一种语言"[②]。Nunan & Bailey（2009）[③]认为课堂话语是在课堂上发生的教师和学生、学生和学生之间的一种特殊的交往形式。我们则区别这两种看法，将前者看成"课堂话语"，后者看成"课堂话语互动"。

相关研究成果表明，话语互动对第二语言习得具有十分重要的作用。美国学者 Michael Long 首先提出的互动假说是研究课堂

[①] 本节摘自李云霞《基于 COLT 量表的初级汉语口语课堂话语互动的个案研究——以三位教师为例》，发表于《东北师大学报》（哲学社会科学版）2016年第1期。

[②] Jack C. Richards, Richard Schmidt, Heidi Kendrick & Youngkyu Kim. *Longman Dictionary of Language Teaching and Applied Linguistics (3rd ed.)*. Beijing: Foreign Language Teaching and Research Press, 2005:94.

[③] David Nunan & Kathleen M. Bailey. *Exploring Second Language Classroom Research: A Comprehensive Guide*. Foreign Language Teaching and Research Press, 2009:340.

话语互动的理论基础。这一假说认为单单有"输入"（input）是不够的，必须是"摄入"（intake）才能促进第二语言的习得。把语言输入变成摄入最重要的途径就是交际双方在会话过程中进行的意义协商。他认为，互动过程中的意义协商对促进语言习得有着十分重要的作用。这是因为意义协商"连接输入、学习者的内在学习能力尤其是选择性注意和以富有成效的方式的输出"[1]。他还通过大量的实例证明，当对话人发生沟通、理解困难时，对话双方会通过对方的反馈信息进行诸如重复、解释、改变语速等语言上的调整，这种调整了的结构会让语言输入变得可以理解，从而促进习得。中国也有学者对此进行研究。如，罗荣从社会文化理论的观点，分析出"语言习得与外语课堂中所提供的交际和说话的机会密不可分"[2]。

　　基于这些研究成果，本研究认为第二语言课堂的话语互动会对学生的语言习得起到积极的促进作用。但是如果想找到有效的提高课堂话语互动质量的策略，首先应该对当前已有的课堂话语状态进行细致的观察和描写，了解当前课堂话语的特点，并对产生这些话语特点的原因进行深入的调查和研究，最后才能找到有效且有针对性的策略。

---

[1] M.H. Long. The Role of the Linguistic Environment in Second Language Acquisition. In W.C.Ritchie & T.K. Bhatia(eds.), *Handbook of Second Language Acquisition*. New York: Academic Press, 1996:151-152.

[2] 罗荣《基于社会文化理论的外语课堂师生话语互动探究》，《当代教育理论与实践》2014 年第 10 期。

二、研究设计

（一）研究问题

本研究主要探讨以下几个问题：第一，初级汉语口语课堂话语互动的一般性特点是什么？第二，教师使用了哪些有效的策略促进了课堂话语互动？第三，教师还有可能从哪些方面改进，从而更好地提高课堂话语互动的质与量？

（二）研究对象

本研究选取的三位教师的情况是：A 教师已经任教近 30 年，口语课教学一直受到学生和同行的极高评价；B 教师已经工作了 7 年，是很受学生欢迎的青年教师；C 教师是代课教师，教过两轮同一级别的初级汉语口语课，也很受学生喜爱。其中 A 教师的班级有 8 位学生，全部来自韩国；B 教师和 C 教师的班级都是混合班，学生是来自美国、俄罗斯、印度、泰国、吉尔吉斯斯坦等十几个国家的成年学生，B 班有 19 位学生，C 班是 23 位学生。

课堂观察是在正常教学进度下进行的，课型为初级汉语口语课。三位教师的具体授课步骤基本相同，都是从复习旧课入手，然后讲解生词、理解语法和课文、根据课文提供的相关内容给出话题进行操练，最后是总结和布置作业。

每位教师课堂观察时间约为 90 分钟。

（三）研究方法

本研究主要采用个案研究方法。具体操作方法是：首先，进入课堂对三位教师的教学进行观察，同时录像。其次，对三位教师的教学录像进行转写，并对转写的材料进行分类编码。再次，利用 COLT（Communicative Orientation of Language Teaching）量表,结合课堂观察的结果和编码的材料对初级汉语课堂话语互动的特点进行总结。最后,采用深度访谈法,对三位教师口语课堂话语互动特点产生的原因进行分析,并提出初级阶段促进课堂话语互动,提高学生话语输出水平的策略。

（四）研究工具

本研究选用 COLT 量表对三位教师的课堂教学进行观察和描写。该量表是"迄今为止使用频度较高、较为流行的第二语言课堂观察工具,以操作简单、设计全面而著称"[①]。

量表分两个部分。A 部分共有六个观察和记录维度,即:时间、活动、参与者的组织形式、话语内容、话语控制和教学材料。B 部分由教师交际互动量表和学生交际互动量表两个量表构成,观察维度基本相同,即交际特征、目的语的使用、信息差、话语持续、对形式或者语篇的反应和话语合并。不过,学生互动量表比教师互动量表中多了形式约束一项。因本研究以课堂话语互动为目的,所以主要选取 B 部分量表作为观察和记录的维度。

三、研究结果

（一）课堂教学使用汉语,语言难度低,重复比较多

观察发现,三位教师在教学过程中的语言有很鲜明的个性特点,但是无论是管理语言还是授课语言,都使用汉语,而且语言难度低,重复较多。A 教师和 B 教师在授课过程只使用汉语。

[①] 孙慧莉《作为第二语言课堂教学观察工具的 COLT 量表研究》,《语言教学研究》2008 年第 10 期。

C 教师的课堂中教师和学生都有使用英语进行交流的情况，但仅限于单词的解释。

三位教师使用的语言都比较简单，短句多。除为了练习课文中的句子以外，都不使用长句子。管理语言和指令性语言都简单明了，如"再来""再说一遍"。C 教师向学生解释"雪橇"一词的时候更是很突出地显示了这一特点。她说："雪橇。就是你冬天，冬天，有很多狗在前边跑，后面有一个车，你坐在里面。"

转录过程中发现，教师语言的重复现象非常多，三位教师的课堂教学中，语言的重复具有提示、澄清、纠正、询问、确认等多种功能，是很值得研究的现象。

（二）真实的和不可预测的信息差少

真实的和不可预测的信息差的多少被看成是交际性课堂的一个很重要的指标。A、B、C 三位教师的课堂中，有关真实的和不可预测的信息差的时间，A 教师的最少，只占 8.5%；B 教师的占 15.7%；C 教师的最多，占 45.93%。

（三）话语持续以超小型会话和小型会话为主，持续会话较少

超小型会话是指话轮中只有一个或者两个词语组成的话语片段。小型会话是指话轮中有两个词以上的短句或者有一两个主语的句子。持续会话是至少有三个主语组成的话轮。通过对三位教师的课堂观察发现，在初级阶段，由于受学生语言水平和教学目的的限制，师生和生生之间几乎不能形成持续会话。也就谈不上相关的话轮控制、移交和打断的技巧。

（四）话语合并包括细化、扩展、点评、改述和重复，但是以重复和点评为主

COLT 量表中，"话语合并"一项中包括话语细化、扩展、点评、

改述和重复。这是因为根据已有的第二语言习得研究成果，第二语言学习者对他们先前说过的话语进行自我修正有利于他们的语言发展。

观察发现，三位教师的绝大部分话语模式都符合 Sinclair，(1975)[①] 等对有显著递换特点的语言课堂话语研究后概括出的 IRF 三段模式，即教师的引出语目（initiating move）、学习者的回答语目（responding move）和教师的反馈语目（feedback or follow-up move）。与"话语合并"相关的活动基本都出现在教师的反馈语目中。学生回答完毕之后，三位教师一般使用重复和"好""非常好"等一般点评策略对学生的回答进行反馈。但是偶尔也会使用细化、扩展和改述等方式进行反馈。

（五）学生语言形式受限，引发话语的机会少

从对三位教师的课堂教学观察看，学生的语言形式可以说是完全受限制。这种限制包括课本所教语言对学生课堂语言的限制，也包括学生自身的语言水平对其语言表达的限制和对教师课堂教学要求理解的限制。学生在这种限制下，几乎完全失去话语引发的权利。A 教师和 B 教师的课堂教学没有学生引发的话语，C 教师的课堂教学有三处学生引发的话语，但都是由同一个学生发出，从课堂教学观察来看，这和该学生的性格直接相关，而与教师的教学方法无关。

[①] J. McHardy Sinclair & M. Coulthard. *Towards an Analysis of Discourse*. Oxford University Press, 1975:39.

四、研究结论

通过课堂观察和对学生访谈的分析,可以判断出以下一些策略对提高初级阶段学生课堂话语的质量和数量是有效的:

第一,生词、语法和句式的学习要与具体情境紧密联系。在初级阶段,学生自主学习生词和使用句子的能力还不太好。生词的学习与句子的学习紧密联系,可以帮助学生在语境中了解生词的用法,也利于学生及时准确地整体输出。三位教师的课堂都很好地使用了这种方法。

这一策略从信息加工理论是可以解释的,通过运用多种编码手段加深对生词和语法的记忆,又通过与具体语境的联系巩固和运用,使学生能较快较深地掌握和运用所学的语言形式和功能。

第二,提供有效的可供操作的话语结构。三位教师的课堂中都有成段表达的要求。A 教师要求学生不看书,用"第一……,第二……,第三……"回答课文问题;B 教师直接给出一个话题的表达结构,让学生运用给出的结构说出自己来到中国后的生活变化;C 教师让学生根据课后题中的图片,用"我喜欢……,我不太喜欢……"回答问题,等等。这一策略与已有学者的研究结果具有一致性。即"对于二语学习者之间的互动,在学习的起始阶段应得到一定的限制以防不规范、不恰当的语言泛滥"[①]。

第三,要尽量选择表达自由度比较大的话题。因为受课本限制,口语课的话题教师不能随意确定,因此教师要对课本提供的

[①] 吕明《模拟课堂低效教学手势语的调查及培训策略分析》,《东北师大学报》(哲学社会科学版)2013 年第 2 期。

话题进行选择，要尽量给学生一个表达自由度比较大的话题。这样可以充分调动学生的学习动机，提高他们对课堂的期待，进而促进他们的表达。

如，B教师教材的话题是关于去图书馆的，但是该教师在利用这个教学材料的时候，很巧妙地通过一个表示变化的话语结构把话题限定在了表达自由度比较大的来中国以后的变化这一话题上。这一话题可以说的内容比较多，所以发言的七位同学分别谈到了上网、买衣服、吃饭、跳舞、看电影、玩排球、买质量好的东西等，这些几乎是初级班学生所能涉及的全部话题。

第四，重视学生话语的自我修正和对学生典型偏误句的分析。三位教师都很重视学生话语的自我修正，引导学生自己改正错误的发音和句子，但是与B、C两位教师相比，A教师对学生在表达中的偏误句反馈更复杂一些。她的基本方式如下：根据学生能力要学生自己修正或者教师修正，然后教师说一遍正确的句子，并说明改正的原因，之后要求学生再说一遍正确的句子。B和C教师都缺少说明改正原因和要求学生说出正确句子的环节。C教师的课堂中，学生说出"我们一起常常玩玩。"教师只是简单地帮助学生改正了一下就结束了。实际上，这是该节课中教师带领学生操练的两个主要句型之一。因为教师没有强调频度副词和"一起"同时出现时的位置关系，学生就出错了。B教师在操练句型"要是……就……"时也有同样的问题，学生在"就"与主语同时出现时，将主语放在了"就"的后面，教师在帮助第一个学生改正的时候，没有具体强调和说明原因，导致后面有一个学生接着犯了同样的错误。

五、研究建议

通过观察，我们基本可以判断出在初级阶段的口语课堂上，学习并学会使用课堂中的生词和语法，而且能够在生活中活学活用被看成是教学的重点。虽然三位教师都比较了解当前第二语言教学中比较流行任务型教学法[①]，但是并没有有意识地运用这种教学法进行教学。按照当前流行的对口语课堂的要求，结合访谈，可以分析出以下一些需要注意的问题：

其一，教师要适当转变对课堂教学效率的观念，给学生更多自由表达的机会。

访谈中三位教师均认为注重语言结构形式和语言功能，帮助学生在其能力允许的条件下表达是最有效率的课堂教学形式，因为它符合人的认知过程。这种观点直接导致三位教师的课堂教学以全班活动为主并且使用课本提供的语言内容。

从课堂转录资料分析，三位教师的课堂教学并不是纯粹的语言结构形式的教学，也有对语言功能的训练。但就整体时间分配来说，学生自由表达的时间还是相对较少。A 教师没有，B 教师和 C 教师的课堂是有限定的自由表达，分别占全部课堂教学时间的 20% 和 10%。这里主要要解决的是关于课堂教学效率的观念。关于课堂教学的作用，说法很多，比较权威的归纳是"为学生在课外的后续学习做好准备，以及提供课堂外没有的学习机会"[②]，

[①] 任务型教学 20 世纪 80 年代由美国语言教育家 Prabhu 提出，很快受到国内外学者、教育专家的关注，很多研究人员从不同方面对其进行研究，认为"任务"在第二语言习得中对语言学习的促进作用相当有效，因为其能够在语言的课堂教学中促进互动，从而使学生课堂习得的语言能力符合实际生活的需要。

[②] 柯传仁、黄懿慈、朱嘉《汉语口语教学》，北京大学出版社，2012年，第14页。

语言形式的学习确实是课堂外没有的学习机会。但是，如果只有语言形式的学习，能否为学生在课外的后续学习做好准备是一个问题。在课堂上给学生自由表达的机会是帮助学生做好准备的一个手段。因此，教师需要精心在语言结构形式和功能的学习与学生自由表达之间找到一个合理的平衡点，每一方面都不能过多或者过少。

其二，关注活动设计，增加小组活动的时间。

课堂的小组活动在以发展交际能力为目标的口语教学中受到重视的原因在于，有研究表明，小组活动中，学习者的话语活动是在其"最近发展区"内展开的，并且它提供给学习者一个语言环境，可以从社会文化以及实际交际等方面对学习者产生多方面的影响。

从三位教师课堂时间分配和活动的主要形式来看，初级汉语口语课堂基本是以教师为主导的课堂，学生小组活动和个人活动时间都比较少。几乎没有完成不同任务活动的时间。但是从 C 教师课堂上仅有的不到 10 分钟的小组活动的观察来看，小组活动中的学生能够说出的话更多，也更具有场景适应性的特点。活动设计得好，可以大大弥补课本和学生性格特点的不足对课堂话语互动水平的影响。在学生有一定语言基础以后，有必要增加小组活动时间，以促进学生之间通过活动进行"意义协商"的动机，从而增加话语互动的机会。

其三，增加课堂教学中真实的信息差，促进话轮形成。

在第二语言教学中，信息差（information gap/opinion gap）指的是："作为交际法的基本原则之一是信息焦点。它通过模拟真实的交际,促进参与者之间的信息或者意见交换而引起活动。"[1]在教学中增加真实的和不可预测的信息差任务可以促进持不同信息的学生必须使用目的语,通过运用一定的交际策略交换信息、填补空白而完成任务。这个交换信息、填补空白的过程就是话轮形成的过程。

三位教师的课堂几乎没有明显的话轮形式跟活动设计有关系,尤其是缺少明显的、真实的、不可预测的信息差任务。

其四,提高教师反馈形式多样化的意识。

三位教师一致认为,口语课堂教学是要帮助学生提高口语表达能力,但是对影响学生口语表达能力的因素思考不多,B 教师认为自己理论学得不多,自己教汉语就是根据自己以前学习英语的感觉和经验做的。C 教师觉得自己在上研究生课程的时候学了很多,知道了很多概念,但是和实际教学还不能结合得很好。A 教师对自己的教学有信心,因为做过研究,所以对课堂教学有一些很好的心得和体会,认为自己可以根据学生的情况和需求进行合适的教学,帮助学生提高口语水平。访谈中发现,B 和 C 教师对课堂中提高口语输出水平的影响因素只考虑了学生、教材和活动三方面,对更细致的如教师问题的分类、教师反馈语言的方式以及学生话语交流的方式等了解不多。这些可能是导致教师课堂提问类型、策略和反馈单一的主要原因。对问题的细化、扩展等表达不足。

---

[1] Keith Johnson & Helen Johnson. *Encyclopedic Dictionary of Applied Linguistics: A Handbook for Language Teaching.* Foreign Language Teaching and Research Press,Blackwell Publishers Ltd, 2001:166.

六、结语

从课堂观察和对录像转录材料的分析来看，虽然三位教师的课堂各有自己的风格，但总体上还是有很多共同的特点。而且我们可以判断出，在初级阶段的汉语口语课堂上，学会使用课本中的生词和语法，并能够在生活中活学活用被看成是教学的重点。三位教师基本能够保证学生在课堂中的开口率，都是始终在帮助学生操练生词和语法内容，教师单独讲授的时间都不长，但缺少给学生语境让学生自由表达的时间，根据话语互动理论分析，学生缺少进行意义协商的时间和机会，仍然是输入的时间远远多于有意义输出的时间。因此，教师需要适当改变观念，提高帮助学生进行话语建构的意识，找到有效的策略，使教学更符合学生发展的需要。

第五节 口语课堂的话语权[1]

一、引言

在对外汉语教学中，普遍存在"教师占用时间太多、学生获得练习机会太少"的现象[2]，这不利于教学目标的实现。对外汉

---

[1] 本节摘自孙瑞《对外汉语口语教学课堂话语权问题的探讨》，发表于《云南师范大学学报》（对外汉语教学与研究版）2016年第6期。

[2] 孙瑞、孟瑞森、文萱《"翻转课堂"教学模式在对外汉语教学中的应用》，《语言教学与研究》2015年第3期。

语口语教学是专项技能教学,旨在培养学生运用汉语进行口头交际的能力,尤其需要保证学生的开口机会和开口率。以往学界对这个问题的探讨大多是从课堂师生话语量的角度进行的,总体上还不够深入。我们认为,师生说话机会多少的问题本质上是课堂话语权分配问题,因此,我们尝试从课堂话语权分配的角度对这个问题进行一些研究。

二、话语、话语权和课堂话语权分析框架

(一)关于"话语"

对于话语(discourse),学界有多种理解。在语言学界,人们一般将之理解为大于句子的一级言语单位,又分狭义和广义两种不同的解读:狭义上的话语是相对于书面语篇而言的,专指口语语篇,即我们说出来的大于句子的言语片段;而广义上的话语则不仅包括口语语篇,还包括书面语语篇。这两种理解在本质上都是将话语理解为言语结果。也有一些语言学家(主要是功能派的语言学家)将话语理解为言语过程,认为话语是语言运用。(Fasold,1990;Brown & Yule,1983)[1] 而法国著名哲学家福柯则把话语理解为一种权力,他说:话语是权力,人通过话语赋予自己以权力[2]。显然,福柯的理解已经完全超出了语言学家对话语的界定,他赋予了话语以全新的内涵。以福柯有关话语的相关理论为基础,哲学界、政治学界和社会学界对话语开展了广泛而

---

[1] 转引自田海龙、张迈曾《话语权力的不平等关系:语用学与社会学研究》,《外语学刊》2006年第2期。

[2] 转引自许宝强、袁伟编《语言与翻译的政治》,中央编译出版社,2001年。

深入的研究,这其中,讨论的核心便是话语权问题。

(二)关于"话语权"

人们对"话语权"这一概念也有不同的理解,大致可以分为三种。第一种认为,话语权是说话人通过话语所实现的影响力,即话语权力。① 第二种认为,话语权就是说话人自由表达自己观点(说话)的权利,即话语权利。话语权在这个意义上与说话机会密切相关。第三种采用相对宽泛的理解,认为话语权既指说话人以说话的方式对他人所产生的影响力,也指说话人自由表达自己观点的权利。按照这种理解,话语权是"话语权利和话语权力的统一,话语资格和话语权威的统一,也就是'权'的主体方面与客体方面的统一"。这里采用第三种理解。

(三)对外汉语口语教学课堂话语权分析框架

到目前为止,还没有专门用于研究对外汉语教学课堂话语权的分析框架,更没有专门分析对外汉语口语教学课堂话语权的分析框架,但有一些学者曾探讨过其他语境下话语权的内涵和结构,比如郑杭生(2011)、黄伟(2012)② 等。这些研究成果可以为我们的研究提供参考。

郑杭生研究的是学术话语权,他认为学术话语权包括两个方面:作为"权利"的学术话语权和作为"权力"的学术话语权。作为"权利"的学术话语权有创造更新权、意义赋予权和学术自

---

① 这里说的"话语权力"与下文中的"话语权利"不同,"权利着重指行动者作为主体所具有的话语自由;权力则着重指主体作为权威话语者对客体的多方面影响"。(参见郑杭生《学术话语权和中国社会学发展》,《中国社会科学》2011年第2期。)

② 黄伟《教师话权运作及其话语霸权探查:基于课堂教学的话语分析》,《教育研究与实验》2012年第2期。

主权等三种形式，作为"权力"的学术话语权有指引导向权、鉴定评判权、行动支配权等类型。黄伟则研究课堂话语权，他认为可以从话语、话题和话权三个维度考察课堂话语权。

我们参考上述研究成果，结合对外汉语教学实际，在分析对外汉语教学课堂话语权结构的基础上构建对外汉语口语教学课堂话语权分析框架。

课堂话语权是一个多因素构成的系统。这个系统可以从动态和静态两个角度进行分析。从静态角度看，课堂话语权分为教师话语权和学生话语权两个方面；从动态角度看，课堂话语权可以从师—生话语权关系和生—生话语权关系两个维度进行观察。动态的分析要以静态的考察为基础。

如前所述，话语权包括话语权利和话语权力两个方面。对外汉语口语教学课堂上，教师和学生都既拥有话语权利，也拥有话语权力。教师和学生所享有的话语权利主要与他们拥有的说话机会有关，体现为说话次数和话语量。教师和学生所享有的话语权力，则指教师和学生通过说话的方式实现的对他人的影响力。对外汉语口语教学课堂上的话语权力主要包括以下几种类型：话题设置权、话题结束权、话权分配权、鉴定评价权和行动支配权等。所谓话题设置权指设置、确定话题的权力，这其中也包含了开启话题的权力；话题结束权是采用直接言语行为明确结束整个话题或别人话语的权力；话权分配权指分配话语权利，决定"谁有资格说话""谁没资格说话"的权力；鉴定评价权指说话人通过对他人和他人的行为进行评价和鉴定来体现的话语权力；行动支配权则指说话人通过话语来对他人行为进行支配和控制所体现出来的权力。这样，我们大致可以将对外汉语口语教学课堂话语权的分析框架表述如图 3—2：

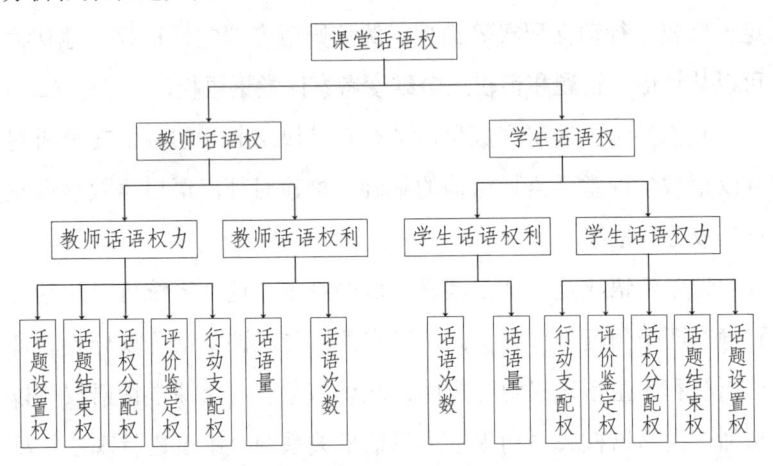

图 3—2　课堂话语权分析框架

三、对外汉语口语教学课堂话语权分配现状分析

为了考察对外汉语口语教学课堂话语权分配情况，我们以真实的课堂教学语料为材料进行分析。本研究的语料来源于对北京某高校一位青年教师课堂教学实况录音的转写。所转写的课程为中级汉语口语课，教学时间为四节，共 160 分钟。之所以选择这位教师的课堂教学语料进行分析，是因为这位教师入职六七年，教学模式比较常见，在学生中有一定的欢迎度，教学水平大体上处于中等或中等偏上一点儿的水平，比较有代表性。

（一）对外汉语口语教学课堂话语权分配的现状

1. 话语权利的分配

话语权利集中体现为说话的机会。我们从说话次数和话语量两个维度进行衡量。这里说的说话次数以话轮数为计算标准，即每个话轮代表一次说话机会。话语量指说出来的话语的数量,我们按转写出来的文字量进行计算。

表 3—2 师生话语量统计分析

说话次数	教师说话		163 次	83.6%
	学生说话	单独	156 次	/
		集体	19 次	/
	平均①		32 次	16.4%
话语量	教师话语		17 200 字	73.2%
	学生话语	单独	6 300 字	/
		集体	72 字	/
	平均		597 字	26.8%

表 3—2 清楚地反映了该课堂师生话语权利分配的情况:首先,教师说话的次数基本与学生说话的总次数相当(163∶175),但比任何一个学生所获得的说话机会都要多得多(163∶32)。进一步考察发现,教师和学生说话总次数基本相当的原因是:在对外汉语口语教学课堂上,大多数的交际都发生于教师和学生之间,交际的基本模式是教师问、学生答——教师问一句,学生答一句,所以,二者基本持平。也正因为此,分配到单个学生头上的说话机会就要远远少于教师。其次,教师话语量远远多于学生的话语量。表 3—2 显示,教师的话语量是学生话语总量的两倍多(教师话语量占到全部话语量的 73.2%,而学生话语量只占 26.8%),换句话说,学生的话语总量还不到教师话语量的一半。而每个学生所说出的话语量则更是少得可怜:每人平均只有不到

---

① 计算方法是单独说话总次数/总人数+集体次数。学生话语量平均数的计算方法类同。

600字的话语量。如果以正常人每分钟200个字的语速计算,每个学生在四节课的时间内只平均获得了短短3分钟的说话机会。

事实上,上述情况并非特例。我们另外考察了北京一所"985"高校和广西一所地方性大学的两位口语教师的课堂话语,发现师生话语量比与之相差不大(这两位教师课堂师生话语量比分别是75%:25%和72%:28%)。这说明,在当前对外汉语教学实践中,教师话语量大、学生话语量小是比较普遍的现象。

所以,我们大体上可以说,当前对外汉语口语教学实践中,师生话语权利显著不平衡。

2. 课堂师生话语权力的分配

表3—3 课堂师生话语权力分配情况表

	教师		学生	
	实施次数	比例	实施次数	比例
话题设置权	82次	82.8%	17次	17.2%
话题结束权	9次	100%	0次	0
话权分配权	49次	100%	0次	0
评价鉴定权	20次	76.9%	6次	23.1%
行动支配权	15次	100%	0次	0

表3—3数据表明,在对外汉语口语教学课堂上,教师和学生所拥有的话语权力差异显著:教师几乎掌控着全部的话语权力,他们拥有绝大部分的话题设置权(82.8%)、评价鉴定权(76.9%)和几乎所有的话题结束权(100%)、话权分配权(100%)和行动支配权(100%);学生仅有少量的话题设置权(17.2%)和评价鉴定权(23.1%)。进一步分析发现,学生仅有的一些话题设置权基本上发生于学生对老师或其他学生发言有疑问的时候,学

生仅有的评价鉴定权基本上发生在学生对其他同学行为进行评价和鉴定的场合——学生几乎从来不会对教师的言行进行评价。相比较而言,教师的话语权力却无处不在:他们不仅能决定谈什么(设置话题),还能决定谁来参与谈话(话权分配、行动支配),最关键的是他们还能对参与者的行为进行直接支配(行为支配)并对其表现进行评判(评价鉴定)。

可见,在对外汉语口语教学中,师生话语权力基本上完全不对等。

(二)关于对外汉语口语教学课堂话语权分配的讨论

1. 对外汉语口语教学课堂话语权分配是否存在不合理性

前面的研究显示,在对外汉语口语教学实践中,教师和学生话语权的分配显著不平衡。但这种不平衡是否意味着不合理呢?要回答这一问题,关键是要给出一个评判标准,也就是要给出一个"合理"状态下师生话语权分配的比例。曾经有一些学者讨论过这个问题[①]。杨惠元(2007)[②]指出,"口语课(按:指对外汉语口语教学课),学生的练习时间不能少于70%";北京师范大学陈绂老师认为,口语课堂上教师的话语量不应超过全部课堂话语量的五分之一。我们认为,任何给出硬性标准的做法都是有风险的,原因很简单:教学是个创造性很强的过程,教学目标、教学内容、教学对象以及教师的不同,都可能会影响教学过程的实施,没有任何一节课能被认定为"唯一的""最好的",因此,也就不能明确规定哪个比例是最佳的。当然,这并不是说,对外

[①] 有些只是部分涉及这个问题。
[②] 杨惠元《课堂教学理论与实践》,北京语言大学出版社,2007年,第87页。

汉语口语教学可以随便进行。俗话说，"教无定法，大体须有"，对外汉语口语教学对于课堂师生活动（主要是师生言语活动）是有一些原则性要求的。这其中，最重要的原则就是"精讲多练"原则。根据这一原则，教师必须用尽量简练的语言把最关键的内容讲解清楚，然后把更多的时间留给学生，让学生进行大量的练习。既然是"多练"，比例就不能太小。我们所考察的语料中，学生话语量比例不到30%[①]，这显然太少了；而每个学生实际只能获得大约3分钟发言机会的现实更是能够直观地反映出问题。因此，可以判断，我们所考察的课堂上确实存在师生话语权分配不合理的现象。

2. 对外汉语口语教学中是否存在教师话语"霸权"

那么，师生话语权分配不合理是否意味着对外汉语口语教学中存在教师话语"霸权"呢？这个问题需要辩证看待。

教师拥有大量话语权有其合理性。一方面，在教学过程中，教师有自己的任务，比如介绍知识、组织教学，等等。这些任务需要教师以说话的方式完成，所以他们理应拥有话语权利。另一方面，教师还必然拥有很大的话语权力。教师话语权力的来源至少有两个：一是相对于学生，他们拥有更丰富的知识和更强的能力[②]，这让教师的话语更有分量，更容易产生影响力。这是教师拥有很大话语权力的内部原因，也是主要原因。二是教学活动是一种社会性活动，社会规约明确规定了教学活动各参与者的角

[①] 如前所述，我们考察的另外两位教师课堂上学生的话语量也都不到30%。

[②] 这里说的"更丰富的知识和更强的能力"是相对于课堂教学内容而言的，并不是说教师的所有知识和能力都比学生强。

色安排：教师是知识的传授者、活动的组织者，学生是知识的学习者、学习活动的完成者，这让教师一进入教室，便拥有了不同于学生的"权力"，这是教师拥有更多话语权力的外部原因。内、外两方面因素的共同作用让教师的话语权力"有据可查"。不仅如此，我们还应注意到，教师拥有大量话语权力往往还会有助于教学目标的实现，因为只有教师拥有了充分的话语权力，他/她才能更好地调度整个课堂，才能保证教学秩序和教学效率。总之，对外汉语口语教师拥有大量的话语权力有其合理性和必要性，应该正面看待。

3. 教师话语权应有"合理的边界"

教师拥有很大话语权有其合理性，但也必须要有"合理的边界"，越过了这个边界，往往就意味着话语"霸权"。如何确定这个"边界"呢？回答这一问题并不容易，因为这个"边界"并不是固定的，它与特定的教学目标紧密关联，随教学目标的改变而改变。

任何教学活动都是为了实现一定的教学目标。课堂话语权的分配也要为实现教学目标服务。教学目标实现与否可以作为课堂话语权分配是否合理的评判依据：有助于教学目标达成的话语权分配格局就是合理的格局；反之，则是不合理的。教师在进行教学设计时，应首先明确教学目标，然后判断学生为了达成这一目标需要获得多少话语权以及需要获得怎样的话语权。举例来说，教师想让学生掌握助词"过"的用法，那么就应该首先预测学生掌握这个词大概需要多长时间，假定教师判断每个学生都需要练习三分钟，那么就应该在教学环节设计和教学方式选择时想办法，确保每个学生都能实实在在获得三分钟的练习机会。如果学生没有得到三分钟的说话机会，那么就可以说学生的话语权没有得到充分实现；而如果学生话语权没有充分实现的原因是教师说话太多或教师不允许学生说，那么就可以判定教师越过了"合理的边界"，拥有了话语"霸权"。

由此可以看出，判断教师话语权是否"越界"，最简单的判断方法就是要看学生的话语权有没有得到充分实现，教师有没有滥用自己的话语权，有没有"侵犯"学生的话语权。而这，往往能够通过对师生话语权的量化统计反映出来。

在我们所考察的语料中，学生获得的话语权利很少，话语权力更是小得几乎可以忽略不计，所以，可以大致判断：该堂课的教学中确实存在教师话语霸权。

四、合理的对外汉语口语教学课堂话语权分配模式的建构策略

（一）要有合理分配课堂话语权的意识

有什么样的意识就会有什么样的行动，建构合理的对外汉语口语教学课堂话语权分配模式首先要有清醒的认识。由于内、外因素（见前文相关论述）的共同作用，教师能够轻而易举地获得话语权，教师要做的是，清楚地知道师生话语权的"边界"，自觉控制自己，不"越界"，不侵犯学生的话语权；同时还要有效利用自己所拥有的话语权，使这些话语权成为帮助学生进步的工具。学生的话语权利是学生所应该享有的最基本权利，教师要充分认识到保护学生话语权的重要性，时刻注意维护学生的话语权，为此，教师应更多地鼓励学生，不打击学生的积极性。同时，教

师还要正确定位自己的角色，努力让自己成为学生前进的辅助者、引导者，扮演好学生成长道路上的"脚手架"角色。

（二）应采取系列措施

合理分配对外汉语口语教学课堂话语权，可以从宏观、中观和微观三个层面采取措施。在宏观层面，教师应该尽量选择更有利于学生话语权实现的教学模式。教学模式通常是特定教学方法的产物，教学方法本身并无对错、好坏之分，只有合适、不合适之别。当我们从课堂话语权分配角度对教学方法以及由之决定的教学模式进行考察、分析时，就会发现，有些教学方法和教学模式比较适合对课堂话语权进行合理分配，而有些则不适合。比如，传统的语法翻译法，重视书面语的学习，教师大量讲解，学生机械翻译，学生所获得的话语权很少；而近些年来比较流行的交际法、任务型教学法、"翻转课堂"教学模式等，比较强调在教学过程中安排学生说话，因此学生所能获得的话语权也会相对大一些。（孙瑞等，2015）在中观层面，合理配置课堂话语权要求我们尽量减少"师—生单一互动"的教学环节，同时尽量增加"师—全体学生互动"和"生—生互动"的教学环节。"师—生单一互动"是一种线条型的交际，"师—全体学生互动"是一种扇形的交际，"生—生互动"则是多边形的交际。后两种互动的参与者明显多于前者，增加互动形式可以在事实上拓展课堂互动的容量，从而有效改善课堂师生话语权分配格局，进而提高教学效率。在微观层面，教师可以通过巧妙使用各种教学技巧来分配话语权。具体说来，教师可以通过话轮的给予和剥夺来调控学生说话的机会，从而调节话语权的分配比例。最常见的话轮给予方式是提问，其次是直接指令（用祈使句的形式）。剥夺学生话语权的最常见方式是打断,打断可以通过言语行为来实现,也可以通过副语言行为(比如眼神或肢体语言)来实现。教师要提高自己分配话语权的能力:不断提高提问和指令的质量——提问要有启发性,指令要明确;恰当使用打断等交际策略——把握好时机,选择合适的方式,防止伤害学生的自尊心和积极性。

五、结语

　　课堂师生话语权分配问题既牵涉教学目标的实现,又牵涉教学模式的选择、教学环节的设计、教学技巧的选择,所以可以成为我们观察课堂教学过程的一个窗口。透过这一窗口,我们不仅能够清晰地看出师生在课堂上处于怎样的关系之中,还能在一定程度上预测教学效果,所以这是研究课堂教学的一个重要角度。

　　通过对课堂教学语料的实证分析,我们发现,在对外汉语口语教学中,师生话语权的分配存在不合理性,教师在一定程度上拥有话语"霸权",这不利于教学目标的实现,我们必须努力构建科学、合理的课堂话语权分配模式。教师首先要有合理分配课堂话语权的意识,明确自身话语权的"界限",保证不"越界";同时,还要要尽量选择更适合实现学生话语权的教学模式,减少"师—生单一互动"的教学环节,增加"师—全体学生互动"和"生—生互动"的教学环节,采用巧妙的教学技巧。

第四章

听力教学理论研究

第一节　听力微技能[①]

一、引言

在汉语教学中，特别是初级教学阶段，听力能力作为一项重要的语言技能而受到了广泛的重视。但我们对汉语听力能力结构的探究却显得匮乏，这就使得对听力能力的教、学和测都存在一定程度的盲目性。本研究欲对初级阶段汉语学习者听力能力结构进行构拟与验证，分析听力能力的构成因素及其相互关系，从而为听力测试与教学提供理论参考。

二、理论背景与相关研究

（一）国外的相关研究

Aitken（1978）认为听力能力包括以下七种技能：词汇理解猜测能力、句型理解能力、重音和语调理解能力、说话者目的的

[①] 本节摘自金琰如、王佶旻《初级阶段留学生汉语听力能力结构探究》，发表于《语言教学与研究》2012 年第 3 期。

鉴别能力、上下文推测能力、把握作者态度的能力、修辞鉴别能力。Steil 等（1983）[1]从听力教学的角度出发，列出了听力所需要的四方面技能：感觉性的听力技能、解释或理解性技能、评估性技能、回应性技能。Rost（1991）[2]列出了若干种听力技能，并将其分为三类：感知技能（分辨语音和确认词语）、分析技能（分辨语法和语用单位）、综合技能（在语言与非语言线索间建立联系，以及使用背景知识和先备知识）。十年后，Rost（2002）[3]又进一步把听力的一般技能详细分为五个层次。

在实证研究方面，Freedle & Kostin（1996）[4]运用多元回归分析的方法对 TOEFL 考试中"听短文后选择"这一题型进行了实证研究。研究最终确立了 14 种技能，揭示了题目难度中 35%的变异。Nissan（1996）针对同一考试的同一题型做了相似的研究，但结果仅找到了 5 种技能。Buck & Tatsuoka（1998）[5]运用规则空间模型对日本学生在英语测验中的"听力简答"试题部分的反应进行了研究。最终将听力技能属性归为辨别任务属性、信息定位属性、处理信息属性和组织作答反应属性等 5 类。Zsuzsa

---

[1] L. Steil, L. Barker. & K. Watson. *Effective Listening: Key to Your Success*. Reading, MA：Addison-Wesley Publishing Company, 1983.

[2] M. Rost. *Listening in Action*：*Acticities for Developing Listening in Language Teaching*. New York：Prentice Hall, 1991.

[3] M. Rost. *Teaching and Researching Listening*. London：Pearson Education, 2002.

[4] R. Freedle & I. Kostin. The Prediction of TOEFL Listening Comprehension Item Difficulty for Minitalk Passages: Implications For Construct Validity. *TOEFL Research Report 56*. Princeton, NJ: ETS, 1996.

[5] G. Buck & K. K. Tatsuoka. Application of the Rule-space Procedure to Language Testing: Examining Attributes of a Free Response Listening Test. *Language Testing*, 1998(2).

Cziraky Londe（2008）[①]运用结构方程模型对短时记忆能力与英语作为第二语言的听力理解的关系进行了研究。结果表明，短时记忆能力对被试在听力测验中的表现有重要的影响。

（二）国内汉语教学的相关研究

杨惠元（1989、1991）[②]从听力教学的角度提出了四种听力技能：辨别分析能力、记忆存储能力、联想猜测能力和概括总结能力。在之后的研究中，杨惠元（1996）[③]又增加了四种技能：快速反应能力、边听边记能力、听后模仿能力和检查监听能力。谷陵（1993）[④]认为听力能力可以分为六种：跨越词语跳跃的能力、掌握语法点的能力、抓住主要信息的能力、排除干扰的能力、解释总结和概括能力、体会文化内涵的能力和对语音的区分能力。朱正才（2001）[⑤]主张将听力理解看成一种综合能力，并可以进一步划分为低级听力能力与高级认识技能。

在实证研究方面，国内汉语教学界大多采用规则空间模型及其衍生模型对听力技能属性进行分析。徐式婧（2007）[⑥]、李小

[①] Zsuzsa Cziraky Londe. *Working Memory and English as a Second Language Listening Comprehension Tests: A Latent Variable Approach*. A dissertation submitted in partial satisfaction of the requirements for the degree Doctor of Philosophy in Applied Linguistics in the University of California, 2008.

[②] 杨惠元《谈谈听力教学的四种能力训练》，《世界汉语教学》1989年第1期；杨惠元《论听和说》，《语言教学研究》1991年第1期。

[③] 杨惠元《汉语听力说话教学法》，北京语言文化大学出版社，1996年。

[④] 谷陵《论汉语听力测试中应考查的六种听力技能》，《云南师范大学学报》（对外汉语教学与研究版）1993年第6期。

[⑤] 朱正才《语言听力理解的认知结构与测试》，《语言教学与研究》2001年第3期。

[⑥] 徐式婧《C.TEST听力理解测验的诊断性研究》，北京语言大学硕士学位论文，2007年。

兰（2008）[①] 以及杨旭（2010）[②] 都做过这方面的尝试。但他们的主要目的都是做测验分数的诊断性报告，而非研究听力能力本身的结构特点。

（三）听力能力结构研究的认知心理学基础

听力能力作为语言能力的一部分，是一种复杂的认知活动，在人类的认知结构中担当了重要的角色。因而，认知心理学的相关理论及成果也可看作是听力能力研究的一项基础。

郑丽玉（1993）[③] 介绍了认知心理学有关信息处理模式的相关理论，她提出的模式主要包括以下几个阶段：感官信息输入，过滤，形态辨识，选择，短时记忆（反应），长时记忆。彭聃玲、张必隐（2004）[④] 总结了认知心理学研究领域六方面的成果：模式识别、注意、记忆、分类与概念、推理与决策、语言。认知心理学的研究成果，在能力维度划分、命名、归类等方面对本研究有重要的指导意义。

三、研究方法、过程与结果

（一）问卷调查

在前人研究的基础上我们总结概括了 16 种听力能力，并对它们做了心理维度的划分，具体见表 4—1。

[①] 李小兰《知识空间理论与规则空间模型在汉语听力理解技能测验编制中的应用》，北京语言大学硕士学位论文，2008 年。
[②] 杨旭《融合模型在 C.TEST 听力理解试题中的认知诊断研究》，北京语言大学硕士学位论文，2010 年。
[③] 郑丽玉《认知心理学：理论与应用》，五南出版公司，1993 年。
[④] 彭聃玲、张必隐《认知心理学》，浙江教育出版社，2004 年。

表4—1 16种听力能力列表

心理维度	识别	注意	记忆	理解	推断
能力	语音识别能力、信息识别能力	选择注意能力、跳跃障碍能力、快速反应能力	记忆选择能力、记忆储存能力	词语理解能力、段落理解能力、关键词语理解能力	句法推断能力、语境推断能力、隐含信息理解能力、预测能力、一心二用能力

我们根据上述特质编制了问卷对30名资深对外汉语教师和测试专家进行了调查，采用4级量表请他们就16种技能对听力能力的重要程度进行判断，据此最终确认的初级汉语学习者听力能力结构由6种子能力组成：语音识别能力、信息识别能力、短时记忆能力、选择记忆能力、词语理解能力、语境理解能力。

（二）测验编制及实施

1.试卷编制

根据上述6种子能力的定义及特点，我们设计了6种题型，分别为：选择词语的正确读音，选择与听到句子内容相一致的图片，根据对话内容做出判断，根据对话或讲话内容连线，选择正确答案将句子补全，根据对话内容选择正确答案。题型的反应方式为选择与判断两种形式，计分采用0/1的方式。

2.被试

参加本测验的被试为母语非汉语的汉语初学者，接受汉语教育的时间在100—800学时之间，人数90人，分别来自北京语言大学、北京外国语大学等高等院校，其中男生47人，女生43人，国籍背景包括32个国家和地区。第一次施测人数30人，第二次施测人数60人。

3. 初级阶段留学生汉语听力能力结构的构拟

我们将第一次施测的 30 名被试作为探索性因素分析的样本，以构拟听力能力的结构模型。进入因素分析的变量为针对调查得到的六种听力能力设计的六个分测验，即语音识别测验、信息识别测验、短时记忆测验、选择记忆测验、词语理解测验及语境的推断测验。计算时使用各分测验的总分。

首先进行 KMO 和 Bartleft 球形检验，结果见表 4—2。

表 4—2　KMO 和 Bartlett 的检验结果

取样足够度的 Kaiser-Meyer-Olkin 度量		0.587
Bartlett 的球形度检验	近似卡方	83.715
	df	15
	Sig.	0

KMO 指数达到 0.587（>0.5），说明采样充足，检验合格。Bartlett 的球形度检验结果显著，说明相关系数可以用于因素分析。

接下来用主成分分析法进行因素提取，结果见表 4—3。

表 4—3　探索性因素分析的因素提取

因素	初始特征值			提取平方和载入			旋转平方和载入
	特征值	方差(%)	累计(%)	合计	方差(%)	累计(%)	合计
1	2.974	49.566	49.566	2.974	49.566	49.566	2.429
2	1.338	22.302	71.868	1.338	22.302	71.868	1.733
3	1.005	16.753	88.621	1.005	16.753	88.621	2.001
4	0.329	5.488	94.109				
5	0.24	3.995	98.104				
6	0.114	1.896	100.00				

从以上结果看出，特征值大于 1 的因素共有三个，这三个因

素的累积方差贡献率已经达到了 88.621%，概括力较强。目前暂把得到的三个因素记为因素 1、因素 2 及因素 3，对三因素进行合理命名还要参考因素负荷矩阵。三因素未经旋转的负荷矩阵如表 4—4。

表 4—4　三因素未经旋转的负荷矩阵

因素	分测验					
	语音识别	信息识别	短时记忆	选择记忆	词语理解	语境推断
1	0.580	0.742	0.804	0.345	0.741	0.879
2	−0.268	−0.445	0.502	0.882	−0.134	−0.139
3	0.704	0.242	0.066	0.163	−0.566	−0.316

由于部分变量在因素上的负荷区别不太明显，需要采用 Kaiser 标准化的斜交旋转法进行旋转使负荷向系数 0 和 1 两极分化。旋转后的因素矩阵如表 4—5。

表 4—5　旋转后的三因素矩阵

因素	分测验					
	语音识别	信息识别	短时记忆	选择记忆	词语理解	语境推断
1	0.188	0.587	0.557	0.051	0.935	0.928
2	0.177	0.030	0.838	0.950	0.160	0.266
3	0.937	0.829	0.415	0.016	0.215	0.467

因素 3 在语音识别能力和信息识别能力上具有较高的负荷（均大于 0.8），命名为听觉识别能力；因素 2 在短时记忆和选择记忆能力上具有较高的负荷（均大于 0.8），命名为记忆能力；因素 1 在词语理解和语境推断能力上具有较高的负荷（均大于 0.9），命名为理解推断能力。

至此我们构拟出初级阶段留学生汉语听力能力的结构模型，如图 4—1：

```
听觉识别能力 ← 语音识别能力
              信息识别能力

记忆能力   ← 短时记忆能力
              选择记忆能力

理解推断能力 ← 词语理解能力
               语境推断能力
```

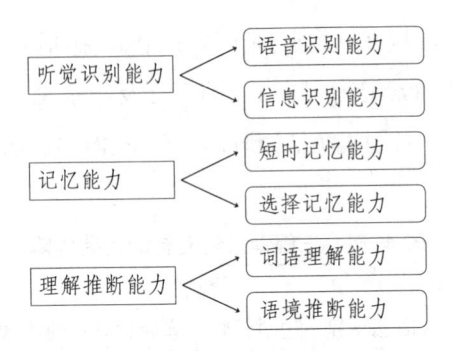

图 4—1　初级阶段留学生汉语听力能力的结构模型

4. 初级阶段留学生汉语听力能力结构的验证

我们使用验证性因素分析对所构拟的模型进行验证，进一步检测实测数据是否与模型有较好的拟合度（使用 LISREL8.0 计算实测数据的拟合指数），各拟合指数检验整理如表 4—6。

表 4—6　拟合指数检验

拟合指数	χ^2	χ^2/df	p	RMSEA	GFI	AGFI	NFI	NNFI	CFI	IFI
研究结果	3.51	0.59	0.74	0.0	0.98	0.93	0.99	1.03	1	1.01
评价标准	小于临界值	<5	不显著	<0.01	>0.9	>0.9	>0.9	>0.9	>0.9	>0.9

在验证性因素分析拟合指数的评价中，大多数拟合指数都以卡方值（χ^2）为基础，本研究的 χ^2 和 χ^2/df 分别为 3.51 和 0.59，远远低于相应的临界值，而显著性检验的 P 值高达 0.74，说明差异不显著，模型与数据拟合得很好。

RMSEA（近似误差均方根）由于其受样本量的影响较小，可以看作本研究一个比较理想的拟合指数。本研究的 RMSEA 小于 0.1，指标合格。

除此之外，本研究中 GFI、AGFI、NNFI、NFI、CFI、IFI 等拟合指数均大于 0.9，指标全部合格。

以上分析可以说明初级阶段留学生汉语听力能力的结构模型拟合良好，模型路径结构，如图4—2。

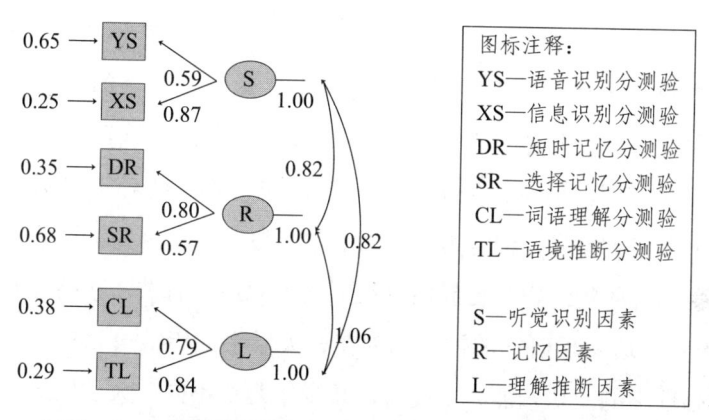

图标注释：
YS—语音识别分测验
XS—信息识别分测验
DR—短时记忆分测验
SR—选择记忆分测验
CL—词语理解分测验
TL—语境推断分测验

S—听觉识别因素
R—记忆因素
L—理解推断因素

图4—2 初级阶段留学生汉语听力能力的结构模型路径图

（三）讨论与结论

本研究的结果表明，初级汉语学习者的听力能力由听觉识别能力（包括语音识别能力和信息识别能力）、记忆能力（包括短时记忆能力和选择记忆能力）和理解推断能力（包括词语理解能力和语境推断能力）三部分构成。

与前人的研究相比，本研究的结果是在对汉语听力能力模型进行探索与检验的基础上得出的，结合该结果，有以下几个问题值得思考：

第一，通过研究得到了由三个因子构成的听力能力结构模型。与前人由理论研究而得到的平面能力结构不同，从本研究模型的路径图中可以清晰地看到能力间的层级关系。

第二，本研究可以与其他研究相互印证。李梦霞（2004）[1]

---

[1] 李梦霞《大学生英语听力结构构建与验证》，山西大学硕士学位论文，2004年。

曾运用相似的方法，对大学生的英语听力能力结构进行了实证性的探索，构拟出了3个一级能力与6个二级能力，其结果与本研究基本一致。说明作为第二语言学习者，其听力能力结构并没有因语种的区别而出现差异性。但值得注意的是，李的研究对象为大学一、二年级的学生，其英语水平已进入传统英语教学的中高级阶段，而本研究的对象为汉语初学者，两者第二语言的水平有较大差异，但能力结构却非常相似。这是因为言语信号的接受、解码的过程与已经储存在大脑中的经验有关。（杨惠元，1996[①]）这两项研究的被试均为在校大学生，年龄段相仿，从认知心理学的元认知能力角度看，与少年儿童不同，大学生的元认知知识与元认知监控都已经发展到了较为成熟的阶段，认知策略也较高，因而认知结构也会较为相似。这也从一个侧面反映出听力能力作为认知能力的一种，遵循了认知科学的相关规律，听力能力的研究必须对认知心理学的成果有所借鉴。从另一个角度考虑，在今后的研究中，需要注意被试年龄及背景的多样性，处在不同学习阶段的二语学习者其听力能力结构究竟是否存在差异，还有待于探索。

第三，听力能力的探索性因素分析的研究结果显示特征值大于1的只有三个因子，但值得注意的是，信息识别能力和短时记忆能力在因素1（理解推断能力）上也有很大的负荷,均大于0.5（见表4—4），两种二级能力的归属不是特别清晰。我们认为，这主要因为测量以上两种二级能力的题目，都是带有阅读性质的刺激。

[①] 杨惠元《汉语听力说话教学法》，北京语言文化大学出版社，1996年，第21页。

Gibson & Levin（1975：481）[①]把阅读定义为从文本中提取意义的过程，而文本不仅包括文字材料，还包括图画、图解、图表、插图等其他阅读材料。在本研究的试卷中，测量信息识别能力的分测验的刺激就是图片，被试在做答之前，除了要听辨录音中的内容，更要完成从图片文本中提取意义的过程，而此过程便与阅读相关。短时记忆能力的题目刺激与理解推断能力的分测验有着更多相近的地方，完成测验的过程中都有大量的文本信息需要被试阅读。尽管在编制试卷时我们通过朗读卷面文本等方式最大可能地避免了阅读因素对于听力能力测量的干扰，但汉字作为一种表意文字，要完全避免这种干扰很难做到。是否应该在初级汉语考试中以拼音替代汉字，或是以听读的综合题型来测量听力与阅读能力，这些问题还有待汉语考试开发者们尝试解决。

第二节　听解图式[②]

一、图式对听力理解的重要作用

图式是指储存在我们记忆中的经验或知识，大量的心理学实验结果表明，人类的认知与图式有关。而语言的理解与图式也有

[①] E.J. Gibson & H. Levin. *The Psychology of Reading*. Cambridge, MA: MIT Press, 1975.

[②] 本节摘自陈颖《试论对外汉语教学中短文听解图式的建立》，发表于《语言文字应用》2005 年第 S1 期。

着密切的关系。"鲁梅哈特认为理解就是选择能够说明输入信息的图式与变量约束的过程,如果我们发现了足以说明输入信息的一组图式,那么就可以说是理解了。"[①] 听力理解是对以听觉形式出现的语言的理解过程。听觉器官接受输入的语音信息,然后在记忆中寻找能够说明这些信息的图式,当足以说明这些信息的图式被找到以后,我们就理解了听到的内容。由此可见,理解就是图式的具体化过程,听者储存在记忆中的图式对理解起着重要的作用。

对于把汉语作为第二语言的学习者来说,学习汉语的一个重要目的就是把汉语作为交际工具,能够理解对方,进行有效的沟通和交流。听力教学就是要使学生在实际的语言交际中听懂对方所要表达的意思,把握话语的主要意义。如果学生不具备相应的图式,是根本不可能理解听到的内容的。在听力理解中,我们需要各种层次的图式,语音的、词汇的、语法的、语段的,等等。如果我们在教学中能遵循学生的认知规律,科学有效地帮助他们建构汉语言图式,将提高我们教学的有效性。我们把听力教学分为三个阶段:语音阶段、语法阶段和短文阶段。短文阶段是听力教学的高级阶段,也是我们教学重点。在经过了语音和语法的准备之后,我们常发现学生进行短文的听解时效果并不理想,可见,在短文阶段的学习中仅有语音、词汇、语法图式是不够的,我们必须在教学中有意识地帮助学生建立相应的汉语短文听解图式。

[①] 陈贤纯《外语阅读教学与心理学》,北京语言文化大学出版社,1998年,第155页。

二、短文听解图式的类型与建立

（一）篇章类型图式

语言是人类的交际工具，所有的交际都有一定的目的。不同的交际目的往往采用不同的语篇类型。不同的语篇类型往往有不同的图式，如：

记叙图式，记叙文常是介绍一个事情的经过，一般来说都有开头、结尾，中间有各种情节，情节有开始、发展、结局等。桑代克（Thorndyke）的故事语法规则揭示记叙图式：

1. 故事→背景＋主题＋情节＋结局
2. 背景→人物＋地点＋时间
3. 主题→事件＋目标
4. 情节→片段
5. 片段→子目标＋尝试＋结果
6. 尝试→事件／片段
7. 结果→事件／状态
8. 结局→事件／状态
9. 子目标→所希望的状态

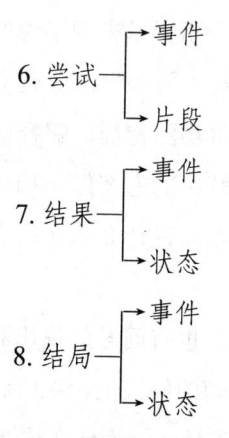

```
        人物
10. 地点 ┐→ 状态
        时间
```

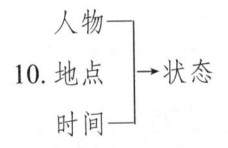

因此，在一篇记叙文中常包含事件图式，它往往可以提示我们事件的进行顺序，可能是时间上的连续，也可能是因果的联系。如在饭馆吃饭图式可能就是先点菜，然后上菜，吃完结账。每一个过程我们有可以看成一个表示场景的子图式，点菜的场景图式、结账的场景图式……同时，在这些场景中还活跃着充当不同角色的人的活动，在这里就成了角色图式：服务员、顾客，我们就可以想见人物会说什么、做什么。因此熟悉叙事图式，对于我们把握关键，听清记叙文的内容是十分必要的。我们在训练时可以让学生在听的过程中记下时、地、人，然后让他们根据事件的发生经过说出先怎样，然后发生什么，最后结果怎么样，以此帮助他们建立叙事图式。

说明图式，迈耶（Meyer）的课文分析系统表明了说明图式。首先是"问题的提出"和"解决"。在"问题"部分就会对问题进行"描述"，"描述"时就要描写事物的特征、解释问题发生的原因。在"解决"部分也同样会对解决的方案做出描述。在听说明体的文章时，则要求学生去听文章在说什么东西或提出什么问题，介绍了这个东西的哪些方面。

议论图式与说明图式有相似之处，也有问题的提出和解决，议论更多地把论述的重点放在论证问题的解决上，在听议论体的文章时，则要求他们听出作者的想法是什么，为什么这么说。

通过这样的练习，学生逐步形成了什么样的文章主要听什么样的内容的意识，建立了关于不同篇章类型特点的图式。

（二）篇章结构图式

不同类型的文章往往有不同的结构方式。议论体的文章要表明自己的观点，常常会在文章的开头提出自己的观点，然后加以论证，有时会在最后总结自己的观点；也有一些先进行论证最后得出结论。所以，议论体的结构方式不外乎总——分——总、总——分、分——总这几种形式。因此，在听力课中，我们可以让学生注意听开始和结束，然后说出主要观点，最后再让他们来听中间部分，由于熟悉这样的结构方式，学生在把握重点上就由被动成主动了。同样，记叙类文章的结构方式也是有规律的。一般来说，记叙文都是以时间的发展来组织内容的，不外乎起因——经过——结局这样的顺序或结局——开端——经过的倒叙的方式。我们在训练中可以要求学生记录与时间相关的词，这样就了解了事件的经过，然后可以进一步练习在每个时间点上发生的事情，等等。而说明文常以空间、方位的转换来对事物进行描述，因此，听清文章说明的角度是十分重要的。

篇章的结构对于学生听懂文章的主要内容有着重要作用，汉语的篇章结构往往讲究起、承、转、合，了解这样的结构顺序对我们听清事件的发展线索是十分有利的。同时，受文化的影响，汉语文章非常强调呼应，因此文章最后与开头是相呼应的，段首与段尾，短语段之间都是互相呼应的。这对学生把握文章的内容是很有帮助的。

语言符号的组合具有线条性，在篇章结构中也是如此，"篇章生产必须根据已知/未知和所期望的主位突出去安排信息，放在前面的东西将影响对后面所有信息的解读"[①]。根据篇章结构的主位理论,我们可以通过标题、文章的第一句话或文章的第一段来把握文章的主题,了解作者的写作思路。

另外,在文章中也会有一些连接词和标志词,使学生更详细地了解文章的信息。如表示层次的"首先、其次、然后、接下来、最后、第一"等,表举例的"例如、比如、比方说"等,表总结的"综上所述"等,表重述的"这就是说、换句话说"等,这些词语可以帮助我们了解作者的思路。关联词在文章中不但有连接作用,也可以使文章的逻辑关系十分明了,如"因为……所以、不但……而且、如果……就"等。这些词的运用使我们能更清晰地了解文章的层次及事件之间的逻辑关系,把握文章的脉络。

(三)文化知识图式

我们知道,文化上的差异常常会造成沟通的障碍,由于留学生的文化背景不一样,他们根据原有的文化图式来理解汉语的文章,就有可能产生听解上的障碍。比如我们听到这样的一句话"他们电视都已经买好了,就等着办事了",对于中国人来说,这句话的意思十分清楚,这两个人已经开始置办东西,快要结婚了。但是对留学生来说,理解起来就没有那么容易了,首先"办事"是什么意思,要办什么事?这就需要了解"办事"在汉语中的特别意思,是"结婚、举行婚礼"的意思。在汉语中有很多这一类的词,如一些比喻词、歇后语、成语、惯用语等与汉民族的历史、风俗民情有着密切的关系,对留学生来说就有很多困难,这就需要我们在教学中进行解释,帮助他们理解。在理解了"办事"的

[①] 刘辰诞《教学篇章语言学》,上海外语教育出版社,2000年,第60页。

意思之后,学生还会有疑问,买电视与结婚有什么关系?这就需要学生了解中国人关于结婚的一些习惯,特别是生活用品的置办的重要性。在听力教学中,学生的相关的文化知识准备得越充分,对听到的言语信号的解码就越准确、越快速。我们可以根据教学的需要,有目的地介绍一些相关的知识、背景,增加文化图式的积累,为有效的听解打下基础,如中国人对数字、颜色、动植物的好恶、话题的禁忌,等等。

三、有效利用图式的听解策略

图式对我们的听力理解有着十分重要的作用,由于图式往往反映了事物的一般共性,因此我们就能通过一些信息,利用图式进行有效的推断,从而理解文章的内容。利用图式我们还可以对我们听到的信息进行选择,分析出哪些是主要信息,哪些是次要信息,使我们能抓住文章的核心而不被一些无关紧要的细节所困扰。

在教学中我们应该训练学生掌握利用图式来进行听力理解的策略。

(一)关键词策略

我们可以利用关键词了解事件的场合、人物之间的关系,重新建构文章的意义,通过自己的知识勾勒出一个大概的内容和情节。如我们听到"买""航班""送票"这样的一些词,就可以知道可能是在买飞机票。

我们还可以根据文章中的一些关联词和连接词来理解意义,了解文章的前后关系,并以此推测事件发展的方向,把握作者的主要观点。

（二）篇章结构策略

我们已经知道不同文章有不同的结构形式，了解这些文章结构的特点就能预测文章内容的发展，在听的过程中处在一个比较主动的状态。根据汉语文章结构的特点及篇章结构的主位理论，通过听文章的开头，来推测整篇文章的主要内容。

（三）标题策略

标题对我们理解一篇文章具有十分重要的作用。首先，标题往往是文章内容的概括，我们可以根据标题预测文章的主要内容；我们也可以根据标题预测出文章可能的类型，从而在听的时候注意关键信息的提取。

（四）篇章类型策略

不同的篇章类型有不同表达目标，因此，我们可以根据文章的特点来选择听解的重点，如议论体的文章主要是表达自己的思想，文章的重点在论点和论据，因此就要注意听清作者的观点及其理由；记叙体的文章常常是给我们介绍事情的经过，文章常常以事件的发展为纲，一定有时间、地点、人物及事情经过，我们就要注意听时、地、人、事件的开始和结局。说明体的文章主要是对事物进行解说，常常从各种视角、空间位置来描述对象，就要注意听作者介绍的事物及从哪些角度来进行描写。

我们在进行听力教学时就可以选择各种文体类型的篇章，根据其模式特点，训练学生从繁杂的信息中选择关键信息的能力。

在短文的听解中，还有很多策略可以利用，作为教师，我们应该善于归纳和总结，帮助学生建立各种有效的图式，提高听解的能力。

第三节　语速标准的建立①

一、问题的提出：*正常语速与听力教学*

随着外国留学生学习汉语的目的越来越明确，越来越多样化，对外汉语听力教学更加引起了人们的重视，人们在不断地探讨影响听力提高的诸多因素和提高听力的途径。汉语语速一直是人们十分关注，争论较多，却一直没有定论的问题，包括：对外汉语听力教学的各个阶段所使用的听力材料语速是否应该一致？如果一致，这种语速应该是多少？如果不一致，各个阶段使用的语速应该是多少？人们常说的"正常语速"是在怎样情况下的语言交际，正常语速应该是多少？

首先，我们应该回顾一下人们在这些问题上的不同看法。国家汉办编制的《高等学校外国留学生汉语言专业教学大纲》（2002）②里明确规定各个年级对听力能力的不同要求，要求四个年级的学生能够听懂的语言材料的语速分别是 160—180 字／分钟、180—200 字／分钟、180—240 字／分钟、180—280 字／分钟。这个大纲在各个阶段的语速要求普遍高于大部分人的认识，通过我们的调查统计，280 字／分钟已经属于"较快正常语速"，这一标准也体现了听力教学的语言材料由慢到快的循序渐进的原

---

① 本节摘自孟国《汉语语速与对外汉语听力教学》，发表于《世界汉语教学》2006 年第 2 期。

② 国家汉办《高等学校外国留学生汉语言专业教学大纲》，北京语言文化大学出版社，2002 年。

则。北京语言大学汉语速成学院的教学大纲对A、B、C、D不同等级在听力上的语速要求分别是100—120字/分钟、120—140字/分钟、140—160字/分钟、160—180字/分钟[1]。显然，这里的A、B、C、D是一个不太长的教学阶段，与国家汉办《高等学校外国留学生汉语言专业教学大纲》中的四个年级不是同一概念，不怎么具有可比性，但其中的差距之大是明显的。语速量化是应该的，但没有必要量化到那么细的程度，因为过慢的语速要求很难体现在教学实践中。另外，100—150字/分钟的语速已经不能算作正常的会话交际了，只能认为是"超慢语速"。石佩雯、李继禹（1977）[2]最早的做法是逐渐增加录音速度，从130字/分钟（第一册）到150字/分钟（第二册），再到150—170字/分钟（第三册），最后到180字/分钟（第四册）。吕必松（1996）[3]认为教材录音最好用三种语速（160字/分钟、180字/分钟、200字/分钟）。这些做法与今天的听力教学存在着不同程度的差距。以上主张虽然不尽相同，但听力教学应该有一个由慢到快的过程则是共同的主张，也就是说到了高级阶段再使用"正常语速"的语料。也有人主张"正常语速"应贯穿听力教学的始终，也就是说一开始就使用"正常语速"的语料，杨惠元（1992）[4]曾认为：一开始就要让学生听正常语速，只有听惯了正常的语速，才不会觉得别人说话太快。石佩雯、李继禹（1977）也曾有过类

---

[1] 杨惠元《汉语听力说话教学法》，北京语言学院出版社，1996年，第19页。
[2] 石佩雯、李继禹《听力训练在语言教学中的作用》，《语言教学与研究》第1集，北京语言学院出版社，1977年。
[3] 吕必松《对外汉语教学概论（讲义）》，国家教委对外汉语教师资格审查委员会办公室，1996年，第201页。
[4] 杨惠元《中国对外汉语听力教学的发展》，《世界汉语教学》1992年第4期。

似的主张。另外，还有人认为听懂正常语速的语料是听力教学的目的，而不是手段。

这样，我们必须首先要搞清的问题是：什么是"正常语速"？正常语速应该是多少？对此人们的看法也不尽相同。有人认为是150—180字/分钟，有人认为是180—200字/分钟，还有人认为是200—240字/分钟，从150字到240字相差太悬殊了（杨惠元，1996：18）。石佩雯、李继禹（1977）认为正常语速是200字/分钟，这一看法被很多人沿用，吕必松（1996：201）也认可了这一说法。《中国汉语水平考试大纲（初、中等）》（1989）中规定的"基本为正常语速"是170—220字/分钟。杨惠元（1996：41）认为："要听懂正常语速的谈话，不能只停留在正常语速的训练上，而要有计划地进行快速练习。"这里所说的"快速练习"也不过210—220字/分钟，显然他把正常语速也定位在一个不太高的程度上，可能不超过200字/分钟。

我们说不清正常语速为200字/分钟这一说法是否有理论依据，是否有语言调查和统计的数字支持，但我们可以肯定地说，这一数字和现在人们的语言交际的语速相去甚远，对此人们往往表示怀疑，并依据自己的调查、统计提出了自己的看法。刘濓（1997）[1]的统计说明，中央电视台新闻节目的语速一般在280—300字/分钟。刘超英（2001）[2]计算出10位教师上课时的语速是207—287字/分钟，平均是239字/分钟。这两组数字对我们

---

[1] 刘濓《浅谈电视新闻教学及听力理解》，《第五届国际汉语教学讨论会论文选》，北京大学出版社，1997年。

[2] 刘超英的统计转引自刘颂浩《对外汉语听力教学研究述评》，《世界汉语教学》2001年第1期。

讨论"正常语速"问题有着很好的参考价值。笔者对语速的调查也显示，现行语速状况与我们对语速的传统认识存在着较大差距，因此，我们有必要质疑"正常语速"的传统说法。

二、不同性别、年龄、职业者以及人们不同语境情况下的语速调查

为了回答上文提出的诸多问题，我们对不同性别、年龄和职业以及人们在不同交际场合的言语交际的语速进行了调查、统计和必要的分析。这次调查的语料是笔者在编写《汉语实况听力中阶》《汉语实况听力高阶》中搜集的 126 段实况录音。

首先，我们应该搞清什么是"语速"。《现代汉语词典》（第 5 版）（2005）[1]新增了"语速"这一词条，其唯一的义项是"说话的速度"。《现代汉语规范词典》（2004）[2]则比《现代汉语词典》多了一个义项，即"单位时间内播出音节的多少"。显然，我们说的"语速"指的是后者。说的再具体点，就是："在一分钟内，一个人所说出的话的音节数量。"按照人们的普遍理解，语速不是统计一个句子所需要的时间，而是统计一个语段，甚至一个完整的话语表达所需要的时间。我们所统计的语料绝大部分都在 0.5 分钟以上，其中的 50% 以上的语料超过一分钟。因此，本研究的语速统计自然包括句际间的停顿，也就是说，统计的字数实际上

---

[1] 中国社会科学院语言研究所词典编辑室编《现代汉语词典》（第 5 版），商务印书馆，2005 年，第 1665 页。

[2] 李行健主编《现代汉语规范词典》，外语教学与研究出版社、语文出版社，2004 年，第 1601 页。

是音节数，不包括标点符号。比如："52%"我们按6个音节统计，"234"我们按5个音节统计，"一会儿""聊天儿"则分别按两个音节统计。但是，我们的文字表述却沿袭了人们用"字"，而不用"音节"的传统做法，即用"245字/分钟"，而不用"245音节/分钟"。在本研究的调查和统计中，字数保留到个位，分钟保留到小数点后两位，采取四舍五入的原则。另外，一个人的语速往往由多种因素决定，其中"性格"起到很重要的作用，比如性格外向者往往语速较快，但我们的调查很难将这些内容量化，无法体现这一点，因此，其调查的结果也是相对的。

表4—7 《汉语实况听力中阶》《汉语实况听力高阶》的平均语速及语速的分布和比例

语料数量（段）	平均语速（字/分钟）	语速在150—199字/分钟数量及比例		语速在200—244字/分钟数量及比例		语速在245—299字/分钟数量及比例		语速在300字/分钟以上的数量及比例	
126	244.45	21	16.67%	43	34.12%	41	32.54%	21	16.67%

平均语速为244.45字/分钟，这一结果恐怕会超出大部分人的普遍认识和说法。已故的北师大语音专家周同春教授的研究表明[①]，对于日常生活中非常熟悉的语言，在短时间内（几秒钟内），人耳的接受程度可达每秒七八个字，甚至更多（即400—500字/分钟）；一般情况下，人耳的接受程度，即辨析率是每秒四五个字，（即240—300字/分钟）。400—500字/分钟，需要有重要的前提，即"日常生活中非常熟悉的语言"和"在几秒钟之内"，因此不是正常语速；而240—300/分钟，是在"一般情况下"，因此，

[①] 周同春教授的研究成果，转引自谢礼遒、周振玲《广播新闻播音语速浅析》，新传播资讯网，2002年。

可以认为是正常语速。这一研究成果恰恰和我们调查统计的平均语速 244.45 字 / 分钟比较吻合。

不同性别者的语速调查和统计的结果超出了大部分人的估计,请看表 4—8。

表 4—8 不同性别者的平均语速及语速的分布和比例

性别	语料数量（段）	平均语速（字/分钟）	语速在 150—199 字/分钟数量及比例	语速在 200—244 字/分钟数量及比例	语速在 245—299 字/分钟数量及比例	语速在 300 字/分钟以上的数量及比例
男	83	249.29	12	14.46%	29	34.94%	24	28.91%	18	21.69%
女	43	238.86	9	20.93%	15	34.88%	16	37.21%	3	6.98%

男性和女性比,谁说话快,人们往往没有认真比较过,笔者在进行的很随意的口头调查中,大部分人认为,女性比男性说话快。然而,实际调查情况却恰恰相反。很多人认为,教语言,女性比男性更合适,留学生往往也愿意女教师教,对于这种现象人们并没有认真地分析和思考过。其中的原因应该是多方面的,通过语速调查可以肯定的一个原因是男性比女性说话快,每分钟 11 个字已不是一个很小的数字,特别是超过 300 字 / 分钟的较快语速,男性占 21.69%,女性只占 6.98%;而低于 200 字 / 分钟的"较慢语速"和"接近正常语速",女性却占 20.93%,男性则只占 14.46%。

不同年龄者的语速状况调查和统计的结果符合绝大部分人的估计,但青年、中年、老年在语速上的差距之大,却有点出乎人们的预料。

表4—9 不同年龄者的平均语速及语速的分布和比例

年龄	语料数量(段)	平均语速(字/分钟)	语速在150—199字/分钟数量及比例		语速在200—244字/分钟数量及比例		语速在245—299字/分钟数量及比例		语速在300字/分钟以上数量及比例	
青年	62	276.40	2	3.23%	12	19.35%	27	43.55%	21	33.87%
中年	55	223.09	11	20%	29	52.74%	14	25.45%	1	1.81%
老年	8	184.38	7	87.50%	1	12.50%	0	0	0	0

需要说明的是,在青年、中年、老年的划分上我们很难十分科学,我们只能根据录音提供的背景进行尽可能准确地估计和推测。从分布上看,年轻人中的33.87%超过300字/分钟,而中年的这一语速段的比例仅仅是1.81%,而老年人则没有一个人达到244.45字/分钟这一平均语速。200字/分钟以内,青年人只占3.23%,而中年人则占20%,老年人则高达87.50%。由此可以看出年轻人生活节奏快、思维敏捷、口齿伶俐的特点,当然也可以看出中老年稳重、成熟、有条不紊的性格。

不同职业者在语速上的不同是人们可以预料到的,但哪些职业语速快,哪些职业语速慢,他们之间的差距有多少,恐怕难以说清。

表4—10 不同职业者的平均语速及语速的分布和比例

职业	语料数量(段)	平均语速(字/分钟)	语速在150—199字/分钟数量及比例		语速在200—244字/分钟数量及比例		语速在245—299字/分钟数量及比例		语速在300字/分钟以上数量及比例	
主持人、记者	35	290.71	0	0	2	5.72%	16	45.71%	17	48.57%
大学生	12	278.58	0	0	2	16.67%	8	66.66%	2	16.67%
知识分子(不含教师)	14	227.36	4	28.57%	4	28.57%	6	42.86%	0	0
官员、干部	18	222.72	5	27.78%	9	50%	4	22.22%	0	0

续表

职业	语料数量（段）	平均语速（字/分钟）	语速在150—199字/分钟数量及比例	语速在200—244字/分钟数量及比例	语速在245—299字/分钟数量及比例	语速在300字/分钟以上数量及比例
普通人群	26	222.62	6　23.08%	14　53.85%	4　15.38%	2　7.69%
知识分子（含教师）	35	218.77	10　28.57%	17　28.57%	8　22.86%	0　0
教师	21	213.05	6　28.57%	13　61.90%	2　9.53%	0　0

通过调查，我们看到6种不同职业者的语速情况，"主持人、记者"伶牙俐齿，咄咄逼人，排在首位，理所当然；"大学生"年轻气盛，思维敏捷，口齿伶俐，紧随其后也属自然。这两种人形成语速快的"第一集团"，其语速大大超过244.45字/分钟的平均语速。值得注意的是，在全部126段语料中，语速在300字/分钟以上者只有21人，而在"第一集团"中，这一语速段则多达19人，占90%以上。在200字/分钟以内的语速段，"第一集团"没有一个人，而低于244.45字/分钟的平均语速者，"第一集团"也只有8.5%，换句话说，"第一集团"中的90%以上超过244.45字/分钟的平均语速。"知识分子（不含教师）"知识丰富，头脑清楚，表述严谨，语速适中，这也在情理之中；而"干部、官员"语速不太快也有一些道理，这些人言语谨慎、深思熟虑，另有一些人拿腔作调，口头语较多，在任何场合讲话都像做报告。"普通人群"是个笼统的概念，不是职业上的划分，有点"大杂烩"的味道，我们注意到"普通人群"是6种职业者中唯一一个在4个语速段中都占有一定比例的"职业"，其"最快语速"和"最慢语速"相差最大，高达157字/分钟，这恰恰符合其三教九流、包罗万象的特点。这三种人群形成了接近244.45字/分

钟的平均语速的"第二集团",这一"集团"与"第一集团"的较大差距,似乎在人们的意料之中。倒是以说话为职业的"教师"的语速最慢有些让人吃惊,不过,细想起来也有个中缘由,一般来说教师应该是思维清晰,口齿清楚,语音标准,希望自己的每一句话都让对方听清,而这些特点恰恰使得他们的语速不会太快。我们发现,有90%以上的教师的语速低于244.45字/分钟的平均语速,其"最快语速"和"最慢语速"相差最小,只有88字/分钟。上文提到刘超英(2001)统计的教师上课的语速是239字/分钟,虽然低于我们调查的平均语速,但比我们统计的教师平均语速213.05字/分钟要高不少,这里的一个主要原因是我们所调查的教师有一半是对外汉语教师或一般教师在和外国人谈话,教师和外国人谈话其语速比面对中国人上课要慢得多。

语言环境,指人们的交际场合、交际对象和交际目的。应该承认不同语境往往和不同职业有密切的关系,但这毕竟是从两个不同的角度来分析语速,分析出的结果也具有不同的意义和价值。

表4—11 不同语境的平均语速及语速的分布和比例

语境	语料数量（段）	平均语速（字/分钟）	语速在150—199字/分钟数量及比例		语速在200—244字/分钟数量及比例		语速在245—299字/分钟数量及比例		语速在300字/分钟以上数量及比例	
采访	4	298.75	0	0	0	0	2	50%	2	50%
主持节目	26	296.77	0	0	0	0	12	46.15%	14	53.85%
被采访	41	243.66	2	4.88%	20	48.78%	17	41.46%	2	4.88%
日常会话	13	229.69	4	30.77%	5	38.46%	2	15.38%	2	15.39%
一般讲述	29	222.21	8	27.59%	13	44.82%	7	24.14%	1	3.45%
和外国人谈话	13	201.62	7	53.85%	5	38.46%	1	7.69%	0	0

通过调查和统计，我们发现"采访"的语速最快，高达298.75字/分钟。采访是记者的工作，但却比我们统计的"记者"的语速（290.71字/分钟）高出一些，这里有其必然性，采访时，记者进入状态，言语犀利，咄咄逼人，自然语速很快，但这次调查此类语料较少，所以很难说是十分科学和准确的；与"采访"不相上下的是"主持节目"，同样，"主持节目"时的语速比前面统计的"主持人"的语速（290.71字/分钟）稍快一些。这两种语言环境的语速最快，远远高于其他，其语速全部在平均语速244.45字/分钟以上，而且有50%以上者的语速超过300字/分钟；"被采访者"虽然是各类不同的人群，但往往不由自主地受采访者的影响，其语速比"日常会话""一般讲述"等要快得多，最接近平均语速；"日常会话"也是各式各样的人群，我们注意到这些谈话者中老年人居多，其语速比我们调查的平均语速慢一些也在情理之中；"一般讲述"往往是一个人的成段口述，讲述过程中常常因思维中断、组织句子而停顿，所以明显低于平均语速也不属例外；"和外国人讲话"语速最慢，这是在所有人意料之中的事，统计表明，超过244.45字/分钟的平均语速只有一人，占7.69%，也就是说有92%的人的语速没有达到平均语速。我们所调查的"和外国人谈话"的13个人中，只有两例是专职的对外汉语教师，他们的平均语速是183字/分钟，可见在和外国人谈话时，专职的对外汉语教师的语速往往比一般教师要慢一些，这可能也是对外汉语教师的"职业病"。

三、对外汉语听力教学语速标准探讨

随着社会的进步和发展,语言也发生了很大的变化,语速的变化就是其中的一点。有资料显示,改革开放以来,人们的语速在不断加快。以中央人民广播电台最具影响力的《新闻和报纸摘要》节目为例,20世纪60年代的平均语速是185字/分钟,80年代是200—220字/分钟,90年代是240—260字/分钟,近几年是250—270字/分钟,最快时达到300多字/分钟[①]。这里原因很多,一方面,语速随着人们生活节奏的加快而加快;另一方面,在人们之间的言语交际中,信息量的大幅度增加,也需要加快人们语言表达的速度。如此说来,我们的对外汉语教学也不应该停留在20世纪五六十年代的语速状态,而应尽量适应现在的快节奏的语速状态和大信息量的语言表达,这就需要我们不断地改进教材的内容,调整教学大纲的各项指标和要求,使听力课的课堂教学能够和这一状态相吻合。

我们还要回到开始的话题:什么是"正常语速"?正常语速应该是多少?我们认为:正常语速是大部分同母语的人,在自然的语言环境中,在自然的状态下进行言语交际时的说话速度。说话的速度可能受性别、年龄、职业、交际环境以及性格等方面的影响,其快慢的幅度较大,我们经过调查统计得出的实况汉语244.45字/分钟的平均语速可以作为一个参考,大致说来,现行阶段正常语速应该在245字/分钟左右。但是,正常语速不应该是一个数值点,而应该是一个不太小的数值段,如

---

① 谢礼遴、周振玲《广播新闻播音语速浅析》,新传播资讯网,2002年。

果划出一个幅度的话,我们认为200—300字/分钟应该属于正常语速的范围,在我们调查的126段语料中,这一语速段共有84段,恰好占全部语料的2/3,这和我们前面提到的正常语速是"大部分"人的语速相一致。在这个正常语速段中,我们还可以把200—219字/分钟语速段视为"较慢正常语速段";把220—269字/分钟语速段视为"适中正常语速段";把270—299字/分钟语速段视为"较快正常语速段"。我们还可以把180—199字/分钟语速段视为"接近正常语速段";把150—179字/分钟语速段视为"较慢语速段";把低于150字/分钟语速段视为"超慢语速段";把300—350字/分钟语速段视为"较快语速段";把超过350字/分钟语速段视为"超快语速段"。前文提到许多专家认为正常语速是200字左右/分钟,显然缺少对现行语速的实际考察和统计,只能认为是"接近正常的语速"或"较慢正常语速",也许还可以说这是和外国人交际比较适当的语速。

表4—12 现阶段语速状态的分布与比例

语速状态	较慢语速	接近正常语速	正常语速（84段,占全部语料66.7%）			较快语速
^	^	^	较慢正常语速	适中正常语速	较快正常语速	^
语速标准	150—179字/分钟	180—199字/分钟	200—219字/分钟	220—269字/分钟	270—299字/分钟	300—350字/分钟
人数	9	12	11	58	15	21
在126段语料中的比例	7.14%	9.53%	8.73%	46.03%	11.9%	16.67%
在84段正常语速语料中的比例			13.1%	69.05%	17.85%	

为了了解现行听力教材的语速状态,我们对一些现在通用的听力教材的语速做了大致的统计:

表4—13 现行部分通用听力教材的语速统计

教材	语料段数	最快语速（字/分钟）	最慢语速（字/分钟）	平均语速（字/分钟）
《初级汉语课本》（一）	4	160	129	137
《初级汉语课本》（二）	4	174	139	160
《初级汉语课本》（三）	6	191	147	167
《中级汉语听和说》	3	180	173	177
《汉语听力教程》（一年级第三册）	6	206	172	187

从这一统计中可以看出,现行通用的对外汉语听力教材的语速相对来说是比较慢的,《初级汉语课本》一、二、三各自的平均语速虽然体现了由慢到快、循序渐进的原则,但其平均语速都属于较慢语速（150—179字/分钟）,而第一册只能属于"超慢语速"（150字/分钟以内）;《中级汉语听和说》虽说已经是"中级",但也没有达到"接近正常语速"（180—199字/分钟）;2000年出版的《汉语听力教程》的一年级第三册,应该属于初中级的过渡性教材,在语速问题上显然注意到了现行语速的实际情况,其平均语速达到了"接近正常语速",其中一些语料已经达到了"正常语速"（200字/分钟以上）。当然,我们并不主张从初级阶段就让留学生使用正常语速的语料作为听力教学的教材,但从上面的统计中,我们可以看到现行听力教材与目前汉语语速的实际状况存在的差距十分明显。

汉语水平考试（HSK）对我们的教学有着很好、很重要的导向作用,HSK听力部分的语速对我们的听力教学应该是一个重要的参考。我们对 HSK（初中等、高等）样卷的听力部分的语速进行了统计，如表4—14。

表4—14 汉语水平考试（HSK）样卷听力部分语速统计

汉语水平考试（HSK）等级	语料段数	最快语速（字/分钟）	最慢语速（字/分钟）	平均语速（字/分钟）
HSK 初中等听力（三）	6	240	193	214.67
HSK 高等听力（一）	7	228	202	216.29
HSK 高等听力（二）（实况）	3	231	186	201

从这个统计中我们可以看到：第一，HSK 初中等和高等的听力部分的语速虽然都达到了正常语速的范围，但都属于"较慢正常语速"，所以，在语速上，有适当提高的空间和必要。HSK 高等（一）的平均语速（216.29 字/分钟）和 HSK 初中等（三）的平均语速（214.67 字/分钟）基本持平，我们以为，作为高等考试，在语速上应该适当拉开与初中等考试的距离，至少应该达到"适中正常语速"（220—269 字/分钟）；第二，尽管 HSK 的听力部分属于"较慢正常语速"，但其平均语速已明显高于我们现行的听力教材和教学的标准，所以现行的听力教材和教学在语速上还有相当的提升空间，可以说这是 HSK 对我们教学和教材编写的一个重要启示，是一个具有指导性的意见，所以适当提高初中等听力教材和教学的语速，可以使我们的教学与 HSK 的关系更加紧密；第三，HSK 高等（二）的实况听力部分的语速略低于 HSK 初中等和高等的非实况听力部分的语速，这里虽然有出题专家选择语料时考虑到语速的标准这一因素，但我们至少可以看出，语速的快慢绝不是实况听力和非实况听力最主要的区别，实况听力只是在语句内语速较快，但整段表达停顿较多、较长，因为实

况表述往往需要思考的瞬间，而照本宣科的诵读则不需要这些。所以实况汉语的平均语速也不会太快，前面调查统计出的大量数值也证实了这一点。

那么，对外汉语听力教学的语言材料的语速应该是多少？我们以为对不同水平、不同教学阶段的留学生应该使用不同语速的语言材料。但这个阶段没必要划分得过细，也不应该划分得太绝对，语速的起点也不要太慢。

我们主张留学生学习汉语的开始阶段，不应该使用150字/分钟以内的"超慢语速"的语言材料，而可以使用"较慢语速"的语言材料（150—179字/分钟），但这一阶段的学习时间不应该太长，要逐渐地过渡到使用"接近正常语速"的语言材料（180—199字/分钟）阶段，在初级阶段应该完成"接近正常语速"的听力训练。几位专家提到，应尽快让留学生使用180—200字/分钟的"正常语速"的语言材料，我们觉得这一主张是可行的，但称其为"正常语速"的说法则欠准确。初级汉语阶段使用的语言材料其语速不能太快，使用220—269字/分钟的"适中正常语速"的语言材料则欲速不达，但长期使用和正常语速相去甚远的过慢语速和较慢语速的语言材料，也达不到教学目的，因为这种语速的教学很难适应将来的正常语速的教学和交际。中级阶段应该完成从使用"接近正常语速"的语言材料阶段到使用"较慢正常语速"的语言材料（200—219/字分钟）阶段的过渡，这一阶段应该适当接触实况汉语听力材料。高级阶段应该完成使用"正常语速"（200—299字/分钟）听力材料的适应过程，这就要全面地进行汉语实况听力的训练。语速作为听力的障碍，不同于生词、语法，没有多少需要专门学习的东西，很大程度上是个适应问题，这就需要多听、多练，逐渐地适应。教学实践证明，学习汉语的开始阶段，把接近正常语速的汉语材料作为听力教材是可行的，也是必要的。

听懂正常语速的汉语交际是听力教学的目的，所以在听力教学中以正常语速的实况汉语作为教材，是十分必要的。我们主张让留学生尽快接触245字/分钟左右的正常语速的听力材料。这种做法绝不是说245字/分钟左右的有声汉语材料是我们听力教材的标准，而是主张以自然状态下的实况汉语作为听力教材，这些实况汉语的语速变化较大，慢的不超过160字/分钟，快的则达到350字/分钟，从上面的调查中可以清楚地看到这一点。一般来说，在留学生学习中级汉语的时候，或者说在中国学习一年汉语以后，听力课就应该多听这样的实况汉语。开设"汉语实况听力"课，肯定地说，开始阶段学生有个适应过程，但经过一个月左右的训练，留学生便能够逐渐地适应实况听力的正常语速。当然，实况听力学习的开始阶段，应该精心挑选那些适合他们的语言材料，这些材料最好是没有或少有生词和新的语法点，语速不要太快，少有方音，内容对于留学生来说比较熟悉。这样循序渐进，经过一个学期的学习，留学生就可以完全适应这种正常语速的实况汉语语料，当然也就达到了能够自如地和普通中国人进行正常的言语交际的目的。

第四节 语速与听力理解的关系[①]

一、问题的提出

言语速度（speech rate，以下简称"语速"）是第二语言教学实践中存在的现实问题，也是第二语言教师所关心的问题。关于语速问题的研究，最早出现在病理语言学领域，研究对象主要是失语症患者（Nicholas 等，1989）[②]、儿童和老年人（Schmitt 等，1989）[③]，研究者们从病理学角度深入研究语速对患者各种语言能力发展的影响。近年随着第二语言教学研究的迅速发展，语速对正常的语言学习者在语言理解上的影响引起了人们的兴趣和关注。具体而言，就是指在课堂上，教师究竟应该用什么样的语速进行教学，以符合第二语言学习者语言理解和听力发展的一般规律；对于不同水平的第二语言学习者，教师是否应该用不同的语速进行教学，或者始终保持一定的语速（较高或较低）更加有利于学习者的理解和听力水平的提高。

针对这些问题，研究者进行了很多的探讨。一部分研究认

[①] 本节摘自田靓《言语速度对留学生听力理解的影响》，发表于《汉语学习》2006 年第 2 期。

[②] L. E. Nicholas & R. H. Brookshire. Consistency of the Effect of the Rate of Speech on Brain-Damaged Adults' Comprehension of Narrative Discourse. *Journal of Speech and Hearing Research*, 1989(29).

[③] J. F. Schmitt & J. R. Moore. Natural Alteration of Speaking Rate: The Effect on Passage Comprehension by Listeners over 75 Years of Age. *Journal of Speech and Hearing Research*, 1989(32):445-450.

为语速对语言理解存在影响,如 Griffiths(1991[①]、1992[②])、Griffiths & Beretta(1991)[③]。他们提出,在第二语言教学过程中,教师应该使用较慢的语速授课,这将有益于学习者的理解。Blau(1990)[④]的研究报告则认为:用加长句间停顿的方式来降低语速,只对低水平的第二语言学习者有益;对于高水平的第二语言学习者,这样的停顿不仅没有帮助,甚至可能对学习者的理解产生负影响。另一些学者的研究结果显示:语速对语言理解的影响不如想象中那么明显。Rader(1990)[⑤]研究了母语为西班牙语的大学生,比较他们在听正常语速和较慢语速的西语文章时的表现结果并无显著差异。Roe(1992)[⑥]在对英语母语者的研究中也发现,语速对于理解的影响取决于被试所参与的作业。

从目前的研究来看,一部分研究只针对母语者的听力理解进行分析,另一些研究则着力于将语速与其他因素的影响做比较分析。从第二语言学习者的角度,将语速作为独立因素进行考察的研究还比较少。因此,我们希望借鉴前人的研究方法,把语速作

[①] R. Griffiths. Language Classroom Speech Rates: A Descriptive Study. *TESOL Quarterly*, 1991(25).

[②] R. Griffiths. Speech Rate and Listening Comprehension: Further Evidence of the Relationship. *TESOL Quarterly*, 1992(26):385-390.

[③] R. Griffiths & A. Beretta. A Controlled Study of Temporal Variables in NS-NNS Lectures. *RELC Journal*, 1991(22):1-19.

[④] E. K. Blau. The Effect of Syntax, Speed, and Pauses on Listening Comprehension. *TESOL Quarterly*, 1990(24):746-753.

[⑤] K. E. Rader. *The Effects of Three Different Levels of Word Rate on the Listening Comprehension of Third-Quarter University Spanish Students*. Doctoral dissertation, Ohio State University, Columbus, 1990.

[⑥] C. M. Roe. *Presentation Rate, Articulation Rate, Word Length, and Working Memory Theory*. Doctoral dissertation, Southern Illinois University, Carbondale, 1992.

为独立因素，对不同水平的第二语言汉语学习者的听力理解进行定量研究，进一步揭示在第二语言学习中，语速对不同阶段的学习者听力理解的作用与影响，为对外汉语教学实践提供参考依据。

二、研究方法

（一）实验设计

本研究采用 3×3 的两因素混合设计。语速为被试内因素，分为三个水平（高速为 200 字/分钟，中速 150 字/分钟，低速 100 字/分钟）；汉语水平为被试间因素，分为基础级、初中级、高级三个水平。

（二）被试

被试总数为 88 人，是北京语言大学速成学院的短期留学生，分别在 B、C、D 三个等级的班级中学习。其中，B 班被试 24 人，C 班被试 30 人，D 班被试 34 人。以区分母语背景而构成的小类中含有的人数较少，我们在研究中没有将母语差别作为自变量考察。

（三）实验材料

录音文本材料主要来源于国家汉语水平考试办公室编制的《中国汉语水平考试大纲》样题中的听力理解部分。我们从不同等级的样题中分别选取一定数量的听力理解题，编制成听力试卷的形式。试卷由练习题和实验题组成。实验要求被试根据所听对话或短文后提出的问题，从试卷所提供的 4 个选项中选出 1 个正确的答案。

（四）材料的制作

我们聘请了两位北京籍学生（一位男生和一位女生，均为北京语言大学对外汉语专业本科三年级学生）作为录音人，朗读编辑好的录音文本，并使用 COOL EDIT 语音软件记录他们的声音。正式录音前，我们对两位录音人进行了为期两天、每天一小时的训练，使他们能够掌握并调节自己的语速，用快、中、慢三种不同的语速朗读同一段文章。

正式录音时，录音人将三个等级的材料分别以三种不同的语速朗读出来，共得到 9 段语音记录。而后用 COOL EDIT 对这些语音记录材料加以分解编辑，把同一等级内的各条材料按语速重新排列组合，得到以快中慢（H M L）、中慢快（M L H）、慢快中（L H M）三种语速组合成的语音材料 3 段。编辑完成后，再由计算机转录为普通录音盒带，共 9 盘。采用 2.5 计分方式，以被试测试成绩的错误率作为指标（错误率 = 错误题数/总题数）。

（五）实验步骤

实验以教学班为单位，采用随堂测试的方式。实验环境为听力课语音教室。实验工具为一台录音播放控制器，耳机若干台。以听清楚为前提条件，每位被试可以根据自己的情况选择使用或不使用耳机。听力教师作为主试，实验前由主试对测试题的要求做必要的解释，并进行试听。试听之后，主试确认被试无任何不清楚之处后，继续播放录音，被试根据录音的内容答题。录音结束后，主试立即将所有试卷回收。

三、研究结果

我们对 88 名有效被试的数据进行归类整理，使用 SPSS 统计软件包对数据进行分析。

（一）语速的影响

我们利用方差分析（ANOVA）对留学生在不同语速作业中的错误率进行了比较，结果显示：语言水平主效应[P=0.702]、语速水平主效应[P=0.577]以及这两种因素的交互作用[P=0.519]均未达到显著水平，也就是说，将语言水平、语速水平分别作为独立因素考察时，它们各自对学习者的作业成绩没有产生显著影响；将汉语水平与语速水平两个因素综合考察时，它们的变化趋势也是一致的。我们进一步分析了不同语言水平和不同语速的排列顺序之间的关系，结果显示：语言水平主效应[P=0.911]、语速排列顺序主效应[P=0.914]也未达到显著水平，二者的交互作用[P=0.054]达到了边缘显著水平，这说明语速排列顺序的不同对汉语水平不同的学习者存在显著影响。因此，我们对语速水平进行多重比较分析，结果显示：语言水平和语速之间的交互作用[P=0.117]未达到显著水平，而语速与它的排列顺序之间的交互作用[P=0.00]、语言水平、语速及其排列顺序三者之间的交互作用[P=0.00]均达到了显著的水平。以上分析显示：仅就语速而言，它对不同汉语水平学习者的听力理解没有显著的影响，而语速排列顺序显著地影响汉语水平不同的学习者的成绩。

（二）语速排列顺序的影响

1. 高语速（H）位置的影响

我们对语速进行了简单效应分析，结果显示：高语速内容在听力材料中所处的位置对于基础、初中级、高级水平的学生均有显著的影响[P（基础）=0.03，P（初中级）=0.00，P（高级）=0.01]。具体地说，当高语速（H）置于第一位置（排列为HML）时，对基础水平和初中级水平的学习者成绩影响较为显著，对高水平的学习者没有显著影响,这说明高语速对语言水平较低的学习者存在影响;当高语速的听力内容置于低语速之后时(排列为MLH或LHM)对于不同水平的学习者均有显著的影响。具体情况见图4—3[①]:

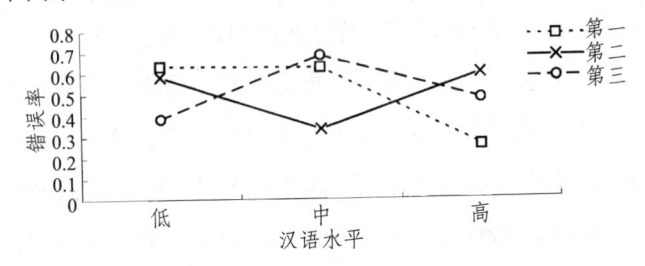

图4—3 不同汉语水平的学生在高语速中的听力理解错误率

2. 中语速(M)位置的影响

中语速所处的位置对于基础水平的学习者、初中级水平的学习者无显著影响 [P(基础)=0.479,P(初中级)=0.797];对高水平的学习者有显著的影响 [P(高级)=0.004]。中语速的听力内容置于低语速之前时(排列为HML或MLH),对高水平的学习者有显著影响,具体情况见图4—4[②]:

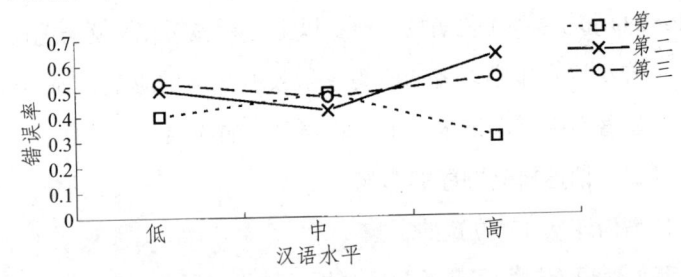

图4—4 不同汉语水平的学生在中语速中的听力理解错误率

---

① 图例中的"第一"表示H排列在第一位,"第二"表示H排列在第二位,"第三"表示H排列在第三位。

② 图例中的"第一"表示M排列在第一位,"第二"表示M排列在第二位,"第三"表示M排列在第三位。

3. 低语速（L）位置的影响

低语速所处的位置对于基础水平的学习者没有显著影响[P（基础）=0.9451]；对初中级水平、高水平的学习者则有显著的影响[P（初中级）=0.000，P（高级）=0.000]。当低语速（L）置于第一位置（排列为 L H M）时，对初中级水平和高水平的学习者影响均十分显著；当低语速置于最后（排列为 H M L）时，对高级阶段的学习者影响极为显著，这说明语言水平较高的学习者受到低语速材料的影响显著，具体情况见图4—5[①]：

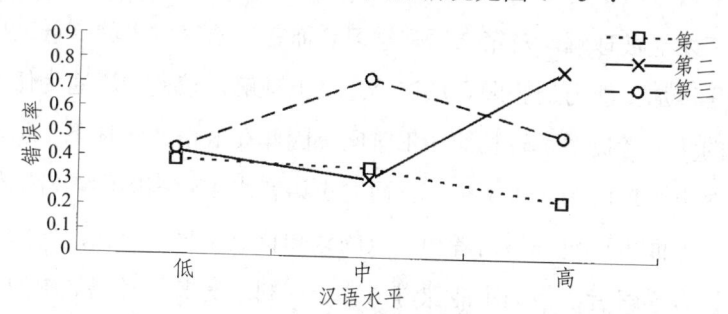

图4—5 不同汉语水平的学生在低语速中的听力理解错误率

（三）小结

通过以上分析我们发现，虽然从整体上看，语速与语言水平之间并没有显著的关系，但是每一种语速和不同语言水平之间存在交互作用。这种交互作用具体体现为：对语言水平较低的学习者，他们的听力水平适应低语速，因为低语速材料的相对位置并不影响低水平的学习者；对于语言水平较高的学习者，高、中、低三种语速的相对位置都有显著的影响。

[①] 图例中的"第一"表示 L 排列在第一位，"第二"表示 L 排列在第二位，"第三"表示 L 排列在第三位。

四、讨论

通过对语速与语言理解间相互关系的定量研究,我们可以得出如下结论:

第一,语速对第二语言汉语学习者的听力理解有一定的影响,它主要通过与其他因素的综合作用影响学习者的听力理解水平。各种语速的相对位置对学习者具有不同程度的影响,汉语水平高的学习者所受的影响最为明显。因为语言是一种信息载体,需要加工才能被理解。对第二语言学习者而言,语言水平的高低表现为言语加工能力的强弱。从这个意义上理解,较慢的语速为低水平的学习者提供了较长的加工时间,因此在低语速条件下,学习者对语言理解的正确率较高。而对于语言水平较高的学习者,他们一方面表现出与母语者相一致的认知特点,另一方面,作为第二语言学习者,他们不能像母语者一样利用提取长时记忆中的语义信息帮助理解,以弥补由于人脑工作记忆的有限性造成的信息遗忘,因而在低语速条件下,他们对言语理解的正确率反而较低,同时在语速转换的条件下,学习者受到的影响比较显著。

第二,教师的语速对初学者的影响较为显著,因此我们认为,应当缩短使用慢语速教学的时间,从而使学生在学习中避免养成依赖教师降低语速帮助自己理解的习惯。许多对外汉语教师在教学中使用的教学语速仍然是由慢到快,从我们的实验结果来看,这种方式是有一定的心理依据的。但这使得第二语言学习者从起步就养成一定的依赖性。这样的习惯使得教学者把语速作为影响听力理解的第一要素;学习者把语速作为听力理解所依赖的第一要素。在我们的实验过程中也遇到这样的情况,语言水平较低的被试在听高语速的材料时，出现焦虑或者无心答题的状况，这也对我们的实验结果产生了一定的影响。

第三，在实验过程中，一些问题还有待于进一步的研究。首先是语速的匹配问题。我们力图用最经济的手段得到一定量的数据，即考察最少量的被试，获取最大量的数据。但是这使得被试不适应语速的转换，给实验结果带来一定程度的影响。其次，本研究以教学班为单位进行实验，由于班级数量有限，无法把不同的语速进行全部排列，使得被试匹配不够均匀。

第五章

听力教学的方法与效果

第一节 输入—输出训练模式[①]

一、引言

近二十年来,关于输入与输出在二语习得中的作用和地位问题一直受到二语教学界的高度关注,围绕这一问题的讨论层出不穷,如 Krashen(1985)[②],Swain(1985[③]、1995[④]),Long(1985)[⑤],

---

[①] 本节摘自洪炜《输入—输出训练模式对听力理解影响的实证研究》,发表于《华文教学与研究》2010年第4期。

[②] S. D. Krashen. *The Input Hypothesis: Issues and Implications*. London: Longman, 1985.

[③] M. Swain. Communicative Competence: Some Roles of Comprehensible Input and Comprehensible Output in Its Development. In S. Gass & C. Madden (eds.). *Input and Second Language Acquisition*. Rowley, MA: Newbury House, 1985.

[④] M. Swain. Three Functions of Output in Second Language Learning. In G. Cook & B. Seidlhofer (eds.). *Principles and Practice in the Study of Language*. Oxford: Oxford University Press, 1995.

[⑤] M. Long. Input and Second Language Acquisition Theory. In S. Gass & C. Madden (eds.). *Input and Second Language Acquisition*. Rowley, MA: Newbury House, 1985.

Schmidt（1992）[①]，VanPattern（1996）[②]，Ellis（2002）[③] 等均对此做出了一系列探讨。其中以 Krashen（1985）的"输入假设"（the input hypothesis）为代表的一派认为，语言的习得是靠获得略高于学习者现有水平的"可理解输入"（comprehensible input）实现的，一旦学习者获得足够的可理解输入并设法对其进行理解，习得就会产生。因此，Krashen 认为听力活动对语言学习来说至关重要。

Krashen 将语言习得完全归功于语言输入的观点受到了另外一些学者的质疑。Swain（1985）对加拿大的法语沉浸式教学做了调查后提出"输出假设"（output hypothesis）。该理论不同于 Krashen 的"输入假设"，它虽然也承认二语习得中的输入是必不可少的条件，但强调输出在二语习得中具有同样重要的地位。Swain 认为，输出具有三个功能，即注意、验证和元语言功能。Long（1983）[④] 的"互动假设"（interaction hypothesis）也强调进行互动性的调整可增加理解性输入的效果。此外，王奇民（2003）[⑤] 也指出，除了合适的可理解性输入，学习者的积极参

[①] R. Schmidt. Psychological Mechanisms Underlying Second Language Fluency. *Studies in Second Language Acquisition,* 1992, 14(4).

[②] B. VanPatten. *Input Processing and Grammar Instruction: Theory and Research.* Norwood, NJ: Ablex Publishing Corporation, 1996.

[③] N. C. Ellis. Frequency Effects in Language Processing: A Review with Implications for Theories of Implicit and Explicit Language Acquisition. *Studies in Second Language Acquisition*, 2002, 24(2).

[④] M. Long. Native Speaker / Non-Native Speaker Conversation in the Second Language Classroom. In M. A. E. Clarke & J. E. Handscombe (eds.). *On TESOL'82: Pacific Perspectives on Language Learning and Teaching.* Washington, DC: TESOL, 1983.

[⑤] 王奇民《大学英语教学中的输入与输出探究——中西教学模式比较及其对大学英语教学的启示》，《外语教学》2003 年第 3 期。

与及可理解性输出对语言习得的成败起着至关重要的作用。

虽然已有不少学者意识到输入和输出二者的相互关系，但目前的听力教学理论与实践大都仍以Krashen的"输入假设"为基础。教学者一方面强调"可理解输入"，一方面强调输入的频率，有的甚至走向另外一个极端，将听力课简单等同于进行单一的反复输入。那么，究竟这种反复输入的训练模式对提高听力理解成绩有多大作用？一定量的"输出"是否有助于听力理解？"输出"的帮助究竟有多大？这些都是我们所关心的问题。本节将通过一项实证研究来探讨以上相关问题。

二、实验设计

（一）实验问题

本实验主要探讨输入—输出模式对听力理解水平的影响，具体探讨的问题是：1.只通过增加输入频率的方式对于提高听力理解水平是否有效？2.采用输入—输出相结合的模式是否有助于提高学生听力理解的水平？3.哪种输入—输出模式能使听力理解的效果最好？

（二）被试

被试为中山大学国际汉语学院初级班的45名留学生，分别来自越南、韩国、印尼、土耳其、日本、泰国、老挝、尼泊尔、秘鲁、巴拿马、哥斯达黎加、约旦、尼日利亚、几内亚、赞比亚等国。学习汉语的时间为5至7个月。所有被试随机分为3组，每组15人。

（三）实验工具

本研究采用的工具为一篇 197 字的听力短文材料（见附录），短文按照《高等学校外国留学生汉语教学大纲（长期进修）》初等阶段的要求，以 140 字 / 分钟的速度录制。为了保证"可理解输入"，我们对短文中生词难度做了严格控制，所有生词均为初级词汇（甲、乙级词）。被试的任务是在听完短文录音后，尽可能准确、完整地复述短文内容。在听短文的过程中，允许被试按照自己的方式做笔记；复述时被试可以参考笔记，每次复述的时间不超过 3 分钟。

（四）数据收集

每个学生单独进行测试，第一组学生在连续听完 4 遍短文后进行复述；第二组学生先连续听 3 遍短文后进行第 1 次复述，然后再听第 4 遍短文，进行第 2 次复述；第三组被试先听 2 遍短文后进行第 1 次复述；听第 3 遍短文后进行第 2 次复述，最后再听第 4 遍，进行第 3 次复述。即：

第一组：输入 4 遍→输出

第二组：输入 3 遍→第 1 次输出→输入 1 遍→第 2 次输出

第三组：输入 2 遍→第 1 次输出→输入 1 遍→第 2 次输出→输入 1 遍→第 3 次输出

所有复述经录音后转写成书面文字，并进行数据分析。

（五）数据处理

1. 评分标准

根据短文的内容，我们将其切分为 16 个信息点，每个信息点都按照五级评分制（0 分，0.5 分，1 分，1.5 分，2 分）进行评分，满分为 32 分。评分标准主要考虑信息的完整性和准确性两个方面。下面以信息点【3】为例说明评分标准：

原文：有一次，王兰请大卫去参加她的生日晚会。

0分：完全缺失该信息点或基本无法表达该信息点内容。如：

王……、大卫……生日，一起去。/ 王兰，大卫一起玩。

0.5分：能复述出信息点的部分内容，但内容不够准确，有较多信息遗漏。如：

王兰和大卫晚会。/ 王兰想参加晚会。

1分：能复述该信息点的部分内容，且内容基本准确，但仍有信息遗漏。如：

王兰请大卫去她的家。/ 王兰请大卫一起去晚会。

1.5分：能比较完整、准确地复述出信息点的内容，信息遗漏较少。如：

王兰请大卫去，因为有生日晚会。/ 有一次，王兰请大卫参加一个晚会。

2分：能完整、准确地复述出信息点，无信息遗漏。如：

有一次，王兰请大卫参加她的生日晚会。/ 王兰生日，她请大卫去参加生日晚会。

2. 评分过程

为了使评分尽量客观，我们对评分过程进行了较为严格的控制。首先，由两名教师单独为每位被试复述的信息点逐一进行打分。评分完成后，我们对两名教师评分的一致性进行了 Kappa 检验。结果显示，两名教师的评分存在一致性（Kappa $= 0.658$, $P < 0.001$）。为了进一步降低误差，我们将两名教师对某一信息点的评分差距

超过两个等级（包括两个等级）的项目抽取出来进行讨论并最终确定这些项目的得分，对于某一信息点评分差距在一个等级以内的，求出二者的平均值作为该信息点的得分。最后将16个信息点分数相加，得到当次复述的总得分。

三、实验结果

（一）输入频率对听力理解成绩的影响

短文要点的复述成绩可以看作听力理解的水平。通过比较第一组复述（输入4遍）、第二组第1次复述（输入3遍）以及第三组第1次复述（输入2遍）成绩，可以呈现出不同输入频率对听力理解水平的影响。结果如表5—1和图5—1所示。

表5—1 输入频率对听力理解成绩的影响

输入频率	平均成绩（分）	标准差
2遍	17.80	4.77
3遍	18.30	3.60
4遍	20.50	3.57

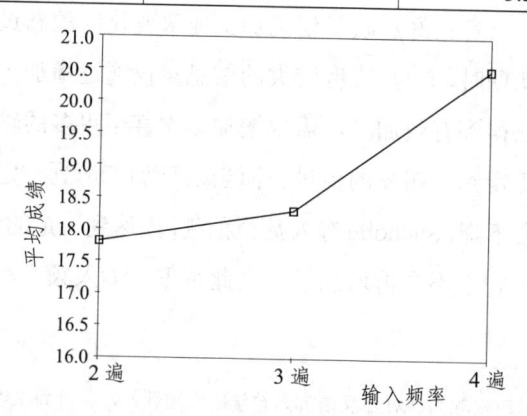

图5—1 输入频率对听力理解成绩的影响

从表 5—1 和图 5—1 可以看出，随着输入频率的增加，听力理解的成绩随之上升；但成绩上升的幅度不同，从第 2 遍到第 3 遍理解成绩上升缓慢，仅提高了 0.5 分，从第 3 遍到第 4 遍理解成绩上升加快，提高了 2.2 分。我们采用 SPSS11.5 进行单因素方差分析（one-way ANOVA），结果显示，输入频率的主效应并不显著，$F(2, 44) = 1.915$，$P = 0.160$。事后检验发现，输入 2 遍和输入 3 遍之间的差异很不显著，$P = 0.735$；输入 3 遍和输入 4 遍之间的差异也未达到显著水平，$P = 0.147$；而比较输入 2 遍和输入 4 遍的成绩，则有较大幅度的上升，二者差异达到临近显著水平，$P = 0.073$。

本实验的结果与 Suenobu 等人（1986）[①] 的报告同中有异。相同的是 Suenobu 等人的研究也发现随着输入遍数的增加，听力理解量也随之上升。不同的是，Suenobu 等人发现随着输入频率的增加，理解量的增幅呈现递减趋势。而我们的实验结果发现理解量的增幅呈递增趋势（听 3 遍与听 4 遍之间理解量的增长幅度高于听 2 遍与听 3 遍之间的增长幅度）。两个研究结果看似矛盾，其实不然，二者正好反映了信息加工速率变化的动态过程。处于信息加工初期时，一些难度较大的信息点仅通过增加 1 次输入很可能仍无法得到有效加工，需要增加 2 次甚至更多的输入才可能使信息加工得到较明显的促进。而当信息加工达到一定程度后，其速率便会下降，Suenobu 等人甚至推测，当达到一定的遍数以后，对材料的理解就不会再增加了。由此可见，输入频率和理解水平

[①] 转引自刘颂浩《对外汉语听力教学研究述评》，《世界汉语教学》2001 年第 3 期。

之间不是简单的正比例关系；输入频率要达到一定频度才可能带来理解成绩的较大提高，我们也许可以通过别的途径来提高理解的水平。

（二）输入—输出模式对听力理解成绩的影响

本实验中，由于三组中最后一次复述的目的只在于认定听力理解成绩，并不是训练过程中的一个步骤，因此第一组可视为纯粹的输入组；而第二组和第三组不同程度地加入了输出任务；其中第二组在听3遍短文后有一次复述任务；第三组则在听2遍和3遍后分别有一次复述任务。通过比较三个组最后一次的复述成绩，可以看出三种训练模式的效果。

表 5—2　三种训练模式对听力理解成绩的影响

组别	训练模式	平均成绩（分）	标准差
第一组	不输出	20.50	3.57
第二组	输出 1 次	23.77	4.35
第三组	输出 2 次	25.43	4.72

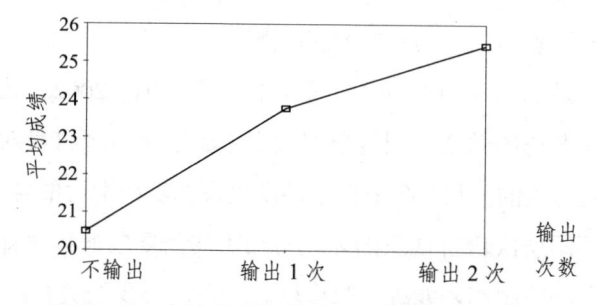

图 5—2　三种训练模式对听力理解成绩的影响

从表 5—2 和图 5—2 可以看出，三种训练模式下听力理解成绩的高低顺序为：输出 2 次＞输出 1 次＞无输出。通过 SPSS11.5 进行单因素方差分析（one-way ANOVA），结果显示：三个组别差异达到显著水平，$F(2, 44) = 5.253$，$P < 0.01$。这表明三种不同的训练模式对听力成绩的影响明显。

由于三种模式输入频率相同，均为4遍，第二组比第一组只增加了一次输出任务，因此第一组和第二组最后复述成绩的差异可看作由输出任务所引起的。事后检验结果显示，第一组和第二组之间理解成绩差异显著，$P < 0.05$。表明输出任务能够有效促进听力理解。

第二组和第三组之间的差异在于输出次数的不同，因此第二组和第三组最后复述成绩的差异可看作由输出频率影响所致。事后检验结果显示，第二组和第三组理解成绩差异不显著，$P = 0.288$。这表明输出1次与输出2次对听力理解促进作用没有显著差异。

四、讨论

（一）听力输入频率的效应问题

频率是二语学习中的一个重要问题。Ellis（2002）认为，频率是语言习得的关键，因为语言规则来源于学习者自身对于语言输入分布特点的分析。频率作用涉及语言加工和学习的各个方面，人们对不同层次语言现象的处理与加工均需要依赖频率知识。但是究竟多高的频率才能真正起作用？这是值得我们关心的问题。

前人的研究，如 Kiewra *et al* (1991)[1]、Jensen & Vinther

---

[1] K. A. Kiewra, R. E. Mayer, M. Christensen, S. I. Kim & N. Risch. Effects of Repetition on Recall and Note-Taking: Strategies for Learning from Lectures. *Journal of Educational Psychology*, 1991, 83(1).

（2003）[1]都指出增加听力练习的次数有助于提高理解水平。我们的实验结果也证明了这点，但我们同时发现，这种促进作用是有限的。特别是在只增加一次输入时，促进作用很小；而只有在增加两次输入时，理解成绩才有较为明显的提高。这说明输入频率的作用与理解量不是简单的正比关系。词汇习得方面的研究已表明，词频作用的显现可能具有一个"门槛"。如 Horst 等人（1998）[2]研究发现，词语在文本中出现 8 次才能获得较好的习得效果；Nation & Ming-tzu（1999）[3]认为，一个生词需要至少复现 10 次，这对于词汇学习十分重要。但即使这样，也仍无法保证该词一定被掌握。Hulstijn（2001）[4]根据实验发现，如果仅是多次遇到一个新词而没有进一步的强化，则该词仍旧无法进入长时记忆。虽然词频作用显现的"门槛"究竟在哪里仍未有定论，但大多学者都承认过低的出现频率似乎促进作用不大。我们认为，听力输入的"频率效应"很可能也存在一个"门槛"，输入频率必须超过某个限度才能真正发挥作用。就本实验来说，输入 4 遍与输入 2 遍在理解量上存在较明显的差异，但由于缺少更高频率的输入，因此我们仍无法就此确定跨越"门槛"的分界点，还有

---

[1] E. D. Jensen & T. Vinther. Exact Repetition as Input Enhancement in Second Language Acquisition. *Language Learning*, 2003, 53(3).

[2] M. Horst, T. Cobb & P. Meara. Beyond a Clockwork Orange: Acquiring Second Language Vocabulary through Reading. *Reading in a Foreign Language*, 1998, 11(2).

[3] P. Nation & K.W. Ming-tzu. Graded Readers and Vocabulary. *Reading in a Foreign Language*, 1999, 12(2).

[4] J. H. Hulstijn. Intentional and Incidental Second Language Learning: A Reappraisal of Elaboration, Rehearsal and Automaticity. In P. Robinson (ed.). *Cognition and Second Language Instruction*. Cambridge: Cambridge University, 2001.

待进一步的深入研究。

（二）输出任务对听力理解的作用

本实验的结果发现，针对听力内容的输出任务能够有效促进听力理解的水平。这是由于输出任务能够促使听者进行更深层次的信息加工。Craik & Lockhart（1972）[1]提出"加工深度假说"，该假说认为：新的信息是否能够进入长时记忆的关键在于加工的深度（depth of processing）。例如，在加工词的过程中，意义层面的加工要比语音层面的加工深，记忆保存的时间也相应要长。在听力训练过程中，纯粹的被动输入不易达到深层次的加工，而输出任务要求学习者对接收信息做出进一步的分析和判断，有利于学习者在意义层面上进行深加工，从而促进听力的理解。

Laufer & Hulstijn（2001）[2]提出的"投入负担假说"（Involvement Load Hypothesis）同样能对我们的实验结果做出解释。Laufer & Hulstijn 在"加工深度假说"基础上提出了"投入"（involvement）的概念，他们认为信息加工的质量取决于投入程度的高低。投入程度涉及三个因素：需要（need）、查找（search）和评价（evaluation）。具备查找因素和评价因素的投入往往比仅具有需要因素的投入加工效果要好。如果仅仅是输入听力材料，学习者主要投入的是需要因素，即只需了解材料说的是什么；而要对输入的材料进行复述，则会涉及查找和评价因素，学习者需要从

---

[1] F. I. M. Craik & R. S. Lockhart. Levels of Processing: A Framework for Memory Research. *Journal of Verbal Learning and Verbal Behavior*, 1972, 11(6).

[2] B. Laufer & J. H. Hulstijn. Incidental Vocabulary Acquisition in Second Language: The Construct of Task-Induced Involvement. *Applied Linguistics*, 2001.

心理词典中查找合适的词表达,这就涉及查找过程;同时,在表达过程中还必须思考内容是否符合逻辑,这就涉及信息的评价。因此复述有助于学习者及时发现理解的重点和难点,并对困难或疑惑加以注意,使得对下一轮输入的加工更加有的放矢。可见,增加输出任务实际上是加大了学习者在听力理解中的投入量,并以此加深了对听力内容的理解。

(三)对听力教学的启示

满莉(2005)[①]指出,学生一次听录音的时间不宜超过15分钟,若时间过长,就难以集中注意力。学生在身心疲惫状态下的听课效果只会事倍功半,更为严重的是,单调反复的训练方式会使学生逐渐失去对听力课的兴趣。因此,我们有必要对只强调输入频率的传统听力教学观念做出调整,适当增加一定量的输出任务,以达到更好的教学效果。认知心理学认为,多种感官同时感知比单一感知或单用听觉的效果更全面,更深刻,也有利于保持。本实验证实了这一点,采用输入和输出相结合的听力理解训练模式比纯粹输入的方式效果更好。

那么,输入和输出频率该如何协调?就本实验设计的三种模式而言,第三种模式的效果最好。但是,正如 Hulstijn(2003)[②]所指出的:"每一种设计都必须考虑到付出和收益。"虽然第三种模式理解成绩最好,但需要进行多次输出,付出量比较大。根据我们实验的结果,模式二的理解成绩与模式三并没有显著差异,而模式二比模式三减少了一次输出,从付出和收益的角度看,显

---

① 满莉《输入输出理论与听说训练》,《台州学院学报》2005年第2期。

② J. H. Hulstijn. Incidental and Intentional Learning. In C. Doughty & M. Long (eds.). *The Handbook of Second Language Acquisition*. Oxford: Blackwell, 2003.

然采用模式二更为经济。另外,我们实验证明学习者听2遍短文和听3遍短文的理解量差异也很不显著,因此可以对模式二进行简化,简化后的模式为:先听2遍录音,然后就听到的内容进行1次复述,最后再听第3遍录音。我们认为,这种"输入2次+输出1次+输入1次"的听力训练模式既能有效提高听力理解水平,又同时兼顾到经济省时原则,有利于实际操作。在听力教学过程中,我们不妨尝试采用这种输入与输出相结合的训练模式,以帮助学习者提高听力理解的水平。

附录

【1】大卫学汉语的时间不长,【2】但是他对汉语很感兴趣。【3】有一次,王兰请大卫去参加她的生日晚会。【4】大卫非常高兴,【5】他决定在晚会上用汉语和大家谈话。【6】晚会开始的时候,大家都拿起酒杯向王兰表示祝贺,【7】大卫用汉语对王兰说:"祝你生日快乐!【8】你今天真漂亮!"【9】王兰高兴地说:"哪里,哪里!"【10】大卫觉得很奇怪,【11】她为什么让我说出什么地方漂亮呢?【12】但是大卫还是很有礼貌地说:"你的眼睛很漂亮!"【13】没想到王兰还是回答说:"哪里,哪里!"【14】大卫这次只好说:"你的头发、耳朵、嘴都很漂亮!"【15】王兰听了很不好意思。【16】大家都笑了。

第二节 教学内容与教学手段 [1]

一、影响汉语新闻听力课教学效果的几个问题

在英语教学界,VOA、BBC 的广播新闻,CNN 的电视新闻被广泛应用于听力训练,新闻听力教材数以百计。目前,汉语新闻听力教材比较缺乏,据我们所知,纯粹以"新闻听力"命名的教材有两套,即《新闻听力教程》[2]和《拾级汉语——新闻听力》[3]。另外,《原声汉语——中级实况听力教程》《原声汉语——高级实况听力教程》[4]也选取了大量的广播、电视新闻节目的原始录音作为听力训练的内容。还有教师把最近的广播电视新闻带到课堂上播放,作为教材的补充。高彦德等(1993)[5]对来华学习汉语的 785 名中高级班学生的调查显示,能够全部听懂广播、电视新闻的只有 39 名。在许多学校,汉语新闻听力课教师觉得难教,学生觉得难懂,教学效果不佳。在教学实践中,笔者发现以下几个问题影响着汉语新闻听力教学的效果。

---

[1] 本节摘自李斌《新闻听力课教学内容的更新与教学手段的优化》,发表于《语言教学与研究》2011 年第 3 期。

[2] 刘士勤、彭瑞情编著《新闻听力教程》(上、下册),北京语言文化大学出版社,2001、2002 年。

[3] 徐晓羽、许国萍、朱丁、高顺全编著《拾级汉语——新闻听力》(第9、10 级),北京语言大学出版社,2006、2007 年。

[4] 孟国主编《原声汉语——高级实况听力教程》,北京大学出版社,2008 年。

[5] 高彦德、李国强、郭旭《外国人学习与使用汉语情况调查研究报告》,北京语言学院出版社,1993 年。

（一）教材缺乏时效性与趣味性

时效性是新闻的生命，离开了时效性的"新闻"很难激起受众的兴趣。尽管教材的编写者往往为选取"经久耐用"的新闻语料而煞费苦心，但现行的教材编写与出版模式决定了新闻听力教材出版发行的速度永远不可能跟上新闻发生的脚步。如《新闻听力教程》（上、下册）的出版时间分别是 2001 年和 2002 年，从当时的广播、电视和报纸新闻中选取、改编了 80 余篇报道、150 多条简讯作为课文内容，所选新闻已过去近十年，相当一部分"新闻"已经是上个世纪的内容，很难抓住学生的耳朵，趣味性也有所欠缺。刘平（2001）[①]指出：事实上，不能不承认，要编出一套出色的、经得起长期使用的新闻听力教材确实不容易，制约它的因素之一就是教材的时效性和趣味性。

（二）新闻听力教学的聆听情境缺乏真实感

语料的真实性一直是中高级阶段汉语听力教学所强调的。张本楠（2008）[②]指出，聆听的真实性不单体现在听力语料的口语形式方面，而且还体现在聆听情境和聆听意义方面。就聆听情境而言，上述教材对语料的录音处理采用了两种不同的方式。《新闻听力教程》和《拾级汉语——新闻听力》选取的语料来自广播、电视和报纸，保证了语料的真实性，但录音是由男女两个播音员重新配音的，所有新闻录音从头至尾都采用了相同的节奏和语速，风格完全一致，没有采访，没有环境噪音，没有主持人与记者的对话……失去了新闻的现场感与真实感。《原声汉语——中级实

[①] 刘平《〈新闻听力课〉教学实践的反思》，载《对外汉语教学与教材论文集》，华语教学出版社，2001 年。

[②] 张本楠《中文听力教学导论》，北京语言大学出版社，2008 年。

况听力教程》《原声汉语——高级实况听力教程》新闻部分则直接采用广播、电视的原始录音，比较接近新闻的真实情境，但有些录音材料直接截取自电视新闻，这种失去了画面的电视新闻录音，也会导致聆听情境真实性的缺失，在一定程度上影响学生对新闻的理解和学习的兴趣。

（三）新闻听力训练量十分有限

听力理解能力要有质的飞跃必须要有量的积累，必须进行大量的听力训练。国家汉办（2007）编制的《国际汉语能力标准》[①]中将听力理解能力从低到高分为五个等级，跟新闻听力相关的是后三级，包括：第三级，能听懂简单的故事、广告或熟悉其背景情况的新闻广播的主要内容；第四级，能听懂新闻播报中主要内容或其他简单的广播（听简短新闻广播）；第五级，听广播或电视访谈节目。学习者在一定的汉语水平（HSK等级）下，需要多长时间的听力训练才能达到上述等级标准，目前尚未见到相关的研究报告。据钟道隆（2002）[②]的研究，大学英语四级水平的学习者，在一遍听懂美国之音慢速英语新闻的基础上，过渡到一遍听懂美国之音标准英语新闻，至少需要 1 500 小时的时间进行各种训练。以一天训练三小时计算，就需要 500 天。不管这一数据是否精确，都对进行汉语新闻听力训练有一定的参考价值。当前听力教材所提供的训练材料数量是非常有限的，如《拾级汉语——新闻听力》（第 9、10 级）的录音时长约为 2 个小时（2 张 CD），《新闻听力教程》上、下两册约为 5 小时（5 盒磁带），而且都没有课后

[①] 国家汉语国际推广领导小组办公室《国际汉语能力标准》，外语教学与研究出版社，2007 年。

[②] 钟道隆《逆向法巧学英语》（第 3 版），清华大学出版社，2002 年。

作业，听力作业一般是由教师自行安排和布置，带有一定的随意性和不可控性。笔者认为，一周4节近4个小时的课堂教学加上较随意的课后训练，很难保证有足够的训练量，也就难以保证听力训练的效果。

（四）新技术手段的应用不够广泛

在所有的课型当中，听力课是最离不开各种技术手段的。新闻听力教学要求教师最好能掌握磁带转MP3、在线视频下载、视频和音频编辑、快速转写、语音录制等技术，以快速获取最新的新闻视频、音频和相关文本，更新处理教学内容，组织教学。我们曾对湖南师大、湖南大学、中南大学3所高校的21名教过该课的教师进行简单的问卷调查，了解掌握这些技术手段的情况。从调查情况来看，各校教师对这些技术的掌握不平衡，很多教师没能全面掌握这些技术，这无疑会影响到教学的开展和进行。当前，互联网已经超越广播、电视和报纸，成为许多人获取新闻的主要媒介，而几乎所有的广播电视媒体都推出了相应的网站，这为新闻听力教学提供了极大的便利。教师和学生可以随时从网上获取新闻听力训练所需的音频、视频和文本。但听力训练不可能是漫无目标地收看、收听，这就要求教师能够利用网络对新闻有重点地就地取材，利用视频、音频技术随教随编，快速跟进，及时更新。要解决上述问题，不仅需要更新新闻听力的教学内容，还需要不断优化教学手段，对一线汉语教师进行专门的技术培训，以适应新技术条件下新闻听力教学的需要，提高教学效果。

二、教学内容的更新

新闻的时效性、动态性要求汉语教师建立动态发展的汉语新闻听力教学观,在合理利用现有教材的基础上,突破教材的限制,主动扩充新闻听力教学内容,以满足学生了解新闻信息的需要,利用最新的新闻资源为汉语听力训练服务。笔者在实践中发现,可以从以下几方面出发对教学内容进行更新处理。

(一)多方面更新新闻听力训练材料

1. 电视新闻

中国网络电视台(www.cntv.cn)是中央电视台2010年推出的网络电视平台,它除了提供央视各套电视节目之外,还提供各地卫视的电视节目,无须登录到其他网站就可以收看各地方台的电视节目。根据网站提供的信息统计,仅以"新闻"命名的节目就有78个,其中有综合报道,如"新闻联播";有深度报道,如"新闻调查""焦点访谈""新闻1+1"等;还有体育、经济、文娱、法律等方面的专题报道。电视新闻节目在提供网络直播的同时,还提供节目视频点播,大多数的新闻节目都提供了相应的文本,但没有提供视频的下载链接,只能在线观看。如果教师需要将相关内容用于课堂教学,利用专门的下载工具就可下载这些视频,结合网站提供的新闻文本,再利用视频编辑工具就能制作出新闻听力课的视频教学材料。

2. 广播新闻

广播新闻也和电视新闻一样丰富多彩。中国最大的广播电台——中央人民广播电台,新闻频道"中国之声"24小时播送各类新闻资讯,主要的新闻节目有:新闻和报纸摘要、全国新闻联播、新闻纵横、央广新闻、华语新闻广播网等,所有的节目音频在中国广播网(www.cnr.cn)都提供下载。"新闻和报纸摘要""新闻纵横"是中央人民广播电台听众最多的两个节目,二者有着不同的定位。"新闻和报纸摘要"综合国内国际新闻,以主持人播报为主,新闻容量大,信息密集。而"新闻纵横"以深度报道为主,追踪重大新闻事件,主持人和记者互动,加上记者的现场采访与点评,有着很强的现场感。这两个节目提供了新闻录音的对应文本,极大地方便了教师选取语料,省却了费时费力的转写环节。中国国际广播电台(www.cri.cn)还专门开办了"老外看点"汉语新闻专题栏目,其节目宗旨是"热点新闻事件,换一双眼睛看世界",节目主持人来自中国、塞尔维亚、俄罗斯、法国、爱尔兰、美国、韩国、马来西亚、贝宁等多个国家,中外主持人声音风格各异,节目角度新颖、气氛热烈,具有很高的收听率,很受留学生的欢迎,是汉语新闻听力泛听训练的很好的材料。另外各地方电台也有大量的新闻资源供编选,如北京新闻广播就有"北京新闻、新闻大视野、资讯早八点、新闻晨报、话里话外、新闻天天谈、新闻故事"等多档新闻节目全天滚动播出。

3. 专门新闻教学资源

网络孔子学院(www.chinese.cn)是由孔子学院总部/国家汉办主办的汉语教育类综合网站,该网站根据新闻开设的教学栏目有三个。一个是"读新闻,学汉语"栏目,中英文对照,由主持人用中英文读新闻并讲解重点词汇和语言点。第二个是"慢速新闻"栏目,每期用汉语慢速(约每分钟160个字)播报一条新闻,并要求完成新闻后两道习题,可查看相应中文文本及答案。这两个节目针对性强,教师可作为课后作业要求学生收看。第三个是周一至周五更新的"新闻汉语"栏目,也是每次选择一条新闻,通过生词解析、边听边读、语法解释、小测试等五个环节来组织学习,语速约每分钟220个字。

中国网络电视台英语台(http://english.cntv.cn)和爱汉语播客网(www.imandarin.com)联合制作推出 *Special Chinese*(慢速汉语)"听新闻,学汉语"节目,每日制作一条慢速汉语新闻,有生词提示和配套练习,语速约每分钟190个字,提供新闻文本及录音MP3下载。

以上几个栏目的新闻都是为汉语学习者特别设计的,语速都比较慢,降低了难度,易于理解,可以作为汉语新闻课堂教学的补充材料,对刚接触新闻听力的学生来说,这些材料可以帮助他们了解汉语新闻特点,熟悉新闻常用词汇和句式,提高他们利用新闻训练听力、学习汉语的自信心,为过渡到收听、收看标准新闻打下基础。

(二)选择内容注重趣味性和相关性

在解决了时效性的问题之后,如何遵从教材的编写原则也是汉语听力材料编选需要着重考虑的问题。一般认为,听力教学选取的语料应该具有实用性、真实性、文化性、知识性和趣味性。李泉(2005)[①]在调查中发现趣味性是学生最优先考虑的。笔者在教学过程中也发现具有趣味性的新闻特别容易引起学习者的关注,教学时曾选取过诸如"印度溜冰神童穿冰鞋在行驶的汽车底部穿梭百次""俄罗斯一男子胸腔奇怪地长出小松树"之类的新闻,大大地激发了学生进行听力训练的兴趣。此外,相关性也是在选

---

① 李泉《对外汉语教学理论思考》,教育科学出版社,2005年。

择语料时值得教师充分考虑的一个原则。所谓相关性指的是新闻听力补充材料尽量与学习者有关，如学习者家乡的新闻、发生在学习者身边的新闻，比如在选择天气新闻的时候，选择有关本地的内容，学习者会更关注。

（三）通过新闻专题进行强化训练

受页面、容量的限制，传统的汉语新闻听力教材注重各种不同新闻题材面上的选择，希望做到面面俱到，但往往容易蜻蜓点水，浅尝辄止。在语料充分、时间允许的条件下，克拉申（Krashen，2004）[1]提出的"窄域输入"的理论可供我们编选材料时参考。"窄域输入"是指，如果能够先在范围较窄的话题中获得大量输入，然后逐步扩大领域，进步就会更快。"窄域输入"从某一领域出发，逐步扩展范围，使学习者的能力在非常舒适的状态中得到稳步提高。这一理论的优点在于：学习者通过对某一主题内容的集中输入，可使相关的背景知识发挥最大的作用。依据这一理论，在教学中我们开展了"汉语新闻专题"的听力训练，最大限度地涵盖某一新闻话题的相关词汇与内容，使学生对某一类新闻的词汇及表达方式能有更深入、全面的理解。比如，近期世界地震灾害频发，学生对此特别关注，笔者曾以"地震"这一专题进行听力训练，选择了总时长7分钟左右的5条相关新闻。其中3条是电视新闻：地震再袭美洲，墨西哥7.2级强震；印尼遭遇7.8级强地震，发布海啸预警；日本抗震教育从小开始。2条是广播新闻：海地妇女儿童急需援助、智利发生特

---

[1] S. Krashen. *Applying the Comprehension Hypothesis:Some Suggestion*. Paper presented at 13th International Symposium and Book Fair on Language Teaching, Taipei, China, 2004.

大地震。"地震、强震、特大、援助、灾害"等关键词在不同的新闻里出现,通过不同内容复现强化,让学生不至于感到厌倦,又加深了对单词和相关句式的理解,比通过单一新闻来训练具有更好的效果。

(四)利用教材编著软件控制语料难度,提高编写效率

如何控制难度、提供可懂输入,也是新闻听力材料编写需要考虑的问题。杨惠元(2009)[1]通过调查认为以下六个方面是学生听力理解的难点:一是近似的音和调,二是生词,三是长句子,四是习惯表达,五是文化背景知识,六是语速。张宁志(2000)[2]则用"百字句数、平均句子长度、非常用词(指甲乙两级以外的词)数量"三个指标来考察难度,三者之和为难度指数,指数越大,难度越高。刘颂浩(2008)[3]主要从"语料长度和生词两方面来考察难度问题"。在编选汉语听力教学材料时,准确地对某一条新闻的生词量和难度系数进行测量,快速对生词进行标注,教师手工操作费时费力,若借助相应的教材编著软件则可以较快地处理。笔者所接触到的有两个:第一个是储诚志主持开发研制的"中文助教"软件[4],具有生词生字查找、词表字表注释、汉字繁简对照、字词分布索引、字词频率统计、生词密度和重现率标示、字词 HSK 等级和常用度标示、新词旧词关联等功能。借助"中文助教"软件可以快速对语料的生词进行查找、标注、注释,方

---

[1] 杨惠元《对外汉语听说教学十四讲》,北京大学出版社,2009 年。
[2] 张宁志《汉语教材语料难度的定量分析》,《世界汉语教学》,2000 年第 3 期。
[3] 刘颂浩《汉语听力教学理论与方法》,北京大学出版社,2008 年。
[4] 中文助教软件介绍见 http://www.svlanguage.com。

便听力教学材料的即时制作。第二个是卢伟等（2006）[①]设计开发的基于 WEB 的对外汉语教材编著系统，主要功能有：具有类似 WORD 的编辑功能，可对教材文本和多媒体文件信息进行在线编辑，生成网页格式（HTML）的网络课件；自动生成标注拼音、词性的生词表和整本教材的总词汇表；分析语料难度，统计字数、句数、平均句长；分析和统计各等级词语和超纲词语的数量。该系统把教材编写从单机延伸到网络，教师可以通过网络协作编写教材，较好地处理新闻听力教学用的音频、视频和文本，提高编写效率。

三、教学手段的优化

听力教学主要在以下三种教学环境中进行，语音实验室、多媒体教室和普通教室。语音实验室空间隔断较多，师生交流比较困难，教学设备操作相对复杂，更适合提供大量听力训练材料供学生自主训练。教师在多媒体教室及普通教室上听力课碰到最多的就是录音精确定位的问题，常常为了某段听力材料反复倒带，占用了不少教学时间，同时也会直接影响到学生的情绪。另外，听力作业布置、听力试题制作也是困扰汉语教师的常见问题。

（一）充分利用听力教学软件

新闻听力教学要用到大量的音频与视频，因此准确定位、反复播放是需要首先考虑的问题。在多媒体教室环境下，最好使用专为听力教学设计的复读软件。复读软件可以精确地对音频和视

[①] 卢伟《基于 WEB 的对外汉语教材编著系统：理论依据与设计开发》，《外语电化教学》2006 年第 6 期。

频的位置进行定位，A—B 段复读。张建民（2005）[①]介绍了使用复读软件 Sitman 听力通[②]进行汉语听说课教学的情况，指出其最大的优点就是准确倒带，操控自如。Sitman 听力通虽然已于 2005 年 7 月停止更新，但和目前 Windows Xp、windows 7 等主流操作系统都能很好的兼容，仍可以继续使用。Sitman 由于开发较早，存在一些不足，如不能显示音频波形，需要手工断句，需要购买注册等。2010 年 11 月推出的 Aboboo 软件[③]解决了上述问题，Aboboo 是一个免费的外语学习工具，主要功能有：全程支持音视频文件播放，变速不变调；以波形图为主导，选取复读区间任意复读；自动将音视频文件分割成句子，精确、便捷，省去手工断句的麻烦；独创的 VOTE 视觉口语训练引擎提供每个音节的原声与跟读的波形和音调比对，迅速定位和纠正学生的发音；听写实时纠错，实时校对，方便进行听写训练；支持语料的快速准确地转写、校对，方便教师选取语料；可将句子导出到 MP3、MP4 中使用，并支持字幕显示，方便学生随时随地训练听力；支持听力课件的制作，方便教师上传共享听力课件。总之，Aboboo 解决了听力教学中音频及视频精确定位的问题，把听读和听写、口语训练和听力训练有效地结合起来，课堂与课外结合，是教师进行听力教学、学生进行听力训练的不可多得的工具。

（二）保证足够的新闻听力作业量

听力作业的布置一直是困扰汉语教师的一个问题，据李华

[①] 张建民《基于课堂的汉语听说课多媒体教学》，载《数字化对外汉语教学理论与方法研究》，清华大学出版社，2005 年。

[②] Sitman 听力通软件下载及介绍见 http://www.sitmansoft.com。

[③] Aboboo 外语学习套件下载及介绍见 http://www.aboboo.com。

（2010）[①]对山东省近20所高校的初步调查显示，汉语听力课几乎没有课后作业。刘颂浩（2008）谈到了听力作业布置的困难：教师自己编写配套的听力作业，是最好的办法。但成本较高，制作困难。首先是语料的选择和编写，其次是录音制作（经常需要请其他老师协助录音），最后是磁带复制。这几个环节，每一个都不容易。他曾经采用自编作业的办法，做法是：每个学期布置四次作业，每次录音时间大约25分钟。为了制作录音，常常需要准备很长时间，录音制作过程中也经常出现技术问题，效果不尽如人意。目前，专为电脑录音设计开发的各种硬件和软件越来越多，通过学习，教师自己就可以利用电脑录音和音频编辑较轻松地制作听力材料了。为弥补课堂听力训练量的不足，笔者随教随编广播电视新闻，不断更新新闻听力教学内容，同时要求学生加强课外听力训练，精听与泛听相结合，精听采取"听写法"，每周从中央人民广播电台或本地电台编选2条1分钟左右附带参考文本的广播新闻发送给学生，要求学生采取听写——对照（文本）——读背三步法来训练。

听写：用复读软件（Sitman听力通或Aboboo外语学习套装）导入新闻音频，先把听力材料听一遍或几遍，看自己能听懂多少，然后逐字逐句听写。

对照：遇到听不出来的单词，尽量查字典，实在不行，再对照参考文本。对照完了之后，导出听写文本，在Word中用红色标示错误，对语音、语法等各类错误进行总结归类。

[①] 李华《汉语国际推广背景下电子题库的建设原则与实践》，《山东省青年管理干部学院学报》2010年第1期。

读背：跟着新闻录音边读边背，力争把新闻背下来。完成上述三个步骤之后，要求学生把新闻听写文本及听写总结发送到教师的邮箱备查。一分钟左右的新闻字数在 300 左右，学生开始完成这三个步骤需要花一个小时甚至更长的时间，练习越多，听写速度也越快。除此之外，还要求学生根据自己的水平和兴趣选择收听"老外看点"Special Chinese（慢速新闻）等节目，以保证课外具有一定的听力训练量。

（三）听力测试手段的优化

受条件限制，新闻听力考试录音的编辑和制作常常是困扰汉语教师的一个难题。新闻听力教材一般没有附带考试试题，少数听力教材附带了一套期末试题，但由于试题录音和答案早已经随教材发放给学生，实际考试时教师还得重新制作试题。刘颂浩（2008）介绍的做法有一定的典型性：考试时，可以采用教材原有的录音。这时，需要把试题录音按顺序转录到空白磁带或光盘上。由于一般的学校并没有专门的录音棚，录音的效果总是难以达到理想的要求。在不需要统一试题的情况下，如果有可能，教师还可以在考试的时候当场朗读。这样能够保证声音的效果，节约录音的时间。但这种教师随堂朗读的做法，不能解决录音问题。在当前的技术条件下，一台安装了音频处理软件的电脑加一个专业的 USB 录音话筒就能较好地解决录音和音频编辑问题[①]。教师自己编辑制作新闻听力试题录音也不再是难事。从实践来看，考前临时录音和音频编辑还是比较费时，最好的办法是使用新闻听

---

① 经笔者测试，录音话筒可选择 Samsonc 03U，音频处理软件可选择免费的 Audacity（当前最新版本 1.3.12 版，下载地址：http://audacity.sourceforge.net/）。

力题库系统,通过网络共享新闻听力音频、视频和试题资源,按照一定的参数入库管理,可根据需要快速生成文本与音频、视频对应的新闻听力试题,既可以用于在线测试、平时训练,也可以用于学期考试及学生自测,系统提供听力训练时间统计和测试结果反馈功能,可更有效地监控学生的听力训练过程。

四、结语

新技术条件下的汉语新闻听力教学需要汉语教师从教材走向网络,从个人行动到团队协作,从录音机、播放器的简单操作者和文本的讲解者,转向听力教学材料的制作者、开发者及网络汉语听力训练的组织者,以充分调动学生进行听力训练的主动性和积极性。这种转变有一定的困难,但势在必行。

第三节 两种听力方式的效果[①]

一、汉语听力测试的现行模式及其改进设想

"听说读写"是人们表述语言技能的一般说法,就语言作为"最重要的交际工具"的特质而言,这个排列顺序客观地突显出"听

---

① 本节摘自杨万兵、文雁《初级汉语半听力与全听力测试对比实验研究》,发表于《语言文字应用》2012 年第 3 期。

说"于交际的重要性。根据高彦德等（1993）[1]的调查结果，"听"的重要性仅次于"说"。正由于此，"听力"往往是第二语言学习者十分重视的一项语言技能，教学部门一般也都设置了专门的听力或听说课来进行强化。但在测试方面，学界对听力测试模式、项目的研讨还不够重视，这从近十年来语言学专业期刊较少刊发听力测试研究的文章即可见一斑。

在听力测试中，影响被试表现的因素，一般认为有听解能力和测试方法，即题型和考试程序（吴一安，2001[2]）。目前在第二语言测试界，普遍采取的测试模式是，一边听试题内容、问题，一边看文字选项，然后被试在文字选项中进行答案选择。这样的听力测试形式，可称之为"半听力测试"。半听力测试不仅考查被试的听解能力，还考查了对文字选项的辨识能力。对于书写符号系统是拼音文字的语言而言，被试看到的和听到的基本对应。但对于书写符号系统是语素—音节文字的汉语而言，人们往往不能直接根据汉字读出其读音，这就意味着被试听到的和看到的有可能不能对应，换言之，有可能出现被试听懂了，但由于不认识汉字而无法正确选择答案的情况。

汉语听力测试有没有可能进行"全听力测试"，即所有项目，包括试题内容、问题及选项等，全都用"听"的方式呈现给被试？如果可能，这两种测试方式有什么差异？哪种方式更适合汉语听力测试？为对这个问题有个初步了解，我们选择了汉语水平相当于新HSK四级（可归入初级下水平）的留学生进行实验。选择

---

[1] 高彦德、李国强、郭旭《外国人学习与使用汉语情况调查研究报告》，北京语言学院出版社，1993年，第36—39页。

[2] 吴一安《题型与听力测试的有效性》，《外语教学与研究》2001年第2期。

这个水平的留学生进行实验，主要因为该阶段的留学生接触汉字时间较短，汉字认读能力有限，探讨该阶段留学生在两种测试方式下的表现，既可了解哪种方式更适合这个阶段学生，也可为中高级可否全听力测试进行必要的实验探索和理论铺垫。

二、实验设计

（一）被试

暨南大学华文学院汉语系初级（下）115名留学生，其中华裔留学生63名，非华裔留学生52名。这批被试到实验时累计学习汉语约6个月，其水平与新HSK四级相当。

（二）实验设计

实验采取单因素2水平重复测量设计，测试形式包括半听力测试、全听力测试，两种测试方式都只听一遍。

（三）实验材料、方法与程序

孔子学院总部/国家汉办网站提供的新HSK第四级真题两套，每套题的听力部分均包括句子理解、简单对话、较长对话或讲话三个部分（为行文方便，"较长对话或讲话"均统一称"较长对话"）。其中一套完全按照现行的半听力测试方式进行测试，另一套根据全听力测试实验的需要，改造一份相应的听力试卷，该试卷将听力测试所有内容、试题和选项单独录音，答卷仅标示括号供被试填写"√"或"×"，或标示题号及ABCD供被试选择。

采用同一级别的两套不同的试卷进行测试，一方面是为了避免记忆效应对测试结果的干扰；另一方面，同一级别的国家级考试试卷，理论上讲，其复本信度、效度等指标应该大致平行，符合本实验需要。关于这一点，罗民等（2011）[①]以新 HSK 一、三、五级的 36 套试卷为对象进行了质量分析，结果表明，三个级别的试卷全卷平均信度分别为 0.88、0.93 和 0.93。尽管分析对象不包括新 HSK 四级试卷，但作为同一系列的测试试卷，仍可在一定程度上旁证本实验两份试卷的副本信度处于较为理想的水平。

实验对同一批被试分别进行两种方式的听力测试，先全听力测试，一周后半听力测试。

（四）成绩评估与数据处理

两次测试分别收到答卷 127、131 份，剔除不合格的答卷（比如因被试迟到而未完成的，只有一次成绩以及极端情况的答卷等）后，得到合格的实验答卷各 115 份。成绩评估采取统计正确答案个数的方式，数据用 SPSS19.0 软件处理。

三、实验分析及相关讨论

（一）实验结果与分析

1. 总体结果分析

表 5—3　半听全卷与全听全卷平均正确率（%）及标准差

正确率	平均数	标准差	人数
半听总正确率	67.50	13.14	115
全听总正确率	70.34	17.53	115

对表 5—3 数据进行重复测量方差分析表明，$F(1, 114)=3.849$，$P=0.052$，$P > 0.05$，测试方式主效应不显著，两种测试方式下

[①] 罗民、张晋军、谢欧航、黄贺臣、解妮妮、李亚男《新汉语水平考试（HSK）质量报告》，《中国考试》2011 年第 10 期。

被试的总正确率没有显著差异。

2. 两种测试方式下各测试项目结果分析

表 5—4　半听句子理解与全听句子理解
各项目平均正确率（%）及标准差

测试项目	测试方式	平均数	标准差	人数
句子理解	半听	73.91	14.67	115
	全听	72.78	17.04	115
简单对话	半听	66.43	18.01	115
	全听	67.65	18.38	115
较长对话	半听	64.57	13.79	115
	全听	69.96	21.65	115

对表 5—4 数据进行重复测量方差分析表明：句子理解项目，$F(1, 114)=0.357$，$P=0.551$，$P>0.05$，测试方式主效应不显著，两种测试方式下被试句子理解项目的平均正确率没有显著差异；简单对话项目，$F(1, 114)=0.485$，$P=0.488$，$P>0.05$，测试方式主效应不显著，两种测试方式下被试简单对话项目的平均正确率没有显著差异；较长对话项目，$F(1, 114)=8.943$，$P=0.003$，$P<0.05$，测试方式主效应显著，全听较长对话项目的平均正确率提高了约 5 个百分点，两种测试方式下被试较长对话项目的平均正确率有显著差异。

（二）相关讨论

表 5—3、表 5—4 分析结果表明，对于初级下水平留学生而言，其半听力测试和全听力测试听力成绩没有显著差别。其中，句子理解和简单对话项目没有明显差异，但较长对话项目全听时平均正确率提高约 5 个百分点，差异显著。

这样的实验结果意味着什么？两种测试方式有什么差别，哪种方式更能反映被试真实的听力水平？不同测试方式下影响被试听力成绩的因素有哪些？这些问题值得进一步探讨。

1. 两种测试方式下各项目对比分析

（1）效度分析

效度是反映测试有效性的重要指标。限于实验条件，仅从内容效度和结构效度角度进行了探讨。尽管一般而言，质量平行的试卷在两种测试方式下的内容效度应该是一致的，但由于半听力测试在一定程度上依赖于被试的汉字认读理解水平，汉字间接地成为考查内容（尽管这可能不是命题者的本意），因而，其内容效度可能存在一定差异。为验证这个设想，实验对两种测试方式的 Pearson 相关系数进行了检验，以下是有关结果：

表 5—5　半听力测试各项目 Pearson 相关系数

	半听句子理解	半听简单对话	半听较长对话	半听正确总数
半听句子理解				
半听简单对话	0.473**（0.000）			
半听较长对话	0.457**（0.000）	0.650**（0.000）		
半听正确总数	0.685**（0.000）	0.884**（0.000）	0.877**（0.000）	

（括号内为显著度。** 表示在 0.01 水平（双侧）上显著相关。下同）

表 5—6　全听力测试各项目 Pearson 相关系数

	全听句子理解	全听简单对话	全听较长对话	全听正确总数
全听句子理解				
全听简单对话	0.585**（0.000）			
全听较长对话	0.601**（0.000）	0.847**（0.000）		
全听正确总数	0.728**（0.000）	0.895**（0.000）	0.951**（0.000）	

表 5—5、表 5—6 分析结果表明,两种测试方式下句子理解项目内容效度均较低,测试被试听力水平的效力较低;简单对话、较长对话项目内容效度较高,两种测试方式下均能十分有效地测试被试的听力水平。全听力测试下各测试项目的 Pearson 相关系数均高于半听力测试,表明全听力测试条件下的内容效度相对更高。

在结构效度方面,通过因素分析发现,在半听力测试条件下,KMO=0.669,Bartlett's 值 =95.613,自由度为 3,$P=0.000$,表明可以进行因素分析。因素分析结果如下:

表 5—7　半听力测试各项目公因子方差

	初始	提取
半听句子理解	1.000	0.573
半听简单对话	1.000	0.748
半听较长对话	1.000	0.736

说明:提取方法为主成分分析,下同。

表 5—8　半听力测试各项目因素荷载成分矩阵[a]

	成分
	1
半听句子理解	0.757
半听简单对话	0.865
半听较长对话	0.858

说明:a 表示已提取了 1 个成分,表 5—11 同。

表 5—9　半听力测试因素累计方差解释的总方差

成分	初始特征值			提取平方和载入		
	合计	方差的 %	累积(%)	合计	方差的 %	累积(%)
1	2.058	68.605	68.605	2.058	68.605	68.605
2	0.592	19.725	88.330			
3	0.350	11.670	100.000			

第三节 两种听力方式的效果

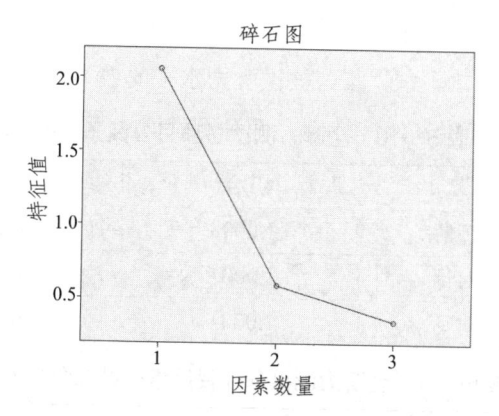

图 5—3 半听力测试下因素分析碎石图

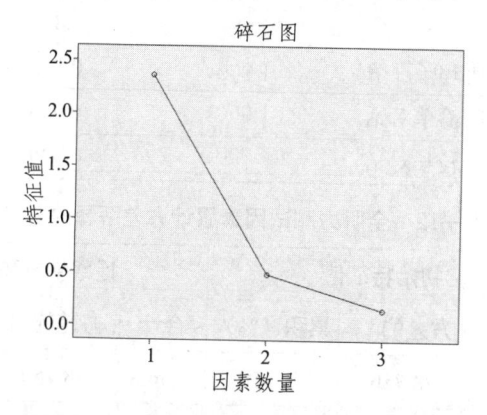

图 5—4 全听力测试下因素分析碎石图

对半听力测试的因素分析显示，在三个测试项目中，半听句子理解项目与其他两个项目的公因子方差较低（0.573），共有一个特征值大于 1 的因素被提取出来，能解释总方差的 68.605%，碎石图也表明了这一点；成分矩阵表明，半听句子理解项目的因素荷载相对较低（0.757）。这个结果表明，半听力测试中，半听句子理解项目结构效度较低。

在全听力测试条件下，KMO=0.678，Bartlett's 值 =195.414，

自由度为 3，$P=0.000$，表明可以进行因素分析。通过因素分析，得到以下结果：

表 5—10　全听力测试各项目公因子方差

	初始	提取
全听句子理解	1.000	0.649
全听简单对话	1.000	0.852
全听较长对话	1.000	0.862

表 5—11　全听力测试各项目因素荷载成分矩阵[a]

	成分
	1
全听句子理解	0.805
全听简单对话	0.923
全听较长对话	0.929

表 5—12　全听力测试因素累计方差解释的总方差

成分	初始特征值			提取平方和载入		
	合计	方差的 %	累积（%）	合计	方差的 %	累积（%）
1	2.363	78.750	78.750	2.363	78.750	78.750
2	0.484	16.149	94.899			
3	0.153	5.101	100.000			

对全听力测试的因素分析显示，在三个测试项目中，半听句子理解项目与其他两个项目的公因子方差相对较低（0.649），共有一个特征值大于 1 的因素被提取出来，能解释总方差的 78.75%，碎石图也表明了这一点；成分矩阵表明，半听句子理解项目的因素荷载相对较低（0.805）。这个结果表明，全听力测试中，全听句子理解项目结构效度相对较低。

比较半听与全听测试的因素分析结果，可以发现，在两种测试方式下，句子理解项目的结构效度均相对较低。整体来看，全听力测试方式下各项目的结构效度均高于半听力测试，这意味着全听力测试更能有效测试被试的听力水平。

句子理解项目结构效度相对较低的实验结果，与柴省三（2011）[1]的研究结果一致。柴省三（2011）采用项目聚类的方法对1000个样本的研究表明，句子理解项目在真实性和交互性方面都处于较低水平，不能有效测试被试听力水平，而简短对话、较长对话或讲话在真实性、交互性方面都处于较高水平，其构想效度较高，并据此提出增加简短对话、较长对话或讲话来取代句子理解项目的建议。本实验结果进一步支持这样的建议。

（2）全听力测试下简单与较长对话项目对比分析

在效度都较高的情况下，实验结果显示，全听力测试的较长对话较之简单对话项目，其正确率提高更为显著。这个结果与人们的普遍认识似乎并不一致。通常人们认为，在全听力情况下，信息量的增加加重了记忆负担，被试更有可能因此做出错误选择。实验结果与这样的认识看似矛盾，实则不然。

原因有二：其一，测试中的简单对话项目和较长对话所需记忆的信息量都不大，尽管后者相对大些，但都在有效的短时记忆时间之内。短时记忆的有效时间，一般为0.5至18秒，但不超过一分钟（黄希庭等，2005）[2]。在听懂的情况下，听了后面忘记前面的可能性较小。简单对话项目为一男一女各说一句话，句子

---

[1] 柴省三《汉语水平考试（HSK）听力测验构想效度研究》，《语言文字应用》2011年第1期。

[2] 黄希庭、郑涌《心理学十五讲》，北京大学出版社，2005年，第187页。

均较为简短，最多为两个完整的句子，随后即提问，如：

　　男：来北方好几年了吧？你觉得北方和南方在气候上有什么区别？
　　女：夏天都差不多，只是冬天北方比较干燥，而南方更湿润。
　　问：他们在谈什么？

而较长对话则双方各说两句话，也较为简短，最多为两个完整句子，随后即提问。如：

　　男：你换球鞋干什么啊？又要出去啊？
　　女：去打网球。我约了小王，她打网球很厉害，你敢和她打吗？
　　男：当然敢。
　　女：那一起去！看看你究竟是赢还是输。走吧，人多了还热闹。
　　问：小王的网球打得怎么样？

其二，在全听力测试情况下，由于没有文本可供参看，被试在听到录音时才启动各种要素来参与听力理解，全靠被试的工作记忆记住有关内容。由于简单对话时间较短，一般为 11 至 14 秒，被试往往在刚注意到、听明白大概在说什么内容时，对话已经结束，这就导致被试在全听的简单对话项目上对听力内容的把握往往不够全面，因而正确率较低；而较长对话提供了较充足的语境，总体时间上较长，一般为 27 至 32 秒，被试有较充足时间利用语境、各种图式等进入、回忆、理解有关内容，因而其正确率相对较高。

2. 半听力测试与全听力测试影响因素分析

尽管实验结果显示，在较长对话项目有显著差异的情况下，同一批被试两种测试方式的听力成绩没有显著差异，但影响两种测试方式正确率的因素却较为复杂，值得深入探讨。从两种测试方式的实际情况来看，影响听力成绩的因素主要有以下几个方面：

第一，文字依据的有无及汉字是否成为障碍。

相对于拼音文字，汉字的特点在于其在表义的同时部分地表音。李艳等（1993）[1]表明，在 7 000 常用字中的 5 631 个形声字中，声符与汉字声韵调完全相同的约占 37.51%，声韵调部分相同的占 49.79%，其余 12.7% 的汉字读音与其声符没有任何关系。杨润陆（2008）[2]则更严格地统计了声旁具有完全表音功能的高频字，在 7 000 通用汉字中仅 18 个，这 18 个汉字作为声旁组成 101 个汉字，约占 7 000 字中的 1.4%。汉字完全表音的局限性对半听力测试具有重要影响。

就半听力测试而言，汉字选项是一柄双刃剑：如果被试具有良好的汉字认读理解能力，听之前可根据选项预测将要听到的内容，这在一定程度上有利于被试在听的过程中特别留意与选项有关的内容，形成注意焦点，提高信息获取效率；但同时，如果被试汉字认读存在困难，则汉字选项的利用效率便大为下降，甚至在被试听懂并理解内容的情况下，成为选择答案的障碍，产生负面效应。

全听力测试则没有先通过汉字阅读了解选项含义的优势效

---

[1] 李燕、康加深《现代汉语形声字声符研究》，载陈原主编《现代汉语用字信息分析》，上海教育出版社，1993 年。

[2] 杨润陆《现代汉字学》，北京大学出版社，2008 年，第 167 页。

应，同时也避免了汉字认读理解困难可能带来的负面效应，被试只需要在声音与意义之间建立联系，即可较好理解听力内容与问题及各选项。在听的过程中，被试可以用他们自己能懂的任何方式记录听懂的内容，这在很大程度上可帮助他们减轻记忆负担。在收回的答卷中，就有很多被试所做的各种记号，如图画、汉语拼音以及他们自己的语言等。这些个性化符号的使用表明他们已经将声音和意义联系起来，并快速记录下了有价值的信息。

第二，知识图式的激活先后及水平差异。

关于听力理解的心理过程，学界已有大量认知心理学角度的研究，主要有感知、句子分析和运用三阶段论（Anderson, 1995[1]; Coh, 2000[2]），图式（schema）理论（Long, 1989[3]; 陈颖, 2005[4]）等。其中，图式理论对我们探讨的两种测试方式具有不同的影响。

在半听力测试条件下，被试在正式听试题内容之前，往往会根据选项提供的有关信息，对试题可能的内容、问题等进行预测。这个预测的过程，即根据选项提供的信息进行图式重组的过程。被试在听的时候，一方面验证预测的图式、信息是否与听到的内容吻合、匹配，一方面也不断进行修正、调适，从而在听力测试

---

[1] J.R. Anderson. *Cognitive Psychology and Its Implications* (4th ed.). New York: Freeman, 1995.

[2] Christine C. M. Goh. A Cognitive Perspective on Language Learners' Listening Comprehension Problems. *System*, 2000(28):55-75.

[3] Donna Reseigh Long. Second Language Listening Comprehension: A Schema-Theoretic Perspective. *The Modern Language Journal*, 1989, 73(1):32-40.

[4] 陈颖《试论对外汉语教学中短文听解图式的建立》，《语言文字应用》2005 年第 3 期。

中保持信息获取的相对主动的状态。从这个角度说,半听力测试被试相关知识图式在"听"之前就已激活,其激活程度往往也更高。相比之下,全听力测试时被试的知识图式不可能先于"听"之前启动,只可能在听的同时启动与听到的内容相关的知识图式。这种一边听,一边启动、调整图式的工作模式,其既有图式往往因较为仓促而不能有效激活,其对听力理解的作用也就相对较小。被试在这种条件下,往往"顾头不顾尾",注意力集中于听播放的内容,而不太可能充分利用既有图式更好地预测、验证听到的内容,因而,其理解时的工作负担也就更大,尤其在时间较短、稍纵即逝的情况下,准确率也可能因此大打折扣。这在一定程度可以解释全听力测试听一遍的正确率较之半听没有显著提高。而在较长对话项目,因时间较长,被试可以更充分地调动各种图式参与该语境中含义的理解,这对其正确率提高具有一定的帮助作用。

第三,信息加工通道与工作记忆系统工作模式差异。

根据认知心理学的一般原理,人的信息加工系统(Information Processing System, IPS)一般由感觉登记、工作记忆和长时记忆等三个部分组成。在感觉登记阶段,个体将觉察到的环境刺激信息转换为图像或声像等认知代码,再将其传入模式识别系统,由模式识别系统进行分析和组织,再输入工作记忆系统(梁宁建,2003[1])。就全听力与半听力测试而言,有关试题内容的信息在被试的感觉登记阶段存在差异:半听力测试条件下,环境刺激信息包括声音、文字,感觉登记阶段包含图像、声像两种认知代码,模式识别系统也分析、组织这两种代码;全听力测试条件下,环

---

[1] 梁宁建《当代认知心理学》,上海教育出版社,2003年,第32页。

境刺激信息仅为声音，感觉登记阶段也仅包括声音认知代码，模式识别系统也仅对声音代码进行处理。测试试题信息经过两种不同信息加工通道，最后进入工作记忆系统，成为被试进行随后一系列反应和处理的基础。

工作记忆是指个体在执行认知任务过程中，暂时储存与加工信息的能量有限的系统，被认为是人类认知活动的核心，是学习、推理、问题解决和智力活动的重要成分，包括三个部分：中枢执行系统、视觉初步加工系统和语音回路（Baddeley，1992[1]、2001[2]）。根据崔耀等（1997）[3]，Clark & Clark（1977）[4]提出了口语理解的四级模型：首先在工作记忆中建立话语的语音表征结构，然后以此记忆表征为基础，辨别组成连续语流的各种语音成分的内容及其功能，根据这个辨别过程的结果，言语理解者才能在工作记忆中建立起相应的命题结构，最后将工作记忆中的各种表征进行整合，形成完整的话语意义。在这个模型中，语音表征首先作用于工作记忆，是口语理解和加工过程的关键步骤。

听力理解本质上属于口头交际范畴，符合 Clark 的口语理解模型。在全听力测试中，工作记忆中的中枢执行系统和语音系统按上述口语理解模型工作，而半听力测试则增加了视觉加工系统。对于汉字认读理解水平较高的被试而言，视觉加工系统的启动对整个工作记忆系统有正面的帮助作用，反之则会带来负面的影响

---

[1] A. D. Baddeley. Working Memory, *Science*, 1992(255):556-559.

[2] A .D. Baddeley. Is Working Memory Still Working?. *American Psychologist*, 2001(11):851-864.

[3] 崔耀、陈永明《工作记忆和语言理解》，《心理科学》1997 年第 1 期。

[4] H.H. Clark & E.V. Clark. *Psychology and Language*, New York：Harcourt Brace Jovanovick, 1977.

和负担。具体而言，被试阅读汉字选项时，大致存在全部看懂、部分看懂和完全看不懂三种情况。第一种情况有利于工作记忆效率和正确率的提高；第二种情况被试在听的时候，要尽可能将听到的内容与部分看懂的选择项之间进行验证、匹配与判断，视觉加工系统与语音系统同时工作，被试的工作记忆负担加重，其工作效率和正确率都受到一定程度的影响；第三种情况则视觉加工系统完全没有积极作用，相反，即使被试听懂了，他们也无从有依据地选择。就本实验而言，被试大多属于第二种情况，尤其在较长对话项目，半听力条件下正确率较之全听力条件下更低，表明汉字水平在一定程度影响了他们的工作记忆。

第四，注意力分配差异。

注意是人的心理活动对一定对象的指向与集中。认知心理学认为，人们在处理各种刺激信息时，都要面临注意的认知资源分配，即注意的协调与分配问题。根据凯恩曼的注意认知资源分配模型，当加工处理的刺激信息总量超过了注意的认知资源能量，人们试图同时做的事情中有一件的加工成绩必然下降。而当认知资源受到材料限制（比如质量低劣或不宜加工的材料）时，即使分配到较多的认知资源，也不能较好地完成认知活动过程。（梁宁建，2003：85—104）

在半听力与全听力两种测试方式条件下，被试的注意力分配存在差异。前者的注意力要分配到文字和声音两种信息加工通道上，在汉语水平相同的情况下，还要受到汉字认读、理解的材料限制，这种情况对于汉字水平较低的被试尤为明显。根据任务操作曲线（POC，Performance Operation Curve）模型（梁宁建，2003：105），半听力模式下被试对汉字认读理解的认知资源增加多少，就会使其在"听"方面的认知资源做相应数量的减少，"听"与"读"在有限的认知资源中处于竞争状态；而在全听力模式下，被试注意力只需集中在语音信息上，其认知资源能集中处理相关语音信息而不受汉字认知的材料限制，没有汉字认读理解的认知资源消耗，被试处理听力内容的认知资源更为充足。

3. 全听与半听：哪种方式更适合初级汉语听力测试？

语言测试是一件十分复杂的工作，其复杂之处主要在于，人的语言能力不能直接测量，只能通过一定的手段来观察、推测，而这样的手段、途径的科学性、合理性以及与某种语言技能的适切性，在很大程度会影响对被试语言水平的估计和判断。因此，语言测试的首要工作，就是明确测试属性，并选择恰当的测试方式与程序。

根据上文讨论的全听与半听两种汉语听力测试方式的主要差异，结合听力本质属性和汉语的特点，可以认为，全听力测试更适合初级汉语听力测试。这一想法主要基于全听力测试更符合听力技能本质特征的认识。

关于听力的本质特征，杨惠元（1996）[①]、王碧霞（2000）[②]已明确指出其为"利用听觉器官处理有关言语信号"，这样的观点符合听力的实际情况。"听"是声音与概念、意义相联系的过程，最直接的证据就是不足 2 岁的小孩能听懂很多话，但几乎不认识字，即使认识一些也与他们能听懂的相去甚远，第二语言的

[①] 杨惠元《汉语听力说话教学法》，北京语言文化大学出版社，1996 年，第 25 页。

[②] 王碧霞《听能与听力理解困难的认知心理分析》，《汉语学习》2000 年第 6 期。

听力与此本质相通；盲人不能看见任何东西，但听力并没因此受到负面影响（相反，由于过分依赖于听力，听力往往更强）；"文盲"不认识字，但听说毫无障碍；海外华裔子弟一般可以使用汉语进行交流，但他们往往并不认识汉字，这些都可旁证"听"只是声音与意义相联系、利用听觉器官处理言语信号的本质特征。陈宏（1997）[①]在讨论如何在语言能力测验中建立结构效度时指出，建立结构效度的首要工作是建立理论假设，而完备的理论假设至少应当包括：对语言能力的本质、特征和功能进行高度概括，并清楚地表明，语言能力作为一种内在心理特质与这种特质的外在行为表现不同；应能反映语言能力的基本结构和结构关系，并从本质、特征和功能方面充分表明，语言能力每个部分都是独立的、不可替代的、不依赖于其他部分而存在的；若声称体现了汉语特色，则须说明与其他语言相比，汉语能力有哪些本质上的区别性特征。

这些思想对全听力测试具有重要启示，这也是不惜篇幅引述于此的原因。如果上文讨论的听力的本质特征成立，则听力测试只以"听力"为测试属性，只跟人们的听力水平有关，与文字水平等无关。听力测试应独立于而不依赖于其他语言技能，尽可能排除其他语言要素、技能的干扰，只考查被试的即时听解能力、工作记忆能力等，才能提高听力测试效度，让听力测试回归到更"纯粹"的轨道上。听力本质上可看作一种通过听觉进行的"阅读"。视觉阅读人们在"看"到阅读材料时才启动有关图式、各种阅读

[①] 陈宏《在语言能力测验中如何建立结构效度》，《语言教学与研究》1997年第2期。

技巧，听力也应该在"听"到一定内容才启动有关图式、听力技巧，而不是"听"之前便有某些材料提示人们可能听到什么内容。全听力测试在这一点上，更好地贴近了听力测试的本质特征。

此外，在半听力测试中，试题内容以"听力（语音）+阅读（文字）"的形式呈现给被试，被试需要对两种呈现方式做出反应；而全听力测试由于仅以听力作为测试属性，只以"听力（语音）"形式呈现测试内容，测试中没有文字等因素的干扰。从这个角度说，两种测试形式既是测试方式，也是测试内容。相比之下，全听力测试的"测试内容"更为纯粹，避免了其他语言技能的干扰，更能体现听力的本质特征。

综上，尽管对于初级下水平留学生而言，全听力测试与半听力测试各听一遍，其正确率没有显著差别，但由于全听力测试更符合听力的本质特征，且其效度相对更高，是更能体现听力属性的测试方式和程序，因而，全听力测试是更合适这个阶段留学生的听力测试形式。

四、结论及启示

通过本实验，得到以下几个基本结论：

第一，对于初级下水平留学生而言，全听力测试半听力测试各听一遍，二者正确率没有显著差异；

第二，较之半听力测试，全听力测试方式下较长对话项目正确率有显著提高；

第三，无论在半听力还是全听力测试条件下，句子理解项目的内容效度、结构效度均相对较低；总体来看，全听力测试的效度高于半听力测试；

第四，全听力测试体现了听力测试的本质特征，是更合适初级下阶段留学生汉语听力测试的测试形式。

本实验研究尚存一些不足。尽管实验样本已经较大，但对于语言测试而言，如果能有更大的样本，实验结果将更为可靠。此外，从实验结果看，被试的总体水平可能略高于 HSK 四级水平，因而其正确率总体较高。这些都对实验结果具有一定影响。

本实验研究结果对汉语第二语言教学及听力测试具有一定的启示：

第一，听力教学策略与测试理念的探索与更新。

根据上文研讨结果，听力教学策略和测试都应该以遵循听力本质特征、结合汉语特色为出发点和落脚点，尽可能避免其他语言技能的干扰来进行听力训练与测试。比如，在教学中，可训练学生边听边用自己的方式记录所听内容的策略，如图画、汉语拼音、母语等各种个性化的符号，这有利于学生摆脱对文字的依赖，也有利于提高学生对所听内容的注意力，有效提高听力理解能力。

此外，就汉语而言，听力测试理念需要更新。全听力测试不仅适用于汉语第二语言学习者，对于没有文字的民族，少数民族地区、方言地区居民的汉语水平测试，都可尝试采用全听力方式。这不仅可以探索新的测试理论与方法，对构建和谐语言生活也意义重大。

第二，差异化细分、培育汉语学习者群体。

汉语学习者的学习动机千差万别，学习目的各不相同。大体而言，有的仅对听说技能有要求，有的则对听说读写各项技能都有要求，我们可据此设计不同课程，编写专门的教材，并提供专门的测试以评估其水平。比如，对于仅有听说需求的学习者，全听力测试可以较好地评估其听力水平，以后还可开发专门的口试，而不至于在现行的汉语水平测试中无所适从，这对差异化对待和培育汉语学习群体、提高汉语国际推广效率不无裨益。差异化细分、培育汉语学习者的理念，与企业通过差异化产品细分、定位和培育消费群体异曲同工。

第三，不管是半听力测试还是全听力测试，句子理解项目的效度均较低，可以考虑适当减少或删除该项目，代之以简单对话或较长对话、讲话项目。

第四节 介绍性说明、选项呈现方式与听力理解[①]

一、前言

汉语"长段对话或讲话"是留学生汉语听力学习的重要内容，也是留学生汉语听力教学的重点和难点。弄清留学生汉语听力理解的影响因素及其特点是搞好留学生汉语听力教学的基础，对外汉语教学界对此进行了一定的研究。如郭金鼓（1985）[②]认为影

[①] 本节摘自张金桥《影响留学生听"长段对话或讲话"的两个因素》，发表于《语言文字应用》2006年第1期。

[②] 郭金鼓《对科技汉语听力教学的认识》，载《对外汉语教学论集》，北京语言学院出版社，1985年。

响留学生汉语听力理解的因素有留学生的词汇量、对语音的适应能力、文化知识水平和接受新知识的能力等;刘颂浩等(1995)[1]认为"词汇和情景熟悉会使学生容易理解听到的材料;词汇、句法和文化因素上的障碍,则会增加理解的难度";曹慧(2000)[2]分析了现行听力教材中的部分语料(共400条),结果表明影响留学生汉语听力理解的因素有关键词语的作用、语法点的意义、语境的制约、主要信息与排除干扰、解释、总结和概括能力、文化内涵的差异和语音的区分等。值得一提的是,李宝贵(1999)[3]探讨了中国汉语水平考试(HSK)中"长段对话或讲话"题型的测试内容,发现测试内容包括三类:一是关于细节性的问题,即就语料所涉及的时间、地点、人物及其身份、相互关系、态度、目的、原因、结果等具体细节问题提问;二是关于中心思想、主题或话题的问题,即着眼于全篇意思的设问;三是需要推论才能回答的问题。他认为应针对不同类别的听力测试内容采用不同的应试策略及教学策略。这些研究结果对留学生汉语听力教学有一定的启发意义。

在汉语"长段对话或讲话"听力教学中,有两个问题值得注意。一个是介绍性说明对留学生汉语听力理解的影响,即留学生在听该类听力语料前,提供一个有关该听力语料的介绍性说明,能否促进他们的汉语听力理解?针对不同熟悉程度的听力语料中不同信息(细节信息、主要信息和推论信息)的听力理解,其促进作

---

[1] 刘颂浩、林欢、高宁慧《听写及其运用》,《汉语学习》1995年第4期。
[2] 曹慧《影响听懂的因素分析及对策》,《语言教学与研究》2000年第2期。
[3] 李宝贵《HSK听力理解"长段对话或讲话"题型分析及应试策略》,《教育探索》1999年第2期。

用是否相同，表现出什么样的特点？另一个问题是选项呈现方式对留学生汉语听力理解的影响。具体地讲，就是听前呈现测试问题的可供选项和听后呈现测试问题的可供选项，哪一种情况留学生汉语听力成绩好？针对不同熟悉程度的听力语料中不同信息的理解，其影响作用是否相同，表现出什么样的特点？目前，还没有相关的实验研究报告。

本研究拟采用实验方法探讨介绍性说明和选项呈现方式对留学生听汉语"长段对话或讲话"的影响，包括两个实验，实验1探讨介绍性说明对留学生听汉语"长段对话或讲话"的影响，实验2考察选项呈现方式对留学生听汉语"长段对话或讲话"的影响。

二、实验1 介绍性说明对留学生听力理解的影响

（一）实验1a 介绍性说明对留学生听熟悉的汉语听力语料的影响

1. 实验目的

探讨介绍性说明对留学生听熟悉的汉语"长段对话或讲话"的影响，重点考察介绍性说明促进了留学生对熟悉的汉语听力语料中哪种信息的理解。

2. 实验方法

（1）被试。暨南大学华文学院参加2003年12月HSK初中等考试辅导班的留学生40人，经过HSK初、中等听力模拟考试，删除4名成绩在±3个标准差以外的被试，其中成绩好的1名，成绩差的3名，最后确定参加本实验的留学生36名。所有被试无听力障碍。

（2）材料与设计。从两本北京语言大学出版社出版的 HSK 模拟试卷（《HSK8 级精解（听力）》，赵菁主编；《HSK 中国汉语水平考试模拟试题集（初、中等）》，陈田顺主编）中抽取"长段对话或讲话"听力语料若干篇，由 2 名对外汉语教师共同评定，分别选出 4 篇留学生主题内容熟悉的听力语料和 4 篇不熟悉的听力语料。2 组材料中的语料长度、生词量大体相等，每组材料间内容均不相关。

根据李宝贵（1999）对汉语听力语料的分析，以及 Kintsch & Dijk（1978）[1]、W. Kintsch（1988）[2] 和 E. Kintsch（1996）[3] 关于文本信息类型的分析，把汉语"长段对话或讲话"听力语料中的信息分为三类，即细节信息（detail information），听力语料中存在并处于微命题水平；主要信息（main information），听力语料中存在并处于宏命题水平；推论信息（inferring information），听力语料中不存在，但可根据听力语料中的信息以及听者的背景知识加以推理的、处于上层水平的信息。经过心理语言学专家评定，4 篇主题内容熟悉的听力语料后的测试问题中，细节信息 6 个、主要信息 4 个、推论信息 6 个，共 16 个信息；4 篇主题内容不熟悉的听力语料后的测试问题中，细节信息 8 个、主要信息 5 个、推论信息 6 个，共 19 个信息。本实验中所采用的听力语料是 4 篇被评定为熟悉的"长段对话或讲话"。

---

[1] W. Kintsch & T. A. van Dijk. Towards a Model of Text Comprehension and Production. *Psychological Review*, 1978(85):364-394.

[2] W. Kintsch. The Use of Knowledge in Discourse Processing: A Construction-Integration Model. *Psychological Review*, 1988(95):163-182.

[3] E. Kintsch. Macroprocesses and Microprocesses in the Development of Summarization Skill. *Cognition and Instruction*, 1996(7):161-195.

本研究为 2×3 混合实验设计,自变量是有无介绍性说明(被试间因素,分为有介绍性说明和无介绍性说明 2 种水平)、信息类型(被试内因素,分为细节信息、主要信息和推论信息 3 种水平),因变量是被试正确回答的成绩。

(3)程序与步骤。实验分组进行,将 36 名被试随机分成 2 组,组 1(18 人)被试在听听力语料前主试先对该听力语料有关内容进行简单介绍,接着听听力语料并加以测试,称为有介绍性说明组;组 2(18 人)被试直接听听力语料并加以测试,称为无介绍性说明组。对 4 篇听力语料进行随机排序,在听完第 1 篇听力语料并完成测试后,接着听第 2 篇听力语料并完成测试,直到听完第 4 篇听力语料并完成测试为止。

3. 结果与分析

对被试选择的答案进行计分,回答正确计 1 分,回答错误计 0 分。表 5—13 列出了本实验中不同条件下被试的正确回答分数的平均数和标准差。

表 5—13 实验 1a 条件下被试的听力理解成绩

	实验人数	细节信息	主要信息	推论信息	总信息
有介绍性说明组	18	5.51(0.98)	3.06(0.87)	4.50(0.92)	13.06(1.89)
无介绍性说明组	18	5.22(1.11)	2.61(0.92)	2.67(0.97)	10.50(2.07)

对表 5—13 中的数据进行方差分析。结果表明,有无介绍性说明的主效应非常显著 $F(1, 34)=81.14$,$P<0.001$,有介绍性说明组的成绩(13.06)要好于无介绍性说明组的成绩(10.50),这说明,介绍性说明能促进留学生理解熟悉的汉语"长段对话或讲话"听力语料。信息类型的主效应显著 $F(2, 68)=8.78$,

$P<0.001$。有无介绍性说明和信息类型之间交互作用显著 $F(2, 68)=8.779$，$P<0.001$。

简单效应检验表明，在细节信息方面，有介绍性说明组和无介绍性说明组没有差异 $F(1, 34)=0.628$，$P>0.05$；在主要信息方面，有介绍性说明组和无介绍性说明组也没有差异 $F(1, 34)=2.22$，$P>0.05$；在推论信息方面，有介绍性说明组和无介绍性说明组差异非常显著 $F(1, 34)=33.72$，$P<0.001$，这表明留学生在听熟悉的"长段对话或讲话"语料时，介绍性说明主要促进了推论信息的理解，而对主要信息和细节信息的理解促进作用不明显。

本实验只是探讨了介绍性说明对留学生听熟悉的"长段对话或讲话"的影响，而介绍性说明对留学生听不熟悉的"长段对话或讲话"的影响有何特点？是否与听熟悉的听力语料一样？实验1b准备探讨这一问题。

（二）实验1b 介绍性说明对留学生听不熟悉的汉语"长段对话或讲话"的影响

1. 实验目的

探讨介绍性说明对留学生听不熟悉的汉语"长段对话或讲话"的影响，重点考察介绍性说明促进了留学生对不熟悉的汉语听力语料中哪种信息的理解。

2. 实验方法

（1）被试。同实验1a。

（2）材料与设计。实验材料为实验1a中被评为不熟悉的"长段对话或讲话"4篇。其他同实验1a。

（3）程序与步骤。同实验1a。

3. 结果与分析

计分标准同实验 1a。表 5—14 列出了本实验中不同条件下被试正确回答的分数的平均数和标准差。

表 5—14　实验 1b 条件下被试的听力理解成绩

	实验人数	细节信息	主要信息	推论信息	总信息
有介绍性说明组	18	4.50（1.2）	4.28（1.02）	4.33（1.37）	13.11（2.35）
无介绍性说明组	18	4.89（1.41）	2.56（1.15）	2.22（1.35）	9.68（2.14）

对表 5—14 中的数据进行方差分析。结果表明，有无介绍性说明的主效应非常显著 $F(1, 34)=21.135$，$P<0.001$，有介绍性说明组的成绩（13.11）要好于无介绍性说明组的成绩（9.68），这表明，介绍性说明能促进留学生理解不熟悉的汉语"长段对话或讲话"听力语料。信息类型的主效应显著 $F(2, 68)=14.329$，$P<0.001$。有无介绍性说明和信息类型交互作用也十分显著 $F(2, 68)=10.63$，$P<0.001$。

简单效应检验表明，在细节信息方面，有介绍性说明组和无介绍性说明组没有差异 $F(1, 34)=0.794$，$P>0.05$；在主要信息方面，有介绍性说明组和无介绍性说明组差异十分显著 $F(1, 34)=22.659$，$P<0.001$，有介绍性说明组在主要信息方面的理解成绩（4.28）要好于无介绍性说明组（2.56）；在推论信息方面，有介绍性说明组和无介绍性说明组差异也十分显著 $F(1, 34)=21.61$，$P<0.001$，有介绍性说明组的推论信息的理解成绩（4.33）要好于无介绍性说明组（2.22）。综合简单效应的检验结果，表明在听力语料不熟悉时，介绍性说明对留学生理解主要信息和推论信息都有促进作用，而对理解细节信息的影

响不明显。

三、实验2选项呈现方式对留学生听汉语"长段对话或讲话"的影响

（一）实验2a 选项呈现方式对留学生听熟悉的汉语"长段对话或讲话"的影响

1. 实验目的

探讨选项呈现方式对留学生听熟悉的汉语"长段对话或讲话"的影响，重点考察选项呈现方式影响了留学生对熟悉的汉语听力语料中哪种信息的理解。

2. 实验方法

（1）被试。暨南大学华文学院参加2003年12月HSK初、中等考试辅导班留学生39人，经过HSK初、中等听力模拟考试，删除5名成绩在±3个标准差以外的被试，其中成绩好的2名，成绩差的3名，最后参加测试的留学生34名。所有被试无听力障碍。

（2）材料与设计。实验材料同实验1a。本实验为2×3混合实验设计，自变量是选项呈现方式（被试间因素，包括听前呈现选项方式和听后呈现选项方式2种水平）、信息类型（被试内因素，包括细节信息、主要信息和推论信息3种水平），因变量是被试正确回答的成绩。

（3）程序与步骤。实验分组进行，将34名被试随机分成2组，组1（17人）在被试听听力语料前呈现所测试问题的可供选项，然后听听力语料，听完后要求被试在规定时间内完成作业，称为

听前呈现选项组；组2（17人）被试先听听力语料，听完后才提供测试问题的可供选项，并要求他们在规定时间内完成作业，称为听后呈现选项组。其他同实验1a。

3. 结果与分析

计分标准同实验1a。表5—15列出了本实验中不同条件下被试正确回答的分数的平均数和标准差。

表5—15　实验2a条件下被试的听力理解成绩

	实验人数	细节信息	主要信息	推论信息	总信息
听前呈现选项组	17	4.94（0.89）	2.94（0.97）	2.58（0.94）	10.47（1.50）
听后呈现选项组	17	4.00（0.94）	3.12（0.95）	2.41（1.12）	9.54（1.90）

对表5—15中的数据进行方差分析。结果表明，选项呈现方式的主效应不显著 $F(1, 32)=2.244$，$P>0.05$，这表明在听力语料熟悉时，选项呈现方式对留学生汉语听力理解的影响不大。信息类型的主效应显著 $F(2, 64)=37.95$，$P<0.001$。选项呈现方式和信息类型交互作用达到边缘性显著水平 $F(2, 64)=3.279$，$P=0.044$。

简单效应检验表明，在细节信息方面，听前、听后呈现选项组之间差异达到显著性水平 $F(1, 32)=8.943$，$P<0.05$，听前呈现选项组的成绩（4.94）要好于听后呈现选项组的成绩（4.00）；在主要信息方面，听前、听后呈现选项组之间没有差异 $F(1, 32)=0.512$，$P>0.05$；在推论信息方面，听前、听后呈现选项组之间也没有差异 $F(1, 32)=0.247$，$P>0.05$，这表明，在汉语"长段对话或讲话"听力语料熟悉时，听前呈现选项有助于留学生理解细节信息，选项呈现方式对留学生理解推论信息和主要信息的影响不明显。

本实验只是探讨了选项呈现方式对留学生听熟悉的"长段对话或讲话"的影响，然而，选项呈现方式对留学生听不熟悉的"长段对话或讲话"的影响是否与听熟悉听力语料一样呢？如果不一样，其特点如何？实验 2b 拟探讨这一问题。

（二）实验 2b 选项呈现方式对留学生听不熟悉的汉语"长段对话或讲话"的影响

1. 实验目的

探讨选项呈现方式对留学生听不熟悉的汉语"长段对话或讲话"的影响，重点考察选项呈现方式影响了留学生对不熟悉的汉语听力语料中哪种信息的理解。

2. 实验方法

（1）被试。同实验 2a。

（2）材料与设计。实验材料同实验 1b。其他同实验 2a。

（3）程序与步骤。同实验 2a。

3. 结果与分析

计分标准同实验 2a。表 5—16 列出了本实验中不同条件下被试的正确回答的分数的平均数和标准差。

表 5—16 实验 2b 条件下被试的听力理解成绩

	实验人数	细节信息	主要信息	推论信息	总信息
听前呈现选项组	17	3.47（1.33）	4.24（1.35）	4.29（0.92）	12.00（2.00）
听后呈现选项组	17	4.53（1.07）	3.12（1.22）	3.18（0.88）	10.82（1.85）

对表 5—16 中的数据进行方差分析。结果表明，选项呈现方式的主效应达到边缘性显著水平 $F(1, 32)=3.178$，$P=0.084$，听前呈现选项组的成绩（12.00）要略好于听后呈现选项组的成

绩（10.82），这表明，听前呈现选项有促进留学生理解不熟悉的汉语"长段对话或讲话"的倾向。信息类型的主效应不显著 $F(2, 64)=0.753$，$P>0.05$。选项呈现方式和信息类型交互作用十分显著 $F(2, 64)=10.01$，$P<0.001$。

  简单效应检验发现，在细节信息方面，听前、听后呈现选项组之间差异达到显著性水平 $F(1, 32)=6.56$，$P<0.05$，听前呈现选项组的在细节信息的理解上成绩（3.47）要差于听后呈现选项组的成绩（4.53），这表明，听后呈现选项能够促进留学生理解不熟悉听力语料中的细节信息；在主要信息方面，听前、听后呈现选项组之间差异也达到显著性水平 $F(1, 32)=6.43$，$P<0.05$，听前呈现选项组的主要信息的理解成绩（4.24）要好于听后呈现选项组的成绩（3.12），这表明听前呈现选项促进留学生理解不熟悉听力语料中的主要信息；在推论信息方面，听前、听后呈现选项组之间差异达到非常显著的水平 $F(1, 32)=13.068$，$P<0.001$，听前呈现选项组的推论信息的理解成绩（4.29）要好于听后呈现选项组的成绩（3.18），这表明听前呈现选项能够促进留学生理解不熟悉听力语料中的推论信息。综合简单效应的检验结果发现，留学生在听不熟悉的汉语"长段对话或讲话"时，听前呈现选项能促进其理解主要信息和推论信息，而听后呈现选项能促进其理解细节信息。

四、讨论

  本研究采用实验的方法，设计了 2 个实验 4 个小实验分别探讨了介绍性说明和选项呈现方式对留学生听汉语"长段对话或讲话"的影响。

实验1探讨了介绍性说明对留学生听汉语"长段对话或讲话"的影响,结果表明,介绍性说明能促进留学生理解汉语"长段对话或讲话"。在不同熟悉程度的听力语料条件下,介绍性说明的这种促进作用表现出不同的特点:留学生熟悉听力语料时,促进其理解听力语料中的推论信息;留学生不熟悉听力语料时,促进其理解听力语料中的主要信息和推论信息。无论听力语料是否为留学生所熟悉,介绍性说明对其理解细节信息的促进作用都不大。

我们认为,本研究结果可能与听力语料中不同信息的加工水平以及介绍性说明的特点有关。听力语料中的细节信息、主要信息和推论信息等加工水平是不同的:对于细节信息,是基于对听力语料中的字、词、句微命题水平的加工,处于较低级的加工水平;对于主要信息,是基于听力语料中句子间形成整体连贯表征的宏命题水平的加工,处于中级的加工水平;推论信息,是基于听力语料中信息与留学生大脑中的世界知识和背景信息通过推理而形成的情景模型(situational model)的上层水平的加工,处于较高级的加工水平(W. Kintsch,1988;E. Kintsch,1996)。而介绍性说明主要阐述的是有关听力语料的一般性内容,有利于留学生形成关于听力语料的整体性的宏观的框架。对于细节信息而言,由于它处于较低级的加工水平,而介绍性说明描述的是较为一般性的宏观内容,因此介绍性说明对理解细节信息没有促进作用,即使是不熟悉的听力语料也是如此。而主要信息处于中级加工水平,在听力语料熟悉条件下,由于留学生对听力语料内容本身是熟悉的,即使没有介绍性说明,也能顺利地理解主要信息从而建构基于听力语料内容的整体连贯表征,因此介绍性说明对留学生理解熟悉听力语料中的主要信息的作用不大；而在听力语料不熟悉条件下情况发生了变化，留学生由于不熟悉听力语料内容，这种对听力语料内容一般性的介绍性说明在理解过程中起着框架（frame）作用，从而促进了其理解主要信息。而对于推论信息，它处于信息加工的高级水平，需要借助读者头脑中已有的背景知识与听力语料中的信息进行整合和推理加工，对于该类信息的心理认知加工需要的能量、强度以及难度都很大，因此在熟悉和不熟悉的听力语料条件下，这种介绍性说明都发挥着重要的促进作用。

实验2探讨了选项呈现方式对留学生听汉语"长段对话或讲话"的影响。结果发现选项呈现方式对留学生听汉语"长段对话或讲话"有一定的影响。在不同熟悉程度的听力语料条件下，选项呈现方式表现出不同的影响特点：留学生熟悉听力语料时，听前呈现选项主要促进其理解细节信息，而对推论信息和主要信息的理解的影响作用不大；留学生不熟悉听力语料时，听前呈现选项能促进其理解主要信息和推论信息，而听后呈现选项能促进其理解细节信息。

我们认为，不同的选项呈现方式在留学生汉语"长段对话或讲话"听力理解中发挥着不同的作用。在听前呈现有关测试问题的选项，能使留学生对听力语料的内容有一定的了解，产生一定的预期；而听后呈现有关测试问题的选项，留学生主要通过听听力语料来理解相应的信息，在听听力语料前留学生对所听内容没有预期。

在听力语料熟悉时，留学生能根据听前呈现的选项有效地组织听力语料中处于中高级加工水平的主要信息和推论信息，同时也能通过已经呈现的选项有效地理解和记忆处于低加工水平的组织化程度低的细节信息；对于听后呈现选项的方式下，由于学生熟悉听力语料，在听的过程中自动激活相应的处于中、高级加工水平的主要信息和推论信息，然而，由于没有提供测试问题的选项，对那些处于低加工水平的组织化程度低的细节信息的理解和记忆发生了困难。因而表现为听前呈现选项能促进熟悉听力语料中的细节信息的理解。

然而，在听力语料留学生不熟悉的情况下则表现出不同的特点。听前呈现选项为学生提供了有关听力语料的内容，产生一定的预期，使留学生聚焦于中、高级加工水平的主要信息和推论信息，而对低加工水平的细节信息不够注重，进行的可能是一种"自上而下"的加工，表现出听前呈现选项能促进留学生理解主要信息和推论信息，而对理解细节信息的促进作用不大；听后呈现选项组没有为学生提供有关听力语料的内容，也没有产生一定的预期，留学生进行的可能是一种"自下而上"的加工，先对低级加工水平的细节信息进行解码，只有解码成功后，才会逐步理解中高级水平的主要信息和推论信息，因而理解的焦点在细节信息方面，从而表现出听后呈现选项对留学生理解主要信息和推论信息的影响不明显，而对其理解细节信息的促进作用较大。

五、教育启示

本研究结果对留学生汉语听力教学有一定的启示：

首先，在对外汉语听力教学方面，对留学生进行汉语听力课堂教学前，教师除了事先要教学生认识新词外，还应该对所教的汉语听力材料进行介绍性说明,然后再让学生听听力语料,这样教学效果应该比直接听听力语料好。教师在对留学生不熟悉的听力课文进行教学时,介绍性说明显得尤为重要。

其次,在对外汉语听力教材编写方面,编写汉语听力教材特别是编写"长段对话或讲话"课文时,编者应事先提供一段与听力课文内容有关的介绍性说明文字,起到一个"先行组织者"的作用,有利于激活大脑中相应的认知结构,从而有效地进行留学生汉语听力教学。

最后,在对外汉语听力测试方面,本研究表明,不同的选项呈现方式对不同熟悉程度的不同信息的听力理解的影响是不同的,因此应该根据不同熟悉程度的听力语料采用多种不同的测试形式,从而实现多角度、多方位全面促进留学生汉语听力理解的目标。

六、结论

本研究得到如下结论:

第一,介绍性说明能促进留学生理解汉语"长段对话或讲话",当听力语料的内容为留学生熟悉时,介绍性说明促进其理解听力语料中的推论信息;当听力语料的内容为留学生不熟悉时,介绍性说明对其理解听力语料中的主要信息和推论信息都有促进作用。无论留学生是否熟悉听力语料,介绍性说明对其理解听力语料中细节性信息的影响作用不大。

第二,选项呈现方式对留学生理解汉语"长段对话或讲话"有一定影响,当听力语料的内容为留学生所熟悉时,听前呈现选

第四节 介绍性说明、选项呈现方式与听力理解

项能促进其理解听力语料中的细节信息,听前、听后呈现选项对其理解听力语料中的主要信息和推论信息作用不大;当听力语料的内容为留学生所不熟悉时,听前呈现选项有助于其理解听力语料中的主要信息和推论信息,而听后呈现选项有助于其理解听力语料中的细节信息。

第六章

学习者因素

第一节 听力的学习策略[①]

一、引言

听力是第二语言习得的基础,其重要性是毋庸置疑的。沈燕(1998)[②]通过对留学生的跟踪调查发现,听力能力差是留学生在中国学习和生活的最大障碍。高彦德等(1993)[③]、司马麟(2000)的调查显示,尽管留学生都认为听力非常重要,但对通过听力课提高听力水平的期望比较低。这种高需求度与低期望值反映出学生对我们现有听力教学的某种不满和无奈。

教与学是一个互动的过程,在研究如何教好听力课的同时,我们不应该忽略学生自身是如何练习听力的这一问题。本研究运用对比的方法,通过对听力较好与较差两类学生的听力学习策略的调查,试图从学生的角度出发考察听力学习的方法,以期发现

[①] 本节摘自吴勇毅、陈钰《善听者与不善听者听力学习策略对比研究》,发表于《汉语学习》2006年第2期。

[②] 沈燕《谈汉语听力教学中的针对性》,载《对外汉语教学探讨集》,北京大学出版社,1998年。

[③] 高彦德、李国强、郭旭《外国人学习与使用汉语情况调查研究报告》,北京语言学院出版社,1993年。

学生在听力学习中存在的问题，并据此就改进听力教学提出一些设想。

二、调查工具与对象

（一）调查工具

本研究采用问卷调查的方式获得数据。调查问卷分两部分。第一部分是对学生听力学习策略的调查，采用选择的方式回答。调查项目选自 Oxford（1990）[①] 的学习策略调查表和 O'Malley & Chamot（1990）[②] 的学习策略表，共 25 项。笔者根据汉语学习的特点对这些项目进行了一定的修改，分为元认知策略、认知策略和情感策略三大类。元认知策略 6 项，包括平时对听力理解活动的计划、安排，在听力理解过程中注意力的分配、监控，听力结束后的自我评价等。认知策略 15 项，包括听时对信息的处理方式、对语言形式和语言功能的关注程度以及听的过程中的技巧运用等。情感策略 4 项，主要涉及听时的情感控制与影响。问卷的第二部分主要是通过排序的方式调查学生对听力的认识以及他们在听力理解中所遇到的困难。

（二）调查对象

调查对象为华东师范大学汉语言系的两个中级平行班的学生。根据学生平时在听力课上的表现和期中、期末两次考试成绩，

[①] R. L. Oxford. *Language Learning Strategies:What Every Teacher Should Know*. NY: Newbury House/Harper Collins, 1990.

[②] J. M. O'Malley & A.U. Chamot. *Learning Strategies in Second Language Acquisition*. Cambridge:Cambridge University Press, 1990.

从两个班抽出12名听力较好的学生（编为甲组，称之为"善听者"）和12名听力较差的学生（编为乙组，称之为"不善听者"）作为调查对象，学生的国别包括日本、韩国、波兰、美国、意大利、德国、印尼、瑞士，其中以日韩学生为主。甲组有日本人6名、韩国人4名、其他国家2人；乙组有日本人5名、韩国人3名、其他国家4人。这些学生学习汉语的时间，大多数为1年半左右，都是通过分班测试进入同一等级的班级学习的，可以认为他们的语言水平比较相似。他们所用的教材、所进行的课堂练习、所参加的考试内容一样，但从课堂练习的表现、学期考试和HSK（初、中等）的成绩看，却有明显差别。因此，我们假设听力学习策略的运用是影响听力水平提高的一个重要因素。

表6—1是调查对象的学习成绩排名。其中平均成绩是期中和期末考试的平均分；HSK成绩是2004年12月的HSK（初、中等）成绩，前一栏是HSK听力成绩后一栏是获得的证书等级，有些同学未参加这次考试。从平均成绩和HSK听力成绩以及听力课教师的主观评价（即序号排列）来看，甲乙两个群体的差异是比较明显的。

表6—1 调查对象学习成绩排名

善听者（甲组）			不善听者（乙组）		
序号	平均成绩	HSK成绩 || 序号	平均成绩	HSK成绩	
A	93.5	91	中A	A1	81.5	68	初A
B	93.5	89	中C	B1	79.5		
C	93.5			C1	77	73	中C
D	93	86	中A	D1	76.5	69	中C
E	93			E1	76		
F	92.5	58	初A	F1	75.5		

续表

善听者（甲组）			不善听者（乙组）		
序号	平均成绩	HSK 成绩	序号	平均成绩	HSK 成绩
G	91.5	81 中B	G1	75	69 中C
H	91	82 中B	H1	74.5	58 无证
I	90.5		I1	72	
G	89.5		G1	72	
K	89	86 中A	K1	71.5	71 中C
L	86.5	79 中B	L1	67.5	

三、调查结果与分析

（一）元认知策略

元认知策略是通过计划、监控、总结、评价、分配注意等一系列行为对自己的学习进行管理的策略。从表6—2的调查结果看，在听中监控、听后总结、听后评价、注意力分配等方面，善听者与不善听者的表现差异比较大。在监控方面，乙组有50%的学生从来不对自己听的过程和所听到的内容进行监控，这远远高于甲组有监控的比率（16.7%）。可见不善听者在学习时，只是一味地听，缺乏思考和检查，而善听者中的大部分或多或少都能对所听的内容进行上下文的联系，在听的过程中不断对前面所理解的内容进行回顾、证实和修正。

在注意力的分配上，当问到如果事先已经知道听后要回答的问题你会如何听时，甲组中有75%的人认为会重点听与问题有关的内容，而乙组中只有33.3%的人会这样做。在已经知道听后要回答的问题后，听时仍然不分重点，乙组占了58.3%，而甲组只有 16.7%。这种差异显示两组学生在听的过程中注意力分配能力的强弱。大部分善听者会根据已得到的线索有重点、有选择地听，而不善听者有一半对所有内容的注意力分配是一样的。

元认知策略主要涉及"有序安排和评价自己的学习"（organizing and evaluating your learning）两方面，从监控自己的学习过程、评价自己的学习情况和进程、集中注意力等方面看，善听者比不善听者更会管理自己听的过程。但我们同时也发现，在目标和计划方面，两类学生的回答都不甚理想，他们对怎么学习表现出一定的盲目性。

表 6—2　元认知策略

学习有目标与计划		两者都有	只有目标	只有计划	两者都没有
	善听者	41.7%	8.3%	33.3%	16.7%
	不善听者	50.0%	16.7%	16.7%	16.7%
听时有不同目标		经常	偶尔	没有	
	善听者	25.0%	33.3%	41.7%	
	不善听者	25.0%	41.7%	33.3%	
听中监控		经常	有时	不	
	善听者	16.7%	66.7%	16.7%	
	不善听者	8.3%	41.7%	50.0%	
听后总结		经常	偶尔	不	
	善听者	0.0%	75.0%	25.0%	
	不善听者	0.0%	33.3%	66.7%	
听后评价		经常	有时	不	
	善听者	41.7%	41.7%	16.7%	
	不善听者	8.3%	50.0%	41.7%	
注意力分配		所有内容都听	主要听相关内容	不听无关内容	
	善听者	16.7%	75.0%	8.3%	
	不善听者	58.3%	33.3%	8.3%	

（二）认知策略

1. 听力方式

听力方式主要考察学生在听的过程中的信息接收习惯，主要包括在听力理解过程中对母语的利用以及在理解中知觉的加工方式。表6—3的调查结果表明，不善听者在听的过程中对母语的依赖性很强，几乎有一半的学生（41.7%）在听力练习中经常通过母语的媒介作用来帮助理解；如果算上偶尔借助母语理解的人，总数就达到了90%以上，而不依赖母语的只有8.3%。把听到的内容翻译成母语来理解，势必影响整个听力理解过程。听的内容转瞬即逝，一旦语句或语段增长，而注意的重心又在翻译上，就很可能会出现理解了上句而下句已逝，或因翻译出现问题而造成无法理解的情况。相反，善听者中依靠母语的中介作用来进行理解的人的比例比不善听者明显低得多，另有将近一半的人（41.7%）几乎没有借助母语的习惯。显然，听时借不借助母语是区分善听者与不善听者的标准之一。

表6—3 认知策略·听力方式

借助母语		经常	偶尔	几乎不
	善听者	25.0%	33.3%	41.7%
	不善听者	41.7%	50.0%	8.3%

2. 对语言形式和语言功能的关注

根据Huang & Naerssen（1987）[①]的划分，在听力学习中，语言形式操练的策略指通过听学习语音、词语，记忆句型、词汇

[①] Xiaohua Huang & M. V. Naerssen. Learning Strategies Fororal Communication. *Applied Linguistics*, 1987.

等；语言功能操练的策略则是针对语言的交际作用，在听力学习中通过听来理解话语的意思而不考虑其结构，通过看电影、电视或听讲座等方式练习听力等。实际上，对语言形式的操练是为了掌握正确的语言形式，而对语言功能的操练则重在提高对语言内容的理解能力。

表 6—4 认知策略·形式与功能操练

		经常	偶尔	从不	
对听到的句子等做语法分析	善听者	0	66.7%	33.3%	
	不善听者	0	33.3%	66.7%	
		经常	偶尔	从不	
记忆听到过的句型等	善听者	8.3%	83.3%	8.3%	
	不善听者	8.3%	75.0%	16.7%	
		语音和语法	语音	语法	都不注意
听时特别注意	善听者	33.3%	58.3%	8.3%	0
	不善听者	33.3%	33.3%	8.3%	25.0%
		经常	有时	从不	
听中文广播、看中国电影电视	善听者	41.7%	58.3%	0	
	不善听者	25.0%	58.3%	0	
		语音语调	内容	句型、词汇	
听广播、看电影电视（包括跟中国人说话）时最注意	善听者	8.3%	16.7%		
	不善听者	8.3%	75.0%	16.7%	
		经常	偶尔	从不	
参加能听汉语的活动（寻找机会）	善听者	0	25.0%	75.0%	
	不善听者	8.3%	25.0%	66.7%	

表 6—4 的调查结果显示，两类学生总的来说都比较重视语言功能，比如通过听广播、看电视电影的方式练习听力，且在听时大都比较注意内容而非形式；但善听者有将近一半的人（41.7%）经常听广播、看电视电影，不听、不看的人没有，而不善听者经常听广播、看电视电影的只有 25%，而不听、不看的也有 16.7%。

在主动寻找练习听力的机会方面，两类学生的表现差不多，即都不主动。这也可能与学生的学习环境有关。由于是在目的语环境中进行"沉浸式"学习，学生身边都是说汉语的人，因此学生可能会觉得没有必要刻意去寻找听汉语的机会，比如演讲、讲座之类的活动，但不排除在工作或学习中有时为了获取所需的信息而去参加各种活动的情况。

在对语言形式的关注方面，大部分善听者（66.7%）会对听到的难句做语法分析，而大部分不善听者（66.7%）则从来不做；所有的善听者都会注意听到的语音或语法现象，但不善听者中有 25% 的人从不注意。善听者不仅会有意识地借助语言形式分析帮助理解，而且会注意在听的过程中学习语言形式，把听的过程也当成是一个语言学习的过程。

3. 听力技巧

这里所说的听力技巧主要指在听力练习或考试中用来帮助克服听力障碍的方法。它包括在听之前对所听内容的猜测，在听当中对听不懂的词语或段落内容进行猜测，边听边记笔记等。在听力技巧的运用上，两组学生显示出明显的区别（见表 6—5）。在预先猜测方面，不管是对所听语段大意的猜测，还是对对话中后一个人的应答语的猜测，或者是对听到的某一题材的文章中可能用到的句型和词语的猜测，善听者都明显优于不善听者，特别是"根据前一人所说的话猜测后一人要说的话"这一策略，善听者中有 66.7% 的人常常这样做，但不善听者中只有 8.3% 的人常这样做，差别非常明显。

表6—5 认知策略·听力技巧

		经常	有时	不	
根据答案选项，猜测内容大意	善听者	58.3%	41.7%	0	
	不善听者	25.0%	75.0%	0	
		经常	很少	几乎不	
根据前文，推测别人要说的话	善听者	66.7%	25.0%	8.3%	
	不善听者	8.3%	58.3%	33.3%	
		经常	很少	几乎不	
根据内容、猜测词语和句型	善听者	33.3%	41.7%	25.0%	
	不善听者	16.7%	50.0%	33.3%	
		据上下文猜测	跳过	马上查词典	
遇到生词	善听者	58.3%	16.7%	25.0%	
	不善听者	50.0%	33.3%	16.7%	
		据上下文猜测	根据说话人的语气猜测	据自己的经验和知识猜测	以上方法都用
遇到不明白的地方/内容	善听者	50.0%	25.0%	0	25.0%
	不善听者	33.3%	16.7%	25.0%	25.0%
		经常	偶尔	几乎不	
边听边记笔记	善听者	33.3%	33.3%	33.3%	
	不善听者	8.3%	41.7%	50.0%	

在边听边记笔记方面，善听者经常运用此策略的比例也明显

高于不善听者（33.3% 对 8.3%），后者中有半数人几乎是从来只听不记的，而善听者相对来说比较少（33.3%）。听中遇到生词或不明白的地方，善听者与不善听者处理的方式有所不同：前者主要依据上下文的语言环境（包括语气、语音、语调等）或查词典来解决；后者除了部分依靠上下文以外，放弃或根据自己生活经验猜测也是较常采用的方式。显然，影响听力理解的因素除了学习者的语言水平以外，策略运用也是不可忽视的。后者尤其需要在我们的听力教学中引起重视。

（三）情感策略

情感因素可以成为语言学习的动力，也可能成为语言学习的阻力。在听、说、读、写四项语言技能中，听力可能是受情绪影响最大的一项。因为听话或听录音时，声音稍纵即逝，而说、读、写的时间压迫感则没有听力来得那么强。更由于听者既无法控制说话者的语速，又无法控制内容和语言形式的繁简，因此一旦受外界因素干扰（如环境噪声的干扰）或遇到理解困难时，听者极易产生紧张、烦躁、不安的情绪。因此，有效地控制听时的情感因素，尽量减轻情绪压力，这对听力理解效果的提升是非常重要的。

表 6—6 的调查结果显示，在紧张度方面，听不懂时经常紧张和不紧张的善听者的比例都比不善听者高，分别是 50% 对 41.7% 和 25% 对 8.3%，看上去似乎经常紧张的人，不善听者比善听者还要少些，但不紧张的人，善听者明显比不善听者多。若把经常紧张和偶尔紧张两项相加，不善听者在听时的紧张度高于善听者：91.7% 对 75%。可见，在听时的紧张度方面不善听者高于善听者。认为心情会影响到听力成绩的人，两类学生几乎相同，

都达到了91%以上。在情感策略的使用方面,两类学生略有差异。善听者较少或从不(两者相加为83.3%)鼓励自己,而不善听者有近一半人在听时经常鼓励自己。这是因为善听者听时遇到的困难相对于不善听者来说可能较少,所以客观上会导致较少使用鼓励自己的策略。

表6—6 情感策略

		经常	很少	从不
鼓励自己	善听者	16.7%	58.3%	25.0%
	不善听者	41.7%	41.7%	16.7%
		经常	有时	几乎不
跟别人讨论听后感受	善听者	16.7%	50.0%	33.3%
	不善听者	25.0%	58.3%	16.7%
		经常	偶尔	从不
听不懂时紧张	善听者	50.0%	25.0%	25.0%
	不善听者	41.7%	50.0%	8.3%
		很大	有一点	没什么影响
心情影响听力成绩	善听者	33.3%	58.3%	8.3%
	不善听者	50.0%	41.7%	8.3%

(四)对听力的需要和困难的认识

我们的调查显示,两类学生在对听、说、读、写、译五项技能需要的排序上基本一致,听力都处于前两位,甚至超过了阅读,这和高彦德等(1993)的调查结果基本一致。而在大部分的对外汉语教学单位,听力课却总是处在一种副课的地位,这不能不引起我们的重视。

表 6—7　五项技能的需要程度排序

排序	1（并列）	2	3	4（并列）
善听者	说	听	读	写/译
不善听者	说/听	读	写	译

表 6—8 是对造成听力理解困难的因素排序，两类学生在前两位上有差异，善听者大多认为生词是阻碍听力的最大困难，而不善听者则认为速度是最大困难。根据前面的调查，不善听者所遇到的速度问题，也许正是和他们在听的过程中依靠母语翻译、不能有效地使用一些听力技巧有关。善听者由于较好地排除了母语的中介作用，并能较好地使用一些听力技巧，因此在速度的适应性上会比不善听者更强一些。这样一个排序告诉我们，在听力教学中要针对学生的最大困难，重点培养他们在听的过程中对速度的适应性，并扩大学生的听力词汇量，训练学生在上下文中理解词语的技巧，如猜测、联想、跨越障碍等。

表 6—8　造成听力理解困难原因的排序

排序	1	2	3	4	5
善听者	生词	速度	发音	内容	其他
不善听者	速度	生词	发音	内容	其他

四、调查结果对听力教学的启示

对听力课的地位和作用，目前流行的看法是，听力课是副课，必须依附于先行的主导课程（杨惠元，1996[①]；李红印等，

[①] 杨惠元《汉语听力说话教学法》，北京语言文化大学出版社，1996 年。

1998[1]）。在这种思想指导下的听力课是一种纯粹的技能操练课，不承担词汇、语法等的学习任务，只要求反复听，听懂为止。而调查表明，善听者不但重视对语言意义的理解，也非常重视在听的过程中学习语言形式。这提示我们，在听力课上，还应重视学生对语言形式的学习和掌握，形式和意义都不能偏废。

我们在调查中还发现，不少学习者在听的过程中处于被动状态。他们听前没有目的和计划，听后无总结分析和归纳，听的过程中也不能对所听的内容和自己的理解进行不断地监控和检查修正，又无主动记笔记的习惯。在听的整个过程中好像很专心，而实际效果却很差。Vandergrift（2000）[2]、吴勇毅（2003）[3]等都指出，听力理解是一个极其复杂的主动过程。在这一过程中，学习者不应该处在被动状态之下。在听力教学中，教师要充分发挥学生在整个听力活动中的主动性，培养学生对听的过程的自我管理和控制能力。教师还应着意安排学生进行听前预测和听后自我评价的训练，在听的过程中要提醒学生根据上下文内容对前面理解的内容重新进行思考，并且在听力课上进行一些有针对性的听力技巧训练。

---

[1] 李红印、陈莉《论汉语听力课的设置和教学》，载《北大海外教育》（第2辑），北京大学出版社，1998年。

[2] L. Vandergrift《第二语言听力理解中的学习策略培训（方申萍译述）》，《国外外语教学》2000年第4期。

[3] 吴勇毅《听力理解与汉语作为第二语言（CSL）习得》，载《对外汉语研究的跨学科探索》，北京语言文化大学出版，2003年。

第二节 汉语学习者听力策略 [①]

一、引言

在第二语言学习过程中,听力理解扮演着重要的角色。加拿大认知心理学家 Anderson 认为听力理解是一个包括注意、理解、记忆和评价的积极过程,是听者借助已有的知识,运用各种策略,达到对所听内容理解的心理过程[②]。可见,在对口语信息进行主动听力理解加工过程中,适当的听力策略的使用是有效进行听解活动的催化剂。

在国外,较为系统规范的听力理解策略研究源于学习策略的研究,并随着第二语言习得、(实验)心理语言学等学科的兴起而繁荣。研究对象主要是以英语为二语的学生,内容包括不同水平学生使用听力策略的差异及分析研究,听力类型包括交互式听力(interactional listening)和传达式听力(transactional listening),策略类型主要是认知策略和元认知策略,涉及策略运用、篇章、任务和背景之间的关系研究,研究方法从主观性很强的内省法和追思法发展为实证研究,并以量化研究为主[③]。国内英语教学界听力策略的研究与国外一脉相承,20 世纪 90 年代

---

① 本节摘自蔡燕、王尧美《来华预科留学生汉语听力策略实证研究》,发表于《云南师范大学学报》(对外汉语教学与研究版)2013 年第 1 期。

② 转引自郭新爱《新疆少数民族预科生汉语听力学习策略调查》,《民族翻译》2011 年第 2 期。

③ 马晓文《听力理解策略研究现状及启示》,《江西师范大学学报》(哲学社会科学版)2006 年第 6 期。

进入初步发展阶段，20世纪90年代末进入快速发展期，在研究深度、研究领域和研究方法等方面朝纵深方向发展[1]。

国内对外汉语界对汉语作为第二语言的学习策略研究才刚刚起步，只有零星的研究成果，还构不成系统[2]，对于汉语听力策略的研究也不多见。钱玉莲（2007）[3]利用自己建构的中文听力学习策略量表，调查中高级阶段韩国留学生的听力策略。周磊（2004）[4]等对留学生听力策略的使用及其与听力理解成绩的关系进行统计分析，但存在调查问卷设计不够完善，或被试数量较少等问题。郭新爱（2011）[5]、范祖奎（2008）[6]调查了新疆少数民族预科生汉语听力策略的使用情况，并讨论了高分组与低分组学生在听力学习策略使用上的差别。

中国政府奖学金本科来华留学预科项目规定：预科生经过1至2年的汉语强化学习，进入本科专业学习的汉语水平不得低于HSK（初中等）三级。可见，预科学生的学习目标高，压力大，任务重，在短期内高效习得汉语是一个关键问题。因此，针对来华预科留学生学习策略的研究有助于预科学生和教师掌握这一特

---

[1] 董记华、李丽霞《我国英语听力策略研究15年：回顾与展望》，《西北农林科技大学学报》（社会科学版）2009年第4期。

[2] 钱玉莲《第二语言学习策略研究的现状与前瞻》，《暨南大学华文学院学报》2004年第3期。

[3] 钱玉莲《韩国学生汉语学习策略研究》，世界图书出版社，2007年，第39页。

[4] 周磊《中级水平韩国留学生语言学习策略与汉语听力理解的关系研究》，北京语言大学硕士学位论文，2004年。

[5] 郭新爱《新疆少数民族预科生汉语听力学习策略调查》，《民族翻译》2011年第2期。

[6] 范祖奎《汉语听力理解策略与特点调查分析》，《新疆师范大学学报》（哲学社会科学版）2008年第4期。

殊汉语学习群体的学习过程及规律,可以为探寻高效速成的学习路径和教学模式提供借鉴。本节旨在针对来华预科留学生汉语听力策略的使用情况及其与听力成绩的关系进行调查研究。

二、研究设计

(一)研究目标

本研究利用汉语听力策略调查量表收集来华预科留学生听力策略使用情况的数据资料,通过描述性统计全面探讨预科生使用听力策略的基本情况,阐述总体特征,观测不同听力水平的预科生在听力策略使用上是否存在差异,以及听力策略使用频率不同的预科生在听力成绩上是否存在差异。同时将听力策略使用与其HSK听力成绩相结合进行推断性统计,分析两者之间是否存在相关性,并探究听力策略的使用对听力成绩是否具有预测性。

(二)研究对象

118名来华预科留学生参加了汉语听力策略量表的调查,有效问卷103份。其中,男性56人,女性47人;年龄在18至29岁之间。他们的初始汉语水平为零起点,经过一学年的汉语强化学习,参加HSK(初中等)考试。

(三)研究工具

在本研究中,我们根据O'Malley等(1989)[①]的第二语言听

---

① J. M. O'Malley, A. U. Chamot & L. Küpper. Listening Comprehension Strategies in Second Language Acquisition. *Applid Linguisic*, 1989(4).

力策略调查量表和 Oxford（1990）[①] 的第二语言学习策略使用情况调查问卷中有关听力学习的策略部分编制出了汉语听力策略量表。量表含 3 个维度，元认知策略（meta-cognitive strategies）、认知策略（cognitive strategies）和社会/情感策略（social/affective strategies）。在正式测量前，我们对预测内容进行了结构效度的因子分析。3 个维度的 KMO 取值分别为 834、873、721。利用主成分分析法分析，特征值大于 1 的主因子分别为 3 个、5 个和 2 个，累计解释变异数的百分比分别为 67.129%、66.175%、76.521%。根据需要，剔除了负荷值和共同度较小的项目 6 个，保留 41 项。我们将元认知策略的 3 个主因子命名为计划策略（planning strategy）、监控策略（monitoring strategy）、评估策略（evaluation strategy）；认知策略的 5 个主因子命名为复述策略（rehearsal strategy）、推理策略（inferencing strategy）、预测策略（prediction strategy）、概括策略（summarizing strategy）、转移策略（transfer strategy）；社会/情感策略的 2 个主因子命名为提问策略（question for clarification strategy）和自言自语策略（self-talk strategy）。经检验，量表的 Cronbach's alpha 系数为 948，信度非常高。

汉语听力策略量表采用李克特五级记分制。要求学生客观评价每一项陈述符合自己的程度。其中 1= 我从来没有或几乎不这样做（Never or almost never true of me）；2= 我通常都不这样做（Usually not true of me）；3= 我有的时候这么做（Some what

---

[①] Oxford. *Language Learning Strategies:What Every Teacher Should Know*. New York:Newbury House Publishers, 1990:45-47.

true of me）；4=我通常都这么做（Usually true of me）；5=我经常或几乎都这么做（Always or almost always true of me）。将问卷的所有数据输入SPSS16.0，利用该软件进行统计学分析。

三、统计结果与分析

（一）预科生使用听力策略的总体情况

1. 三个维度听力策略的使用情况

表6—9　三个维度听力策略的使用情况

策略维度	N	Range	Minimum	Maximum	Mean	排序	Std. Deviation
元认知策略	103	3.67	1.33	5.00	3.7411	3	0.64780
认知策略	103	2.76	2.24	5.00	3.7445	2	0.59951
社会/情感策略	103	3.00	2.00	5.00	3.9417	1	0.75017
策略总平均	103	2.72	2.16	4.88	3.8091		0.57274

从表6—9可以看出，各维度听力策略的均值比较接近，表明预科生使用策略上比较平均。其中社会/情感策略最高，认知策略和元认知策略基本相当。按照Oxford提出的方法，每个策略平均数的大小表示被试使用该策略的频率，平均值在1.0—1.4之间表示"从不使用该策略"，1.5—2.4之间表示"很少使用该策略"，2.5—3.4之间表示"有时使用该策略"，3.5—4.4之间表示"经常使用该策略"，4.5—5.0之间表示"总是使用该策略"。预科生策略使用的均值都在3.50—4.00之间，这说明多数预科生会较为经常地使用听力策略。我们判断这一总体趋势与他们普遍具有非常强的工具性学习动机有极大关系。在对预科生

学习动机的调查中，我们利用配对样本 T 检验考察学生的工具性学习动机和融入性学习动机哪个更强，结果显示工具性动机（M=0.7199，SD=0.20341）显著高于融入性动机（M=0.2766，SD=0.28325），t（103）=15.320，$P<0.05$，d=1.51。从实际情况来看，预科生一般应在一年内通过 HSK 三级考试，否则将不能进入本科阶段学习，因此心理压力大，学习动机高，这促使学生较为有意识地使用学习策略。Oxford & Nyikos（1989）[1]亦发现动机的强度是影响学习策略选择的唯一重要因素，动机强的学习者比动机弱的学习者使用更多的学习策略，而且动机的类型也影响策略的选择。

在表 6—9 中我们同时也发现三个维度策略使用的标准差都较大，这说明预科生在使用策略上是存在较大分歧的。为进一步探析预科生听力策略使用的差异，我们以均值 3.5 为策略使用经常与否的标志，划定出了听力策略使用的高频组和低频组，并对两组的基本数据进行统计，结果如表 6—10。各高频组人数普遍多于低频组，均值都在 4.00 以上，这进一步说明多数学生是经常使用听力策略的。对高频组与低频组使用策略的频率进行独立样本 T 检验，$P=0.000$，$P<0.001$，两组有显著性差异。各低频组人数占到 30% 左右，且均值仅在 3.00 左右，这表明有相当一部分预科生听力策略的使用状况并不理想，加强策略意识和训练是很有必要的。

---

[1] R. Oxford & M. Nyikos.Variables Affecting Choice of Language Learning Strategies by University Students. *The Modern Language Journal*, 1989(3).

表 6—10　听力策略使用高频组和低频组的统计结果

策略维度	组别	N	Percentage	Mean	Std. Deviation	T	Sig.（2-tailed）
元认知策略	低频组（<3.5）	31	30.1%	2.9946	0.47039	−11.745	0.000
	高频组（≥3.5）	72	69.9%	4.0625	0.40167		
认知策略	低频组（<3.5）	40	38.8%	3.1230	0.31095	−14.957	0.000
	高频组（≥3.5）	63	61.2%	4.1390	0.35084		
社会/情感策略	低频组（<3.5）	28	27.2%	2.9554	0.32699	−13.750	0.000
	高频组（≥3.5）	75	72.8%	4.3100	0.48078		
策略总平均	低频组（<3.5）	30	29.1%	3.1097	0.34078	−12.805	0.000
	高频组（≥3.5）	73	70.9%	4.0965	0.36104		

2. 十项听力子策略的使用情况

表 6—11 显示，在元认知策略内部，评估策略使用频率最高，说明学生会常常对自己的学习进程进行评估，并根据实际情况对听力计划和策略使用进行调整。评估策略对学生的后续学习是很重要的。监控策略使用频率最低，同时在所有子策略中也最低。这说明学生对学习中注意力的分配，对有用信息的处理以及语言输出的监控不够。

在认知策略内部，转移策略使用频率最高，且在总的子策略中排名也较高，这说明学生较善于听以致用。这与强化教学模式中教师及时为学生梳理语言点并开列复习清单的教学行为对学生的潜移默化有关。概括策略是最低的。此策略不常用于听力过程中可能是因为学生在听时比较紧张，对转瞬即逝的听力信息及时加以归纳的能力较弱。这与元认知策略中主要负责听力过程的监控策略使用频率也很低的情况相一致。复述策略的使用居中，在总的子策略中也如此。复述策略是一项加强记忆的有效策略，但在听力过程中经常使用是否得当，会对听力效果起何种影响，还有待进一步的观测。社会/情感策略中的2个子策略使用频度最高，这说明学生常常向老师或成功学习者求助、质疑，并能够适当调节自己的情绪，自我鼓励。

表6—11 十项听力子策略的使用情况

策略维度	子类	Range	Minimum	Maximum	Mean	排序	总排序	Std. Deviation
元认知策略	计划策略	4.00	1.00	5.00	3.7500	2	7	0.85104
	监控策略	4.00	1.00	5.00	3.3981	3	10	0.87703
	评估策略	4.00	1.00	5.00	3.9398	1	3	0.74404
认知策略	预测策略	3.22	1.78	5.00	3.6483	4	8	0.72429
	复述策略	3.75	1.25	5.00	3.7597	3	6	0.83499
	推理策略	3.00	2.00	5.00	3.8754	2	5	0.70236
	概括策略	4.00	1.00	5.00	3.5987	5	9	0.93043
	转移策略	3.33	1.67	5.00	3.8964	1	4	0.67805
社会/情感策略	提问策略	3.00	2.00	5.00	3.9417	1	1	0.83520
	自言自语策略	4.00	1.00	5.00	3.9417	1	1	0.87532

（二）不同听力水平预科生听力策略使用的比较与分析

1. 听力水平对听力策略使用的影响

我们将预科生按HSK（初中等）听力成绩划分为低分组、中分组和高分组。以三级和六级为界，听力成绩在46分及以下者为低分组，21人，占总人数的20.4%；听力成绩在47分到64分之间者为中分组，51人，占总人数的49.5%；听力成绩高于65

分者为高分组，31 人，占总人数的 30.1%。采用单因素方差分析的方法分析听力成绩低、中、高三组使用听力策略的情况。表 6—12 显示，高分组在三个维度策略的使用频率上均高于低分组、中分组。这说明高分组比低分组更善于运用或驾驭听力策略，也显示出其相对积极的使用听力策略的态度。

表 6—12 低分组、中分组和高分组三个维度听力策略的均值统计和 F 检验

策略维度	P1 低分组（N=21）Mean	Std. D	P2 中分组（N=51）Mean	Std. D	P3 高分组（N=31）Mean	Std. D	F	Sig.	比较
元认知策略	3.6548	0.67664	3.6895	0.66689	3.8844	0.59109	1.109	0.334	P3>P2>P1
认知策略	3.6571	0.58550	3.7051	0.60388	3.8684	0.60153	0.995	0.373	P3>P2>P1
社会/情感策略	3.7500	0.79844	3.9804	0.77596	4.0081	0.67232	0.873	0.421	P3>P2>P1

我们对低分组和高分组 10 项子策略的使用情况进行了均值比较，如图 6—1 所示，高分组计划、监控、评估、预测、推理、概括、转移、自言自语策略的使用频率都高于低分组。只有复述策略和提问策略的使用频率随着语言水平的提高而降低。复述策略的使用上低分组（M=3.8810, SD=0.76493）高于高分组（M=3.6452, SD=0.89157）；提问策略的使用上低分组（M=3.9286, SD=0.87014）也高于高分组（M=3.8871, SD=0.84370）。这说明听力水平低的学生倾向于运用复述策略和提问策略。

322　第六章　学习者因素

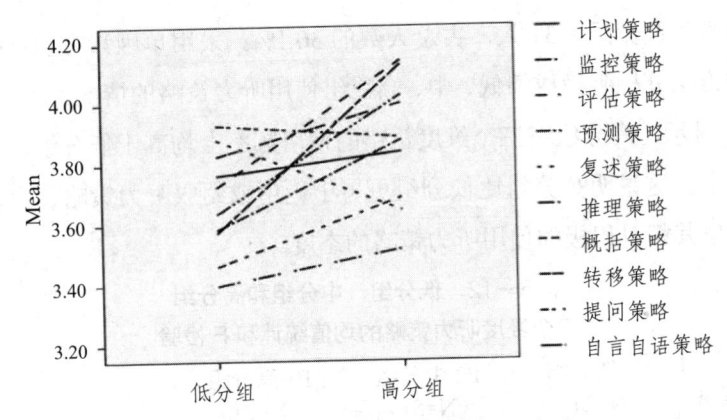

图中图例：计划策略、监控策略、评估策略、预测策略、复述策略、推理策略、概括策略、转移策略、提问策略、自言自语策略

图 6—1　低分组和高分组子策略的使用情况

进一步对低分组和高分组进行独立样本 T 检验，我们发现有显著性差异的是评估策略（T=-2.119，$P<0.05$）、推理策略（T=-2.146，$P<0.05$）和自言自语策略（T=-2.442，$P<0.05$），如表 6—13 所示。周磊（2004）[①] 发现韩国留学生高分组比低分组更多地运用元认知策略中的计划、监控与评估策略，以及认知策略中的推理、联想、预测和语法策略，与我们的结果部分相同。钱玉莲（2007）[②] 发现高分组、中分组和低分组在积极输入策略和跳跃障碍策略上差异显著。

表 6—13　低分组和高分组子策略的比较

策略维度	P1 低分组（N=21） Mean	Std. D	P2 高分组（N=31） Mean	Std. D	T	Sig.（2-tailed）	比较
评估策略	3.7238	0.84493	4.1419	0.58010	-2.119	0.039	P2>P1

---

① 周磊《中级水平韩国留学生语言学习策略与汉语听力理解的关系研究》，北京语言大学硕士学位论文，2004 年。

② 钱玉莲《韩国学生汉语学习策略研究》，世界图书出版社，2007 年，第 85 页。

续表

策略维度	P1 低分组（N=21）Mean	Std. D	P2 高分组（N=31）Mean	Std. D	T	Sig.（2-tailed）	比较
推理策略	3.6349	0.74278	4.0269	0.57268	−2.146	0.037	P2>P1
自言自语策略	3.5714	0.96548	4.1290	0.68274	−2.442	0.018	P2>P1

此外，在对具体听力策略项目的均值比较和独立样本 T 检验中，我们发现两组在 9 项策略上存在显著性差异，如表 6—14。相对于低分组而言，在元认知策略方面，高分组更能对学习过程中出现的状况及学习结果做出及时有效的评估；在认知策略方面，高分组更能利用自己所了解的常识和所了解的关于此主题的知识进行猜测，能在听前预测材料大意，利用多种猜测方式预测听力文本的其余内容，同时善于查找纰漏以便在后续听力任务中避免同样问题的出现；在社会/情感策略方面，高分组更能放松自己的情绪来面对听力任务。

表 6—14　高分组与低分组有显著性差异的具体策略项目

听力策略类别	具体策略项目	低分组与高分组的差异 T 值	Sig. T
评估策略	T10 如果理解有障碍，我会很快决定应当继续听，还是重新听。	−2.216	0.031*
评估策略	T13 我会全面检查我所理解的内容，找出其中有无相互抵触之处。	−2.918	0.005**
推理策略	T18 当我不能理解某项内容时，我会运用我所了解的常识进行猜测。	−2.607	0.012*
推理策略	T19 当我不能理解某项内容时，我会运用我所了解的关于此主题的知识进行猜测。	−2.114	0.040*

续表

听力策略类别	具体策略项目	低分组与高分组的差异	
		T 值	Sig. T
预测策略	T29 当我思考此听力文本其余的内容时,我的脑子里有不止一种猜测。	−2.413	0.020*
	T30 在我听材料前,我会思考我要听到的材料的大意。	−2.612	0.012*
转移策略	T38 我会努力找出我所听到的有什么问题,以便我在用汉语时可以避免同样的问题。	−2.035	0.047*
自言自语策略	T44 我告知自己听汉语要乐在其中。	−2.139	0.037*
	T45 我告知自己听汉语时要放松。	−2.166	0.035*

*. Correlation is significant at the 0.05 level (2-tailed)

**. Correlation is significant at the 0.01 level (2-tailed)

2. 听力策略使用对听力水平的影响

为了考察策略运用的不同频率对语言水平是否产生影响,我们利用独立样本 T 检验分析上文划定的策略低频组和高频组学生在听力成绩上有无差异。表 6—15 显示,认知策略使用高频组的听力成绩(M=59.44,SD=13.034)显著高于低频组(M=53.45,SD=12.239),T(102)=2.329,$P<0.05$。元认知策略与社会/情感策略使用高频组的听力成绩也均高于低频组。这说明听力策略使用频率的高低对听力水平是有影响的。其中,认知策略的使用直接与听力活动相关,这启示我们提高学生听力过程中的认知策略意识和水平尤其重要。

表6—15 策略使用低频组和高频组听力水平的比较

策略维度	P1 低频组（M<3.5） Mean	Std. D	P2 高频组（M≥3.5） Mean	Std. D	T	Sig.（2-tailed）	比较
元认知策略	55.03（N=31）	11.689	58.01（N=72）	13.512	−1.068	0.288	P2>P1
认知策略	53.45（N=40）	12.239	59.44（N=63）	13.034	−2.329	0.022	P2>P1
社会情感策略	56.71（N=28）	11.655	57.27（N=75）	13.547	−0.191	0.849	P2>P1

（三）听力策略使用与听力成绩的相关性分析

我们采用 Pearson 积差相关系数分析预科生听力学习策略的总体使用情况和听力成绩的关系，元认知策略、认知策略、社会/情感策略与听力成绩之间存在正相关关系，分别是 r（101）=0.178；r（101）=0.182；r（101）=0.043，相关系数未达到统计学上的显著性水平。利用相同方法分析来华预科学生 10 项子策略使用情况与听力成绩的关系，相关分析的结果如表6—16所示，计划、监控、评估、预测、推理、概括、转移、自言自语策略与听力成绩之间存在正相关关系，其中评估策略与听力成绩的相关系数达到了统计学上的显著性，r（101）=0.242，$P<0.05$；推理策略与听力成绩的相关系数也达到了统计学上的显著性，r（101）=0.178，$P<0.01$。评估策略属于元认知策略，推理策略属于认知策略。钱玉莲（2007：85—86）发现韩国学生听力策略和听力成绩之间存在显著的正相关关系，听力学习策略用得越多的学生，其成绩越好。此外，在我们的研究中，复述策略和提问策略与听力成绩之间存在负相关关系，说明两者的使用会对预科生听力考试取得高水平成绩起负面影响。

表 6—16　策略使用和听力成绩的相关分析

策略使用		听力成绩	
		Pearson Correlation	Sig.（2-tailed）
元认知策略	计划策略	0.051	0.608
	监控策略	0.119	0.233
	评估策略	0.242*	0.014
认知策略	预测策略	0.194	0.050
	复述策略	−0.086	0.387
	推理策略	0.275**	0.005
	概括策略	0.102	0.304
	转移策略	0.154	0.119
社会/情感策略	提问策略	−0.078	0.434
	自言自语策略	0.147	0.137
*. Correlation is significant at the 0.05 level（2-tailed）.			
**. Correlation is significant at the 0.01 level（2-tailed）.			

（四）听力策略使用与听力成绩的回归性分析

为了进一步探讨听力策略对 HSK 听力成绩的预测力，我们采用逐步进入法（stepwise）对 103 名预科生的听力策略与其 HSK（初中等）听力成绩进行多元回归分析。达到统计学显著性的自变量（$P<0.05$）才能进入回归方程。

表 6—17　回归模型

Model	R	R Square	Adjusted R Square	Std. Error of the Estimate
1	0.275[a]	0.075	0.066	12.568
2	0.375[b]	0.140	0.123	12.179
3	0.431[c]	0.186	0.161	11.912
a. Predictors:（Constant），推理策略				
b. Predictors:（Constant），推理策略，复述策略				
c. Predictors:（Constant），推理策略，复述策略，评估策略				

表 6—18　三个模型的 T 检验结果

Model		Unstandardized Coefficients B	Std. Error	Standardized Coefficients Beta	T	Sig.
1	（Constant）	37.400	6.977		5.361	0.000
	推理策略	5.088	1.772	0.275	2.872	0.005
2	（Constant）	44.185	7.198		6.138	0.000
	推理策略	7.761	1.974	0.419	3.933	0.000
	复述策略	−4.560	1.660	−0.293	−2.747	0.007
3	（Constant）	37.559	7.583		4.953	0.000
	推理策略	6.100	2.056	0.329	2.967	0.004
	复述策略	−5.857	1.715	−0.376	−3.416	0.001
	评估策略	4.553	1.936	0.260	2.352	0.021

注：Dependent Variable：听力成绩

推理策略、复述策略和评估策略作为预测变量进入回归方程。三者的 $R^2=0.186$，表明共有 18.6% 的听力成绩能被预测变量解释。在回归中效应的度量是用 R^2 给出的。科恩定义回归中 R^2 的值 0.02、0.13、0.26 分别表示为小、中、大的效应量[①]。可见，三者在实际中有中度的效应量。具体来看，如表 6—17 所示，推理策略作为第一个变量进入回归方程，它可解释成绩变异的 7.5%，这进一步说明作为认知策略之一的推理策略在听力过程中的重要性，这与之前听力成绩与推理策略之间具有显著性相关关系的分析结果相一致。推理策略对于听力成绩具有一定的预测力。

---

① 〔美〕罗纳德·D. 约克奇《SPSS 其实很简单》，中国人民大学出版社，2010 年，第 226 页。

复述策略作为第二个变量，进入回归方程，又有 6.5% 的听力成绩变异得到解释，但 Beta 值为-0.376（见表 6—18）。负的回归权重说明复述策略对听力成绩有负预测力，即复述策略变量的值增加，将导致听力成绩的预测值减少。这与之前统计结果，即复述策略与听力成绩之间具有负相关关系的结果相一致。

评估策略作为第三个变量进入回归方程，又有 4.6% 的听力成绩变异得到解释。评估策略对听力成绩也有具有一定的预测力。

从以上回归模型的系数可见，显著性均小于 0.05，都具有统计学上的意义。我们可列出回归方程：HSK（初中等）听力成绩 = 37.559+6.100× 推理策略-5.857× 复述策略 +4.553× 评估策略。

四、对汉语听力教学的启示

通过以上统计分析，我们对来华预科留学生听力策略的使用情况及其与听力成绩的关系有了较为全面的认识。大部分听力策略与听力成绩之间存在正相关关系，对听力水平的提高有一定的影响。然而预科生听力策略的整体使用情况还不够理想，且低频使用听力策略的学生，其听力水平也低。因此，我们在听力教学中应注意加强以下几点：

首先，让学生树立策略意识。预科生作为汉语学习者，是使用听力策略的主体，因此在听力过程中应当加强学生对各类听力策略，尤其是元认知策略和认知策略的意义和地位的认识，了解哪些因素会影响听力理解，以及如何积极应用这些因素来提高自身的听力能力。

其次，将策略训练融入听力学习过程中。要想使听力策略深入学生的内心,就应该注重策略训练的方法。不管是分离式训练,还是融入性训练,都应从具体的实例出发,使学生在真正的听力学习过程中,感受策略的定义和价值,同时感受各种策略综合运用的作用,这样才能达成策略训练的预期效果。

再次,听力策略训练与知识积累相结合。听力策略训练的结果除了与听力策略的习得有关以外,还与学习者汉语知识和文化知识的掌握程度密切相关,两者相辅相成。因此策略教学必须和其他语言能力相结合才能最大限度地提高学习者的汉语听力水平。

第三节 HSK 听力理解的应试技巧 [①]

一、引言

听力理解水平是外语学习者或第二语言学习者语言能力高低的重要标志之一。在听、说、读、写四项基本语言技能中,听力的重要性仅次于阅读理解能力。(Powers,1986[②])听力理解技能不仅是口头交际活动的基础,而且是获取信息的重要途径,同时也是语言学习者生存、发展所必备的一项社会文化技能

[①] 本节摘自柴省三《关于 HSK 考生听力理解应试策略的实证研究》,发表于《云南师范大学学报》(对外汉语教学与研究版) 2011 年第 5 期。

[②] D. Powers. Academic Demands Related to Listening Skills. *Language Testing*, 1986, 3(1):1-38.

（sociol-cultural skill）。（Anderson，1999[①]）Feyten（1991）[②]对外语学习者的跟踪调查结果发现，二语学习者的听解过程约占整个交际活动的 45% 以上。因此，当代国内外几乎所有的大型语言测试，无论是一般语言能力测试、学术语言能力测试抑或专门用途的语言测试（Language Testing for Specific Purpose），均以相当大的权重将听力理解测试列为不可或缺的组成部分之一（比如：TOEFL，IELTS，MELTB，TEF，J-TEST，CET，PETS 等）。

中国汉语水平考试（HSK）是以测试母语非汉语者的一般汉语能力为唯一目的的国家级标准化考试，其测量结果对考生求学、求职以及汉语能力评价的影响后效（backwash）均具有高风险性（high-stakes），因此，如何确保 HSK 考试结果的使用具有令考生、用户和对外汉语教学界认可的效度问题，一直是考试开发者所关注的焦点。不少研究人员（刘英林主编，1994[③]；张凯，1995[④]）先后对 HSK（初、中等）的设计理念、构想效度等进行过基础性研究。不过，迄今为止，专门针对 HSK 听力理解测验的效度研究，特别是从考生应试策略的角度对 HSK 听力理解测验效度的考察几乎没有。基于此考虑，我们将专门针对考生选项预览策略对 HSK 听力理解测验的效度影响问题进行实证研究。

[①] N. J. Anderson. *Exploring Second Language Reading: Issues and Strategies.* Heinle: Thomson Learning, 1999:2.

[②] C. Feyten. The Power of Listening Ability: An Overlooked Dimension in Language Acquisition. *The Modern Language Journal*, 1991(75):173-180.

[③] 刘英林主编《汉语水平考试研究》，现代出版社，1989 年，第 92 页。

[④] 张凯《汉语水平考试结构效度初探》，《首届汉语考试国际学术讨论会论文选》，北京语言学院出版社，1995 年，第 59—67 页。

二、听力理解测验的效度

在大规模、标准化语言测试的设计、开发和使用中，效度问题是最核心的问题，因为缺乏效度，测验结果就不能反映考生的真实语言水平，因而测验也就失去了使用价值。所谓效度（validity）就是指经验证据（empirical evidence）或理论依据（theoretical rationales）对测验分数解释或基于分数所做决策的充分性、恰当性支持程度的综合性评判。（Messick，1989[①]）简而言之，效度是对分数解释和使用证据及其潜在影响（implications）的归纳总结。听力理解测验结果解释或分数使用效度的高低，主要体现在通过某种测验方法所获得的测验分数能否恰当地反映考生的真实听力水平方面。

综观国内外大多数语言测验，对听力理解能力的测验所采用的典型测验方法是：选择若干不同交际特征的言语材料，比如句子（statement）、简短对话（dialogue）以及讲话或长对话（conversation or lecture）等作为刺激材料，然后针对输入语料设计一个或若干个多项选择题，要求考生以对听觉输入材料的内容理解为基础，在规定的时间内，完成相应的多项选择题。这种传统的测量方式具有：（1）操作简便、灵活；（2）可行性强，适合大规模施测；（3）话语材料选择广泛；（4）评分效率和评分信度高等优点。（Sherman，1997[②]；Cohen，1991[③]）不过也有不少研究人员认为，在使用这

[①] S. Messick. Validity. In R. L. Linn (ed.). *Educational Measurement*. New York: American Council on Education and Macmillan, 1989: 13-103.

[②] J. Sherman. The Effect of Question Preview in Listening Comprehension Tests. *Language Testing*, 1997(3):241-256.

[③] A. D. Cohen. On Taking Tests: What the Student Report. *Language Testing*, 1991(1).

种经典测验方法对考生的听力理解能力进行测量时，考试结果比较容易受考生应试策略的影响，测验结果解释或分数使用的效度令人质疑。比如，考生在考试中的猜测策略、选项预览、逻辑排除法等应试策略有可能对考生的听力测验分数产生较大影响。因为，任何测验都是期望测量的能力（或特质）与测验方法的统一体（trait-method unit），因此，要确保测验分数能够准确反映考生的语言能力，一方面在设计测验时，要尽量通过选择与测量目标具有最佳对应性（correspondence）的测验任务形式，将各种构想无关变异（construct-irrelevant variance）因素对测验分数使用效度产生的消极影响和对考生测验表现（performance）产生的干扰作用降低到最低限度，确保期望测量的语言能力因素对测验表现的贡献效应最大化（Bachman, 1990[1]）；另一方面还要通过收集具有足够说服力的各种经验证据或统计证据，对测验结果的效度进行后验（a posterior）论证。所以，测验效度验证（validation），不仅要针对测验内容、测验方法本身进行验证，而且还必须针对考生的答题过程和应试策略对考试结果的影响程度进行归因（attributive）性研究（Buck, 1991[2]；Weir, 2005[3]）。如果研究结果证明某一应试策略的使用确实可以明显提高或降低听力理解测验成绩的话，那么对听力构想（construct）的理论定义和测验分数使用的效度就要重新审视和界定。

---

[1] L. F. Bachman. *Fundamental Considerations in Language Testing*. Oxford: Oxford University Press, 1990:240.

[2] G. Buck. The Testing of Listening Comprehension: An Introspective Study. *Language Testing*, 1991(1):70-81.

[3] C. J. Weir. *Language Testing and Validation: An Evidence-Based Approach*. England: Palgrave, 2005:87.

三、听力理解应试策略

所谓应试策略（test-taking strategies）就是指考生在考试中，为了完成语言测验任务而有意识地选择和使用的各种补偿性行为、手段或过程。Bachman（1990：85）、Bachman & Palmer（1996）[①]的语言能力理论认为（参见图6—2），应试策略的使用可以看作是外语或第二语言学习者策略能力（strategic competence）的一个重要组成部分。策略能力是一种综合性实施手段，是语言能力以适当的方式发挥作用和完成交际功能的枢纽与操作机制。知识结构和语言能力是语言交际的原动力，但两者必须通过策略能力，借助适当的心理生理机制才能发挥作用。

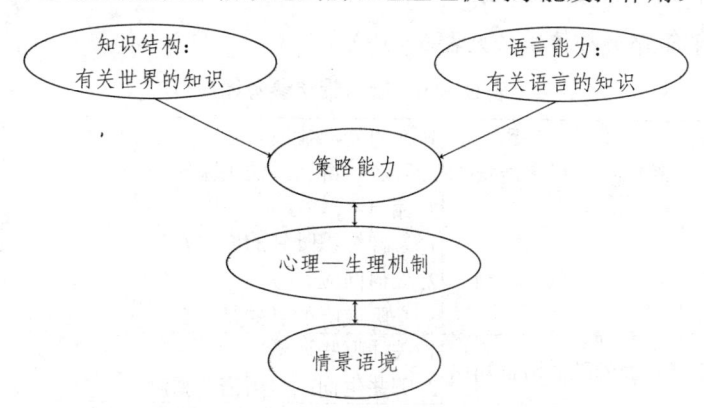

图6—2 交际语言能力成分模型

听力理解测试任务是一种特殊的语言使用或交际任务，因此，听力应试策略、听力学习策略和语言学习策略之间既有共性，又有各自的特殊性。目前，针对第二语言的学习策略，先后有不同

[①] L. F. Bachman & A.S. Palmer. *Language Testing in Practice*. Oxford: Oxford University Press, 1996:63.

的分类体系。Oxford（1990）[1]认为对听力学习策略可以进行直接策略和间接策略二元划分，O'Malley et al.（1989）[2]则将听力学习策略分为元认知策略（metacognitive strategies）、认知策略和社会/情感策略（social/affective strategies）。Rost（1990）[3]认为一个语言学习者即使具备了一定的听力技能，也未必保证他可以听懂各种语言材料，因为听力理解的过程是对信息的主动加工处理过程。所以，要有效地完成听力理解任务还要适当的听力策略配合。听力理解不仅是积极思考的过程，而且是一个主动做出即时（on-line）决定的过程，这种思考和决定过程本身，就已经在使用各种听力策略了。Rost（1990：180；2001[4]）在对以往各种语言学习策略进行归纳总结的基础上，专门提出了一个听力理解策略分类体系（见表6—19）。

表6—19 听力策略参考体系

社会策略	思考情景	1. 如何处理情境？ 2. 听者与讲话人的关系？ 3. 如何澄清？
目的策略	思考计划	1. 怎样组织听到的内容？ 2. 如何回应？ 3. 交际或听的目的是什么？
语言学策略	激活语言知识	1. 关注哪些词语？ 2. 哪些生词或短语需要猜测？
内容策略	激活内容知识	1. 听者的先验知识与听到的信息有何关系？ 2. 可以预测哪些内容？

[1] R. L. Oxford. Language-Learning Strategies: What every Language Teacher Should Know. Boston, MA. Heinele & Publishers. 1990:78.
[2] J. Michael O'Malley, A. U. Chamot, L. Küpper. Listening Comprehension Strategies in Second Language Acquisition. *Applied Linguistics*, 1989, 10(4): 418-437.
[3] M. Rost. *Listening in language learning*. London and New York: Longman, 1990.
[4] M. Rost. *Teaching and Researching Listening*. London: Pearson Education, 2001:98.

在听力理解测试中,考生为了完成听力理解测验任务,不仅要具备一定的听力技能(skills),而且还要借助各种听力理解策略来提高完成测验任务的效率或效果。技能是源于行为主义心理学(behavioral psychology)的概念,技能的习得需要不断的实践和长期的重复过程。而策略则属于目标导向性(goal-oriented)的刻意行为。技能的特点是具有明显的内化性(internalized)、稳定性、习惯性和下意识性,而策略则具有补偿性(compensatory)、选择性(selective)、目的性和意识性。在听力理解测验中考生使用的应试策略相当广泛,但最具有研究价值和区分作用的应试策略则是题目预览或选项预览策略(question preview)。所谓选项预览策略就是指考生在开始听录音材料之前,事先阅读多项选择题的题干和选项,以期对即将听到语料主题进行预测,提高加工的效率、准确性。

目前,针对选项预览策略对听力理解的影响效果问题,在第二语言习得领域和语言测试领域的研究结果并不一致。一种观点认为,选项预览应试策略的使用具有积极的影响(positive effect),而另一种研究结果则证明选项预览应试策略的使用,对听力学习和测试具有消极影响(negative effect)。对选项预览持支持态度的观点认为(Sherman, 1997[1]; Buck, 1991[2]),选项预览应试策略在听力学习和听力测验中具有较明显的辅助贡献效果(contributory effects),通过对测验题目的预读,考生可

---

[1] J. Sherman. The Effect of Question Preview in Listening Comprehension Tests. *Language Testing*, 1997(3):241-256.

[2] G. Buck. The Testing of Listening Comprehension: An Introspective Study. *Language Testing*, 1991(1):70-81.

以大概了解语料的主题、语境；通过题干和选项中的关键词、内容词和场景信息等，可以取得语境效果的最佳关联（maxim relevance）。因此，考生使用选项预览应试策略可以比较明显地提高测验分数，因为选项预览有助于考生：（1）选择性调整关注焦点（attention focus）；（2）获取额外语言信息支持；（3）启动相应图式（schemata）；（4）提高听力加工的效率；

而对选项预览应试策略持中立或反对意见的观点则认为，选项预览（question preview）策略对考生的听力理解结果基本上没有影响或者影响甚微，甚至还会对考生的考试过程产生抑制效应（inhibitive effects），因为选项预览策略的使用可以：（1）干扰考生的主观加工过程；（2）增加考生的关注负担；（3）产生先入为主的错觉；（4）转移考生的听力理解注意力。

不过，须要强调的是，上述研究结论均以国外针对英语作为外语或第二语言（EFL/ESL）的测试或学习策略而进行的研究结果，而对于汉语作为第二语言的测试研究结果尚不明确。因此，本研究的具体目标将集中在以下两个方面：（1）不同汉语水平的考生，在使用选项预览策略方面是否具有明显差异？（2）选项预览策略对考生的听力测验分数是否具有显著影响？

四、HSK 听力理解考试的选项预览策略研究

HSK 听力理解测验由三个相对独立的亚测验组成，即句子听力理解（1—15 题）、短对话听力理解（16—35 题）和长对话或讲话听力理解（36—50 题）组成。三种测验的语料类别和长度不同，信息密度、语境依赖性上也有区别，但测量的共同目标

均为考生的一般听力理解能力。目前，国外针对听力策略研究所用的方法主要包括有声思维法（think-aloud）、观察法和问卷调查法（questionnaire）。本研究所用的方法是问卷调查法。具体操作方式是，针对考生在听力理解考试中使用的选项预览应试策略的情况，专门设计一份问卷调查表，在考试结束以后，要求考生对自己完成听力测验任务时所采用的策略情况进行内省式（introspective）回答。问卷内容包括四个选择项，具体调查选项内容如下：

A 策略：先听录音材料，然后作答多项选择（multiple choice question，MCQ）题目；

B 策略：先对 MCQ 题目进行快速预览，然后再听录音材料；

C 策略：在听录音材料的过程中，同时按多项选择题目顺序进行预览；

D 策略：随机方式，即有时采用 A 策略，有时采用 B 策略；

问卷调查表总共在国内 48 个考点发放 7158 份，实际收回 5246 份（策略选择的具体频率分布情况，请参见图 6—3，N 表示没有回答的考生人数）。由于部分考生信息填写不完整、数据采集偏差等原因，最后获得具有实际分析价值的有效问卷共计 4218 份。本研究的设计分析均以有效问卷为抽样基础。

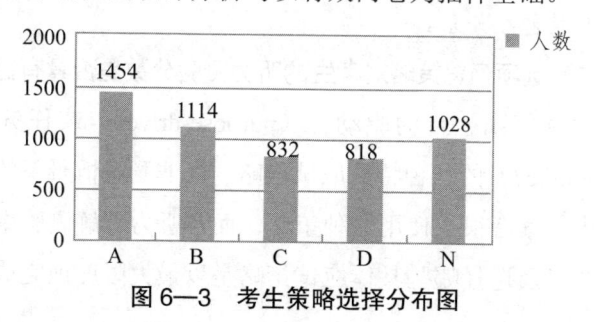

图 6—3 考生策略选择分布图

(一) 选项预览策略是否与语言水平有关

为了考察在听力理解测验中，考生整体汉语水平的高低对选项预览策略的使用倾向是否具有显著影响，我们用卡方检验法对选项预览策略的总体分布进行假设检验。首先根据考生的HSK总分，按照1:1:1的比例分为高分组、中分组和低分组三个研究对象。然后，分别从高分组、中分组和低分组考生中随机抽取40名考生作为研究样本，统计三个样本中考生选项预览策略的具体使用情况（统计情况请参见表6—20）并进行卡方显著性检验。

表6—20 选项预览策略与汉语水平分类统计表

考生汉语水平程度	选项预览策略情况				合计
	A	B	C	D	
高	14	7	7	12	40
中	9	8	15	8	40
低	9	12	12	7	40
合计	32	27	34	27	120

根据表6—20的统计频数，实际计算可得 $x^2=10.08$，自由度 $df=6$，由于 $x^2 < x^2_{(6)}=12.59$，则 $P>0.05$，因此，根据统计决断规则，在0.05水平上保留零假设，而拒绝备择假设。即考生在HSK听力考试中，听力应试策略的四种使用频率分布与考生语言水平的高低并无显著性关系。

(二) 选项预览策略对考生的听力测验分数是否具有显著影响

选项预览属于目的驱动性（purpose-driven）或任务导向性（task-oriented）的一种特殊应试策略，在非测量情景下的正常阅读行为中，读者很少使用这种策略。而在听力理解测验中，考生是否选择以及选择哪些具体应试策略是以最大限度地完成测验任务为最终目的,即正确回答听力测验多项选择题(MCQ)为目标。由于测验分数往往被解释为考生听力理解能力的标志,因此,要确保测验结果解释具有较高的构想效度,我们就必须通过实证证据检验某种具体的应试策略是否对考生的测验分数具有显著影响。因此,本研究分别从使用 A 策略、B 策略、C 策略和 D 策略的考生团体中,随机选取 30 名考生作为研究样本,用方差分析法检验选项预览策略效应对考生听力理解测验成绩的影响程度。研究样本的特征描述和测验成绩统计信息请分别参见表 6—21 和表 6—22。

表 6—21 研究样本描述

	样本 A	样本 B	样本 C	样本 D
样本数	30	30	30	30
国家来源	6	8	9	11
男	14	13	15	16
女	16	17	15	14
考点数	21	19	17	20

表 6—22 研究样本统计描述

	Max. 最高	Min. 最低	M. 均值	Ran. 全距
样本 A	46	24	35.5	22
样本 B	47	7	31.6	40
样本 C	47	12	32.2	35
样本 D	48	14	34.7	34

通过 SPSS17.0 对所选择的四个考生样本,进行单因素四水平、等样本的实验设计方式进行方差分析(ANOVA),具体方差分析结果请参见表 6—23。

表 6—23　四组考生听力成绩方差分析表

差异来源	平方和（SS）	自由度（df）	方差（MS）	F	Sig.
Between Groups	621.100	3	207.033	2.304	0.081
Within Groups	10424.867	116	89.870		
Total	11045.967	119			

通过方差分析结果可见，$P>0.05$，因此应保留零假设，而拒绝备择假设，即考生在 HSK 听力理解测试中，四种不同选项预览方式的使用对考生听力理解测验的考试分数并无显著影响。对此，我们可以推断，在 HSK 听力理解测验的设计和命题中，由于命题技术比较高，题干（stems）和选项（options）的结构和内容给考生提供的额外答题信息比较有限，考生能否正确回答相应的测验题目的决定性因素是考生能否真正听懂或理解输入的语言材料。考生在听力理解测验中，无论是采用先阅读题干（stems）和选项（options）再听输入材料的应试策略，还是采用先听输入材料再阅读并回答题目的方式，抑或采用其他两种策略方式，其听力理解测验结果之间并无明显差异。选项预览策略对考生听力理解能力的测量并没有统计意义上的干扰效应，测验分数使用具有较高的构想效度。

五、结论

本研究使用卡方检验法和方差分析技术，分别对 HSK 考生在听力理解测验中选项预览策略的使用分布情况以及对测验成绩的影响程度进行了实证研究。统计证据表明：在汉语水平考试

（HSK）的听力理解测验中，选项预览策略的四种具体使用方式，在不同水平的考生中的分布没有显著性差异，考生究竟采用哪一种预览应试策略具有一定的个性化特征。听力理解过程和题目阅读顺序之间的不同，对考生听力理解测验分数并没有显著影响。HSK 听力理解测验的分数主要是由考生的听力理解水平所决定，测验结果使用具有较高的构想效度。

图书在版编目(CIP)数据

汉语作为第二语言教学听说技能教学研究/翟艳主编.—北京:商务印书馆,2019
ISBN 978-7-100-17041-3

Ⅰ.①汉… Ⅱ.①翟… Ⅲ.①汉语—听说教学—对外汉语教学—教学研究 Ⅳ.①H195.3

中国版本图书馆 CIP 数据核字(2019)第 010930 号

权利保留,侵权必究。

汉语作为第二语言教学听说技能教学研究
翟 艳 主编

商 务 印 书 馆 出 版
(北京王府井大街 36 号 邮政编码 100710)
商 务 印 书 馆 发 行
北 京 冠 中 印 刷 厂 印 刷
ISBN 978-7-100-17041-3

2019 年 7 月第 1 版　　开本 880×1230　1/32
2019 年 7 月北京第 1 次印刷　印张 11⅝
定价:36.00 元